多様な教育機会の確保

日本教育政策学会・編

2016 日本教育政策学会年報 第23号

刊行にあたって

　日本教育政策学会年報第23号をお届けいたします。
　今号のテーマは、「多様な教育機会の確保」としました。現在、「多様な教育機会の確保」政策が動いています。すなわち、2015年9月15日には「義務教育の段階に相当する普通教育の多様な機会の確保に関する法律案」がつくられ、そして2016年3月11日に修正された「義務教育の段階における普通教育に相当する教育の機会の確保等に関する法律案」が今国会に上程されるとの報道が一部に流されています。この「多様な教育機会の確保」政策の背景には、不登校問題について取り組んできた市民グループによる「子どもの多様な学びの機会を保障する法律」を求める運動がありました。しかし同時にこの政策は、安倍政権下に設置された教育再生実行会議などにより動いているものでもあります。本特集では、まさに現在進行中でありさまざまな要素を含んでいるこの「多様な教育機会の確保」政策について、論点の提示を各執筆者の方々にお願いしました。
　特集2の「福島復興のための教育政策」は、昨年度に福島大学を会場として開かれた研究大会の公開シンポジウムを土台にした論稿になっています。東日本大震災と、それにともなう深刻な原発事故が起こってから5年あまりがたちますが、この震災・原発災害はいうまでもなく教育政策研究にも数多くの課題を突きつけました。そしてまた、今年になって九州で大きな地震災害が起こっていることは、これらの課題についての検討が、決して忘れられてはならないものであることを示しているでしょう。教育政策研究の視点から、震災・原発災害からの教育復興について分析していく取り組みは、今後も継続的に取り組まれるべきものだと思われます。
　特集3の「自治体教育政策における構造改革と教育的価値の実現」は、昨年度大会から新たにはじまったプロジェクト研究である課題研究を土台にした論稿です。新プロジェクトでは、前プロジェクト研究の課題であった「構造改革下における教育危機」を継続しながら、特に「教育的価値の実現」に焦点をあてています。現在進行している構造改革の本質とは何か、各自治体で進行している教育政策にどのような特徴と矛盾が存在しているのか、本特集ではプロジェクト担当理事の方々が論稿を寄せておられます。この新プロジェクト研究を契機にして、教育政策研究の課題と方法をめぐる議論が継続していくことを期待しています。
　年報第23号は、今期（第8期）編集委員会2冊目の号になります。今回も、執筆いただいた方々をはじめ、編集委員、英文校閲者、幹事のみなさまに支えられて発行することができました。特に今号には3つの特集のほかに、投稿論文を5本掲載することができました。本年報が、教育政策研究論議を引き出せる"おもしろい論文が掲載される"ものとなることを、編集担当として今後も追求していきます。
　最後になりましたが、本誌刊行に尽力くださっている八月書館のみなさまに感謝申しあげます。

　　　　2016年5月15日　日本教育政策学会年報編集委員会　委員長　荒井文昭

日本教育政策学会年報2016（第23号）―多様な教育機会の確保―目次

刊行にあたって　　　荒井　文昭―――003

I　特集1　多様な教育機会の確保

特集1　企画趣旨　　　　　　　　　　　　　　　　編集委員会―――008
義務教育機会確保「市民立法」の「可能性の中心」
　　――法人ボランタリズムと学習環境デザイン　　　高野　良一―――010
福祉国家における義務教育制度と学校づくり
　　――「多様な教育機会確保法案」の制度論的・政策論的検討　石井　拓児―――028

II　特集2　福島復興のための教育政策

OECD東北スクールの実践と若者たち　　　　　　　三浦　浩喜―――046
「ふるさとなみえ科」から「ふるさと創造学」へ　　石井　賢一―――055
ふたば未来学園高等学校の「未来創造型教育」　　　丹野　純一―――060
福島の震災・原発災害と教育復興の課題
　　――教育政策研究の観点から　　　　　　　　　佐藤　修司―――069
公開シンポジウム「福島復興のための教育政策」の「まとめ」　谷　雅泰―――079

III　特集3　自治体教育政策における構造改革と教育的価値の実現

構造改革下の教育的価値と自治体教育政策の展開　　中嶋　哲彦―――086
自治体教育政策が教育実践に及ぼす影響
　　――授業スタンダードを事例として　　　　　　勝野　正章―――095
課題研究「自治体教育政策における構造改革と教育的価値の実現」の「まとめ」
　　　　　　　　　　　　　　　　　　　　　　　　武者　一弘―――104

IV　投稿論文

一部事務組合方式による教育事務の共同実施の拡大可能性の検討
　　――栃木県芳賀地区広域行政事務組合の事例から　牧瀬　翔麻―――110
教育委員会制度移行期の教育長任用
　　――2014年改正地教行法の経過措置に着目して　本田　哲也―――124
高等学校設置基準の形成過程　　　　　　　　　　　福嶋　尚子―――138
米国シカゴにおける「地域教育計画」の現代的萌芽とその意義
　　――教育行政における住民自治原理の再検討　　　榎　景子―――152
1990年代以降のニューオーリンズ市における教育ガバナンス改革
　　――市場原理に基づく学校管理のしくみとその特徴　服部壮一郎―――167

V 内外の教育政策・研究動向

[内外の教育政策研究動向 2015]
国内の教育政策研究動向 　　　　　　　　　　　　　久保田　貢———182
中国における教育政策の展開とその研究動向 　　　　日暮トモ子———190

[内外の教育政策動向 2015]
政府・文部科学省・中央諸団体の教育政策動向 　　　木村　康彦———198
地方自治体の教育政策動向 　　　　　　　　　　　　武井　哲郎———206
デンマークの教育政策動向 　　　　　　　　　　　　佐藤　裕紀———214

VI 書評・図書紹介

[書評]
仲田康一著『コミュニティ・スクールのポリティクス
　　──学校運営協議会における保護者の位置』　　前原　健二———224
坪井由実、渡部昭男編著　日本教育行政学会研究推進委員会企画
『地方教育行政法の改定と教育ガバナンス
　　──教育委員会制度のあり方と「共同統治」』　　三上　昭彦———228

[図書紹介]
ダイアン・ラヴィッチ著（末藤美津子訳）『アメリカ　間違いがまかり通っている時代
　　──公立学校の企業型改革への批判と解決法』　　山本　由美———232
村上祐介編著『教育委員会改革5つのポイント
　　──「地方教育行政法」のどこが変わったのか』　高橋　寛人———234

VII 英文摘要———238

VIII 学会記事———248

第22回学会大会記事／日本教育政策学会会則／同・会長及び理事選出規程／同・年報編集委員会規程／同・年報編集規程／同・年報投稿・執筆要領／同・申し合わせ事項／同・第8期役員一覧／同・年報編集委員会の構成

編集後記　　　新井　秀明———258

I

特集 1
多様な教育機会の確保

特集1：多様な教育機会の確保

特集1　多様な教育機会の確保　企画趣旨

日本教育政策学会年報編集委員会

　今回の特集1では「多様な教育機会の確保」政策をめぐる論点提示を試みた。
　現在、フリースクールなど学校外での学びが社会的な認知を得るようになるにしたがって、それを公教育のなかでいかに位置づけるのかという課題が具体的に問われるようになってきている。超党派の議員連盟によってその法案提出の準備がすすめられている「多様な教育機会確保法案」はその象徴であろう。
　しかし、この法案をすすめようとする動きには、あい異なる文脈が存在していると言わざるを得ない。
　この法案をもともとすすめようとしてきたのは、既存の学校教育制度に不信をいだいてきた親たちなどが支える、フリースクールなどの連携組織である。2013年2月10日の日本フリースクール大会では、多様な学び保障法を実現する会として「子どもの多様な学びの機会を保障する法律」（多様な学び保障法）骨子案が発表され、「すべての子どもに学ぶ権利を保障するために、学校で学ぶ以外にも、多様な学びが保障される仕組みが必要」と主張されてきた。国会への法案提出に向けた現在の状況は、こうした取り組みの影響という側面もある。
　しかし同時に、安倍政権の構造改革政策に学制改革が組み込まれたなかで進行していることも事実である。すなわち、教育再生実行会議が2014年7月3日に発表した「今後の学制等の在り方について（第5次提言）」では、学校外の教育機会の位置づけを公費負担のあり方を含めて検討することが明記され、また夜間中学設置を促進することも明記された。だが、学制を見直す目的は「日本の存立基盤である人材の質と量を将来にわたって充実・確保していくことができるかどうかの岐路に立っており、現在の学制が、これからの日本に見合うものとなっているかを見直すときである」というものであった。
　法案づくりに向けた動きは急展開している。文部科学省は、2015年1月27日に初等中等教育局長決定により「フリースクール等に関する検討会議」と

「不登校に関する調査研究協力者会議」を設置し、そこでも検討がすすめられてきた。そしてこれら行政内での検討作業と平行して、2015年8月11日には、フリースクール等議員連盟総会にて、「未定稿　義務教育の段階に相当する普通教育の多様な機会の確保に関する法律案」（全21条）が発表され、このときの法律案はその後、2015年9月15日に座長試案としてまとめられた。

　この時に発表された9月法律案に対しては、「不登校・ひきこもりを考える当事者と親の会ネットワーク」が反対する声明文を発表するなど、発表直後から法案の内容をめぐって紛争も表面化してきた。特に「個別学習計画」（9月法案第12条から第18条）に対して、それが家庭の中まで学校化させかねないものであるという点から批判の声があがった。

　そして2016年2月2日になると、この「個別学習計画」に関する条文が削除された新たな座長試案骨子が発表されたが、今度は法案名そのものから「多様な」が削除され、「義務教育の段階における普通教育に相当する教育の機会の確保等に関する法律案」とされた。こうした法律案の内容そのものの変化に対してマスコミなどでは、"多様な教育機会の確保から、不登校対策に転換してしまった"との評価が流れるなどしている。

　なお、この2月の座長試案骨子が、その後2016年3月11日に、改定された法律案としてまとめられた。そして、この企画趣旨文を執筆している時点では、法律案のゆくえは不透明なものとなっている。

　このように、多様な教育機会確保法案をめぐる政策動向はリアルタイムで動いており、これからもさまざまな要因で変動していく要素を多分に含むものであるが、本特集1では、日本国憲法で保障されているはずの、教育を受ける権利保障にかかわる政策動向として注目し、多様な教育機会の確保をめぐる論点を法案づくりの政策動向に関わらせて提示することをめざした。

（文責：荒井文昭　2016年5月15日）

特集1：多様な教育機会の確保

義務教育機会確保「市民立法」の「可能性の中心」
―― 法人ボランタリズムと学習環境デザイン

高野　良一

はじめに：対象・主題・方法

　本稿が対象にする義務教育機会に関する立法政策は、執筆のさなかに（2016年3月）一つの山場を迎えている。最初の議員立法案が昨年夏（2015年9月）に策定され、立法チーム座長案の「義務教育の段階に相当する普通教育の多様な機会の確保に関する法律」案（以下、9月法案と略す）として公表されたが、国会上程に至らなかった。

　そして今年3月、「義務教育の段階における普通教育に相当する教育の機会の確保等に関する法律」案（以下、3月法案）という座長案が示され、3月末を目処に、各党が持ち帰り最終的なまとめをする段階といわれている。確かに今、一つの節目を迎えているけれども、現時点で筆者には3月法案が可決成立するかは見通せない。

　ところで、「義務教育機会確保」という題名に採用した略称は、法案名称の共通部分を抜き出した便宜的なものだ。「多様な」という立法政策理念を左右する文言が消されたなど、両案の内容には一貫性だけでなく差異もあり、その比較検討を3.でおこなう。また、議員立法を「市民立法」と言い換えたのは、市民立法が「市民の発案にもとづいた、市民と議員もしくは市民と政府が協働する法の制定であ」（小島, 50）り、教育の市民及び当事者運動が発案した立法骨子案が、議員立法の起源になっていることによる。

　さて、小論の主題とは、論文題目に託したように、この市民立法が有する「可能性の中心」を、法人ボランタリズムと学習環境デザインに絞って探ることだ。「可能性の中心」は柄谷行人の用語であり、実証や論争という意識的に叙述された形式では、まだ誰も想到しなかったような省察に潜む、根底的な理論的可能性を拾い出す営みを指す（高野 2014, 67）。

　法人ボランタリズム（corporate voluntarism、藤田英典ほかによる「企業的

任意制」の訳は採用しない）は、マイケル・カッツが抽出した公教育組織化の歴史的な実在モデルである。筆者はチャータースクールをその現代的形態と見なし、教育官僚制に代わりうる改革モデルの一つとして紹介してきた（例えば高野 2003）。**2.**では、カッツ・モデルを要約したうえで、日本でも教育NPM（教育の供給主体の多元化）政策なかで法人ボランタリズムが活用され、本市民立法もマクロなこのNPM政策に位置付くことを示すことになる。

他方、学習環境デザインとは、認知科学者の美馬のゆりが提唱してきた「学びのデザイン」の方法論を指す。それは、「空間space」「活動activity」「共同体community」の三要素を統合的にデザインする方法論である（美馬他, 195）。学びの共同体やアクティブラーニングは、手垢のついた学習デザインとなった感もある。だが、活動とこれを支える共同体だけでなく、リアル及びバーチャルな空間も統合したデザインは新鮮だ。実は、日本でも1970年代に「個別化・個性化教育」という学習環境デザインが先駆的に実験され今日に至っている。**4.**では9月法案では条文化されたが、3月法案で削除されてしまった「個別学習計画」を、学習環境デザインの先駆や類似の事例を参照しつつ考察したい。

最後に急いで、立法政策分析の方法を述べておこう。小島廣光は市民立法の代表例としてNPO法を分析したが、分析方法に「政策の窓」モデルを採用した。日本でも中堅や若手が「政策アクティビスト」や「政策共同体」（小島, 20参照）に注目して教育政策分析を試み、キングダンのモデルが利用されるようになった。小島によると、これは、政策形成の前提として問題が認識され、アジェンダ（議題）が設定される「問題の流れ」、複数の多様な政策案が生成し特定化される「政策の流れ」、そして政治的出来事が問題・議題と政策案に結びつき正当化され決定される「政治の流れ」という三者が合成された、「組織化された無秩序」として政策プロセスを理解するモデルである（小島, 16,17）。

本稿では、問題と政策の二つの流れに焦点を当て、義務教育機会確保の市民立法政策を分析したい。すでに触れたが、政治も含む三つの流れが「合流（カップリング）」するタイミングは不確かで、政策の「窓が開く」（法案の上程・可決）かも不明である（松田, 36）。こんな消極的な理由もあるが、不登校や義務教育機会の問題だけでなく、当事者運動も本丸と自覚するオールタナティブ教育の課題を考えたいからである。他方、政策の流れに関わっていえば、本立法政策自体の流れを位置づけるために、マクロなNPM政策も視野に入れることで、間接的に政治の流れに言及することにもなろう。

1．不登校と義務教育機会の問題化・アジェンダ化
1）不登校の問題化と施策化

　では、不登校問題の流れを簡単に振り返ることから始めよう。教育社会学者の伊藤茂樹による整理に従えば、1980年代に不登校は量的な拡大とともに「登校拒否」として問題化する。「登校拒否は個人の病理ではなく、子どもが登校できないような学校にこそ問題があるとする見方と、それに基づいて学校外での学びの場（フリースクールなど）をボランタリーに作る動きが出てきた」（伊藤, 40）のである。

　登校拒否の子をもつ親を中心とする当事者運動は、個人の病理ではなく学校の病理だと問題認識を転換させた。この認識転換は、当時顕在化していた校内暴力やいじめ、教師の体罰などの学校内での諸問題の帰結あるいは「正常な反応」として、社会的な認知も獲得する。そればかりか当事者運動は、自らの手で学校外での学びの場や「居場所」（フリースペース／スクール）を創り、既存の学校教育に代わる学びや生き方を実験していく。

　今回の市民立法でも政策アクティビストや「政策事業家entrepreneur」（松田, 37, 以下は政策アントレプレナー）として活躍する、奥地圭子の当事者運動はよく知られている。1985年フリースペースの東京シューレを開設し、その後フリースクールとして通学定期の適用（1993年）を勝ち取り、これをNPO法人化（1999年認証）し、教育特区制度を利用した学校法人の「東京シューレ葛飾中学校」の開設（2007年）にこぎ着けた（奥地を参照）。このプロセスは、まさに「親義務の共同化」し、「私事の組織化」（堀尾輝久）を公共化した現実態といえる。

　時間の流れを少し戻して、1990年代に文部科学省は当事者運動にも促され、不登校問題に政策的対応をおこなっていく。その対応の節目が、1992年の文部省「学校不適応に関する調査研究協力会議」における「誰にでもおこり得る」という認識転換であった。同会議でヒアリングを受けた奥地は、当時を振り返り「委員の一人から、『奥地さんたちの活動が説得力を持った』と聞きました」（奥地, 35）と記している。当事者運動が、行政側の認識や施策を変える誘因になったのである。

　そして、此度の市民立法案の是非を判断する背景ともなる、現行法規を拡大解釈した新たな義務教育機会の制度運用も始まった。協力者会議最終報告に付記された「校長裁量で民間施設への出席を、学校の出席日数に認定してよい」

という文部省通達である。この通達は、学校外の学びの場を間接的に公認することを意味した。学校外の「民間施設」はなにもフリースクールに限られず、ホームスクーリングの黙認にも及ぶわけである。

　ところで、90年代から顕著になっていく「脱落型不登校」からみると、協力者会議最終報告書とそれを受けた制度運用は、別の顔も見せる。「脱落型不登校とは保坂亨［2000］が命名したもので、家庭の劣悪な社会経済的背景（子どもの貧困問題）を抱えて、怠学傾向や非行傾向の見られる不登校である」（酒井, 71　括弧内は筆者注記）。教育臨床社会学者の酒井朗は、この脱落型不登校に社会的排除の観点から着目する。

　酒井は最終報告書を読み直し、「脱落型不登校と見られるような子どもの姿も指摘されている」と不登校の現状把握に鋭く迫る。その上で、現状把握と「対策の提言の間には大きな乖離がある」と批判する（酒井, 85）。報告書の提言は、適応指導教室の整備やスクールカウンセラーの配置として具体的に施策になっていく。酒井は、これらが脱落型不登校に果たして有効なのかと疑問を呈するのである。

　と同時に、こうも彼は指摘する。「現在の状況からみれば、不登校問題のある部分が、（中略）脱落型のそれであれば、学校に行かない自由だけを唱えることは、むしろ彼らの教育権を損ねる怖れもある」（酒井 2014, 89）。「子どもの教育権」は酒井の造語で、「教育を受けていない状態との対比で教育を受けている状態を『権利』概念で表現」（酒井 2014, 89）する用語だ。「子どもの教育権」の保障は「福祉的な問題や法制度の整備を含んでおり、さまざまな関係者の連携が求められている」（酒井 2014, 90）。つまり、不登校は「人生前半期の社会保障の欠如」に他ならないと酒井はいうのだ（酒井 2015, 13）。

２）義務教育機会の「当事者主権」のアジェンダ化

　以上の不登校の問題化と行政施策を踏まえると、市民立法政策のアジェンダ化（問題の議題化）は、二つの課題や困難を内包することになる。一つは、今回の議員立法の是非をめぐる当事者運動内部の対立として表面化している。3．の法案検討の視座にもなるが、フリースクールや「学校外の学びの場」を公共化させる「突破口」か、親の教育の自由や「家庭自治（family autonomy）」の侵害や後退か、という対立である。

　共に公教育の周縁に位置するフリースクール運動とホームスクーリング運動

には、これまで友好関係が形成されてきた。此度は、公教育の中心に近づくのか、親の教育の自由や自治を守るために周縁にとどまるのか、当事者たちがその政策選択を迫られている。この政策選択のアジェンダを、筆者は義務教育機会の「当事者主権」と定義する。

説明も加えずに当事者主権という用語を口走ったが、これは上野千鶴子の造語である。用語の説明と義務教育機会の当事者主権の考える前に、もう一つのアジェンダ化の課題を忘れずに明記しておく。それは、酒井が指摘するような声も上げられない脱落型不登校の「当事者である」権利をも、市民立法運動が代弁（アドボカシー）しうる法案を設計しているかに関わる。「当事者になる」運動には『ニーズが満たされることに社会的責任があると考える権利の主体』（上野, 80）としての自覚が必須となるはずだ。

さて、上野はこう当事者主権を説明する。「日本語の造語である『当事者主権』には、対応する英語圏のテクニカル・タームが存在しない。『自己決定権』を字義通り訳して self-determinismという訳語を対応させることは、（中略）『自己決定・自己責任』のネオリベラリズムの用語と混同されるおそれがあるため、採用を避けたい。当事者主権の訳語には、individual autonomyを暫定的に当てることとする。それは社会的弱者の自己統治権を意味する」（上野, 66）。

上野に従うと、義務教育機会の当事者主権とは、子どもや親の自己統治権や家族自治を意味しよう。それは既存の学校教育を前提とした親の教育要求権、拒否権や参加権、あるいは親の学校選択権とも接続する面もあるが、これらとは異なる地平の権利や自治をアジェンダ化することを求める。結城忠は、親の教育権を重視し比較教育法学から包括的に考察してきたが、彼はこの地平にある権利や自由についても、次のように論じていた。

「現行の義務教育制度は、『就学義務』を原則としながらも、特定の例外的な場合に『教育義務』の余地を残しているか」と立論する。「教育義務」とは、親が「家庭や私塾などで子どもを教育する自由」であり、ホームスクーリングやフリースクールの権利を意味する（結城, 196）。結城は、就学義務の免除を例外的に認めた上で、アメリカを参照したとして、その自由の公的な制約要件を6点も列挙する（結城, 200-201）。だが、この6点は日本の私立学校に課す要件とほぼ同等であり、今回の市民立法案に直ちに応用はできまい。

最後に、次の2.で考察する法人ボランタリズムとも関わり、家族を法人や団体として捉えうるか、家族法やリベラリズム法学から学んでおく。家族法学

者の水野紀子は、現行民法が「団体として家族を設定したり、(中略)法人格を与えたりするような規定はもっていない」としつつも、民法が「家族という団体に無関心であるとか消極的な立場をとっているということはできない」し、「家族団体の範囲を、(中略)その構成員間に他人間とは異なる特殊な権利義務関係を課すことによってもそれは可能で」あると論じている(水野, 72)。

　家族の法人格や団体性の確認だけでなく、家族自治や自己統治の内部における親子間の権利義務への言及にも注目したい。当事者運動が強調する家族の自由や自治の尊重は大切だが、脱落型不登校にも潜む児童虐待や養育放棄の如き子の利益に反する「自由」や「自治」には公的介入も正当化されよう。そもそも親子間の権利義務関係を、「子どもの利益を増進するような仕方でのみ行使しうる信託(trust)」や「信認(フィデュシャリーfiduciary)」(野崎, 121,125)とアジェンダ化して、諸立法を整備する必要もあるはずである。

2．教育機会提供主体の「多元化」政策
1）法人ボランタリズムと公教育の生態系

　次に、問題とアジェンダの流れから、政策の流れに目を転じよう。義務教育機会の提供主体をめぐる政策の流れが、ここでの検討対象である。冒頭で予告したように法人ボランタリズムという公教育組織化モデルを参照しながら、教育機会提供主体の多元化という動きを読み解きたい。最初に、マイケル・カッツがアメリカ教育史から析出した法人ボランタリズムの内実を要約しておく。

　「18世紀末から19世紀にかけて、公立ハイスクールにその首座を取って代わられるまで、中等教育機関の中核として多数を占めていたアカデミーが、法人ボランタリズムの具現態である。その学校統治は、有志による無任期の理事会によって担われ、理事会が『資金を集め、校長を雇用し、州による設置認可を受け、学校の最高経営者・監査者として存続した』のである」(高野 2002, 196)。

　近年、イギリスでは新たなタイプの公立学校としてアカデミーが出現している。それが法人ボランタリズムの具現態と見なせるか、興味もわく。それはさておき、「高貴な義務として『私心なき奉仕』が統治や経営の原則」とされ、「親の権利は『好みに応じた多様なタイプのアカデミーを設立するというかたち』を促した」(高野 2002, 196)。このアカデミーはまさに、当事者主権(自己統治)を体現した公教育機会の提供主体といえる。

　ただし、「アカデミーは、その当時、『利用のされた方は公的であっても、そ

の設立基盤や学校統治という点では公的ではなく、そのために公立学校とはいえない』と評価されることもあった」と、カッツは書き留めた。こうした評価は公設直営だけを公立学校とし、「公設民営」などを排除する近年の主張と同類のものだ。その上で、彼自身は「『公立、私立の二分法でアカデミーを捉えきれない』としつつも、これを公共機関（public institutions）と位置づけていた」（高野 2002, 196-197）のである。

　カッツの公教育認識は公私峻別論を脱して、「誰も想到しなかったような省察」として中心・周縁・外部という機能的区分論へと誘う。そんな区分論からアメリカ公教育の今を眺めると、公教育の中心を、教育官僚制が公設直営する伝統的公立学校、それに「家父長的ボランタリズムpaternalistic voluntarism」（高野 2002, 194）を起源し、「一流市民」や聖職のエリートが利用者に教育機会を提供する私立・宗派立学校が占め、その周縁に法人ボランタリズムが息づくチャータースクールや私立学校が位置し、さらに外部と隣接する周縁にはホームスクーリングが配された、同心円的な生態系が描ける。

　提訴も含めた親の当事者運動がホームスクーリングを外部から周縁に参入させ、市民の立法化運動がチャータースクールを新たな公教育機会として制度化させて、この生態系は出来上がった。なお、アカデミーは20世紀に入ると、あるものは消えさり、別のものは統治・経営を現代化（専門職化や利用者との分離）した私立学校に変化していく。また、チャータースクール州法制は家父長的ボランタリズムも排除せず、株式会社法人さえEMO（education management organization）として、公教育の周縁に導き入れることを許容している。

　このように米国の公教育の生態系は中心と周縁が入れ替わり、新たな周縁が法制化されたり、外部も一部周縁化されたりと、ダイナミックに生態系を遷移させている。では、日本の公教育の生態系はどうか。日本では家父長的ボランタリズムの私立学校が、米国以上に公教育の中心を占め、公立校と私立校は二元的な公教育体制であると認知されている。この二元体制は地域の教育市場で共存と共栄、他方で競合と競争する絶妙な生態系を形成している。

　そして2000年前後に、日本の公教育の生態系の周縁部に、当事者運動が法人ボランタリズムを組織する教育NPO法人や教育特区学校法人も加わった。すでに紹介した東京シューレは、その代表的な事例である。なお、株式会社法人も、教育特区制度で公教育機会の提供主体の一つに位置付けられ、公教育の外部から周縁への参入を果たす。実は、こうした提供主体の多元化を促したマクロな

政策が、NPM政策であったのである。

2）法人ボランタリズムを活用するNPM政策

さて、NPM（new pubic management）政策については、この学会年報に掲載された諸稿をはじめ、日本でも多方面から論究されてきた。小論では、いくつかの論稿にも学びながら、法人ボランタリズムの活用という視座からNPM政策の流れを整理したい。

大桃敏行は、日本のNPM政策の起点が2001年の「構造改革に関する基本方針」であり、それが競争原理や成果主義、企画立案と実施執行の分離などの「新自由主義」的色彩をもつと指摘する（大桃, 8）。ただし、この稿で採用した「政策の窓」モデルと同様に、「ある時期の政策群を（中略）、さまざまな政策の展開過程として描く」ならば、「異なる様相が見えてくるかもしれない」（大桃, 10）と留意して、1990年代以降のアメリカ教育政策を分析していく。

その検討結果から、大桃は「教育のガバナンス改革は日米でかなりの意味合いの相違がみられる」と語りつつ、日米共通して「実施機関や実施者への権限付与はNPM改革の要素の一つであるが、格差の是正や共通の成果の保障を第一目標とすればそれらは手段となり」うることを示唆する（大桃, 20-21）。ここには、教育機会保障が「人生前半の社会保障」だと重視する酒井朗と似た目標の捉え方と、この達成の手段としてNPMも活用できるという判断がある。

本多正人は、その手段となるNPMが「教育組織がもつその特殊性に適したモデルでもあった」（本多, 26）と指摘する。「NPM改革により生成してくるエージェンシー（代理人）機関も、サービス供給に際して自律的な意思決定ができるようになり、その行動はあらかじめプリンシパルとしての政府当局との間で設定した目標が達成されたかどうかで判定される。総じて、"Let the mangers manage"（まかせる）戦略は、教育のような対人公共サービスにも適合しやすかったとはいえる」（本多, 31）、と。

NPM研究をリードする大住壮四郎も、「英国・ニュージーランド」型モデルと区別しながら、「北欧」型モデルを本多と共通する内実から捉える。「北欧諸国では、広範な民営化手法の活用には慎重で、エイジェンシーや内部市場メカニズムを通じて可能な限り『効率化』、『サービスの向上』を実現しようとする」（大住, 57）。筆者は、格差是正やサービス向上という福祉国家的な目的を継承するので、この北欧型を社会的包摂重視型と呼びたい。

これに対して英国型は、広範囲に民営化や市場メカニズムを導入する市場活力重視型と呼べよう。なお、英国においても「第三の道」で活用されたNPMは、社会的包摂的要素を持ち、ここでいう英国型は分析モデルに相当する。では、日本の教育NPM政策はどちらのモデルといえるのか。筆者は、外部から市場活力も部分的に導入するが、主としてエイジェンシーや内部市場メカニズムを利用する北欧型に近い混合型と見なしている。

国立大学法人化や学校の自己点検・評価、民間人校長の登用などの施策は、いずれも北欧型の性格が色濃い。同様に一見、教育機会提供主体の多元化は市場活力重視とも見えるが、不登校問題での「民間施設」の容認はエイジェンシーの変種であり、教育特区学校法人にしても、株式会社法人の参入さえ認めたが、私立学校法の弾力化に他ならない。

では、此度の市民立法案は、こんな教育NPM政策の延長線上に位置付くのか、それとも市場活力重視に舵を切るものなのか、法案検討の焦点も見えてきた。この検討に直ちに入る前に、NPMの不可欠な構成要素であるアカウンタビリティに触れておきたい。NPMの"Let"(まかせる)戦略は、"Make the managers manage"(させる)戦略とセットである(本多, 30)。つい最近に表面化した教育特区法人・ウィッツ青山学園高校の「就学支援金の詐欺事件」は、学校の会計上の乱脈さや無責任だけでなく、通信制高校の設置認可とアカウンタビリティの法システムの不備をさらけ出した(日経新聞2016年1月26日)。

3．義務教育機会確保の立法政策化
1）前史としての市民立法運動

いささか長い助走をしたが、ここからは市民立法政策の流れを考察したい。市民の当事者運動と議員連盟が協働して政策共同体を形成し、法案づくりを推進していく。この過程を、前史である「市民の発案」づくりの流れと、直近の議員立法案化に分けて整理する。発案を担った当事者運動団体は、当初は「NPO法人フリースクール全国ネットワーク」(2001年設立、フリネット)であり、その後(2012年)、教育の市民運動団体等も加わった「(仮称)オルタナティブ教育法を実現する会」(以下、「実現する会」)が結成される。

また、フリネットのコアメンバーである東京シューレは、教育多様化やフリースクール法制化の提言を、先駆け的に特区学校法人の設立当時(2007年)に発表していた。他方、議員連盟としては、2008年に「フリースクール環境整備

推進議員連盟」(幹事長・馳浩、事務局長・小宮山洋子) が結成された。ただし、同議員連盟は2013年に解散しており、今回の議員立法案づくりの中核となる「超党派フリースクール等議員連盟」(以下、フリースクール等議連) が2014年に設立されることになる。

なお、1989年から活動し、現在はNPO法人である「登校拒否・不登校を考える全国ネットワーク」も市民立法づくりの「政策ネットワーク」(青木, 26) の一員と見なせる。だが、二つの議員立法案の是非をめぐりメンバー間で対立が表面化している。忘れてはならないのが、不登校児という当事者の動きである。彼らは話し合いを重ねて、2009年に「不登校の子どもの権利宣言」(白書, 191) を公表し、発案の理念を示す礎石となっている。

以上、政策共同体を含む政策ネットワークの流れを要約した。それを客観的に見れば、「一段階ずつ直線的に進む合理的プロセス」(松田, 34) でも、全くの「無秩序」でもなく、一貫性も内包した「組織化された無秩序」といえよう。この無秩序というより変化、それに一貫性に留意して、発案の内容を検討してみよう。発案は二種類あり、フリネットが2010〜12年に数度改定した「(仮称) オルタナティブ教育法骨子案」(以下、第1市民発案)、それに「実現する会」結成時 (2012年) の「子どもの多様な学びの機会を保障する法律 (骨子案)」(第2市民発案) である。

二つの発案は、この市民立法に関わる政策アクティビストに言わせると「法案名・建てつけ変更」(中村, 2) にすぎないようだ。しかし筆者は、確かに内容の連続性もあるが法の性格 (形式と内容) が変化したと受け止める。前者は教育機会提供主体 (「登録オルタナティブ教育機関」) の組織法を主とし、後者は組織条項も含むが、利用者の教育機会保障のしくみを条文化したからだ。

この変化は、子どもの権利や保護者の当事者主権をより全面に出して、それを保障し支援する「多様な学びの場」も位置づける意欲的な政策選択だったかもしれない。だが前者の方が、日本の現行教育法体系にすんなり位置付き実現可能性も高いはずだ。私立学校法と同等の特例 (個別) 法として「登録『代案』教育機関」(代案はオルタナティブの韓国呼称) 法を創るという選択は、「学校中心主義」としてやはり忌避されたのか。

また、1975年の専修学校法制化を例にすれば、学校教育法に独立した章 (第11章) として加えられ、設置基準は省令化されて、「一条校」に準じた法形式を有する。筆者が研究する米国チャータースクール法は、個別法のごとく通称

されるが、法形式上は州教育法本則に章立てされ、関連する仕組みや運用規則などは一般州法と自治体立法に委ねられる。

　こうした法形式に関して、市民の発案を主導し、議員立法案にも関与する政策アントレプレナーの喜多明人は、「残念ながら学校教育法の特例法という位置づけであり、普通教育法制の2本立て法には、なっておりません」（喜多2015①, 論点2）と、9月法案を解説する。「2本立て法」とは学校教育法と等価で、「学校教育法制の補完法ではない」ことを意味するらしい。

　しかし、個別法や学校教育法内の章立ては補完に過ぎない形式なのであろうか。実態では公教育の周縁が、いきなり中心に並び立つ法的地位を与えられる可能性は低く、喜多自身も「突破口」と位置づけるなら、個別的組織法の形式が妥当ではないか。NPO法はこの立法戦略を採用し、「認定」制度や「新寄付税制」も追加し、着実に法的イノベーションを続ける先例である。

2）二つの議員立法案

　ここまで法形式という一見些末とも見える視点から、第1市民発案に光を当ててみた。法の形式は立法の初期設定として、内容より重要かもしれない。条項の加除や条文修正は間間あるが、法の廃止を伴う形式の変更は容易ではないからだ。それを確認して、議員立法案と内容的に接続する第2市民発案も参照して、9月法案と3月法案を比較検討したい。

　議員立法が本格化する2014年後半以降、立法政策のアクターはそれまでの政策共同体から「イシュー・ネットワーク」（青木, 26）に拡大する。同質性や閉鎖性を特徴とする政策共同体に対して、異質性や開放性をイシュー・ネットワークはもつ。議員連盟でいえば、フリースクール等議連に「夜間中学等義務教育拡充議連」が加わり、合同の立法チームが結成（15年5月）された。

　この目標や性格を異にする立法チームの編成は、両議員法案間の差異を生む要因となったようだ。すでに触れたように、9月法案は第2市民発案と連続する名称を冠していた。他方3月法案では「多様な」という文言が削られ、市民や当事者運動もその差異に敏感に反応する。加えて、9月法案は不登校児童・生徒の教育機会保障システムに力点をおき、関係する条項も多かった。これに対して3月法案は、「個別学習計画」の第四章が削除され、しかも不登校児の教育機会確保と夜間等での教育機会提供を並列する構成となった。

　法案内容の比較にすでに入っているが、それにも影響を与える新たなイシュ

ー・ネットワークのメンバーを紹介しておく。政治と政策の接点に位置する新メンバーが、閣議決定で内閣に設置された教育再生実行会議である。その第五次提言（2014年7月）で、「フリースクール等の就学義務・公費負担について検討するべき」と明記され、今回の議院立法化の起爆剤となる。そこで、文部科学省内にも実務を担う「フリースクール等担当」が設置（14年9月）され、15年1月には「フリースクール等に関する有識者会議」と「不登校に関する調査研究協力者会議」という新メンバーも加わる。

　ここからの両法案内容の比較は、当事者運動内で表面化した論争を整理する形をとりたい。当事者の視点から議員立法を比較し評価したいし、政策アントレプレナーたちに聞き取りできる段階でもないからだ。すでに1-2）で，学校外の学びの場を公共化する「突破口」か、黙認された親の教育の自由や自治を侵害するのか、と論点を設定した。2-2）では、社会的包摂重視か市場活力重視か、という論点も追加しておいた。

　後者の論点でいえば、両法案とも社会的包摂重視のように見なせる。9月法案の多様な教育機会は、「普通教育を十分に受けていない者」（第一条）や「相当の期間学校を欠席していると認められる」（第七条）児童・生徒を対象とする。オルタナティブ教育を実践する当事者には、「十分に受けていない」等の文言は心外かもしれない。また、3月法案では不登校児とより明確に特定され、だから「不登校対策法案」と呼んで「白紙に戻す」要望も出された（「不登校と引きこもりを考える当事者と親の会ネットワーク＜要望書＞」2016年3月11日）。しかし、これまで教育機会保障でなおざりにされてきた子どもを、公教育法制のなかに明確に位置付けた意義は大きい。

　もちろん、社会的排除を機能させない別学や分離教育のしくみを設計する必要があり、両案も「人材の確保等」や「相談体制の整備」に目配りはする。ただし、「子どもの排除が正当化される危険性をどう防ぐのか」、「手のかかる子どもに、学校が（別学）を勧めてくる」（注記は筆者）という疑問や批判に対して、喜多が用意する「法の運用」だけで済むのだろうか（喜多2015②, 質問5と「回答」）。

　財政支援も、社会的包摂には欠かせない。両法案には、確かに「財政上の処置等」条項だけでなく、「学習に係る環境の整備」や「教育施設の整備等」の条項も存在する。喜多は批判者の質問への回答で、「保護者への経済的な支援のあり方も、個別対応（「学習支援金」等）以上のものが構想されていいと考

えます」。「私学助成のように、機関助成の道を探っていくことも大切である」（喜多2015②, 質問5の「回答」）と期待を込めていた。

しかし、行政学の金井利之は、「財源確保の画餅性」を批判し、「財務省的に言えば、『義務教育国家負担金の総額裁量でやれ』となり、(中略) 総額は増やす論拠はない」（金井, 2）と指摘する。金井の指摘にも一理あるが、総額の増額は政治の問題でもある。それより、市民発案の法骨子案が提起した「学習支援金」と「『多様な学びの場』を支援する学習支援補助金」は検討に値する。

前者は教育バウチャーの一種であり、親の教育の自由も保障しうる性格を持つ。ただし、これは保育や高校では一部実施されてきた（後, 98-101）が、義務教育破壊だと日本では受け止められがちである。なお、クーンズらは教育バウチャーを、貧困者のための「助成金」や「限定された奨学金」と意義付けたことも想起したい（白石監訳, 27-34）。

4．学びの個別化・個性化の学習環境デザイン
1）「個別学習計画」と「個別の教育（支援）計画」

さて、前者の論点に戻り、親の教育の自由や自治か、学校外の学びの場の公共化か、という対立点に沿って考察したい。9月法案でいささか唐突に、独立の章（第四章）が設けられ、行政手続法に似た条項からなる「個別学習計画」が、その考察の焦点となる。市民発案にも、「子どもが学習した内容を証明する履歴証明書」（第1発案, 10.履歴証明）の項目や「学習計画書、学習報告書」（第2発案, (4)-③-ア））という文言が、教育機会提供主体側の手続として提案されていたことは確かだ。

しかし、9月法案は利用者（保護者）側の手続規定となっており、親の教育の自由や自治と正面衝突しやすい。事実、当事者運動内部の対立は、「個別学習計画」の手続条項をめぐり決定的となる。立法案の批判派は、ずばり「『個別学習計画』の内容や実施のしかたには明確な縛りが定められ（中略）、家庭への行政の介入過程をどう考えるか」と問う。これに対し喜多は、「『申請しない自由』が確保されている任意規定」だと逃げ、具体的な「運用を基準化した『制度設計』」次第とも回答していた（喜多②, 質問②-1）。

これを金井利之は、「認定基準を、すべて政省令に委ねるという無責任な立法化運動」と批判する。と同時に、「（不登校の）元凶たる教育委員会がまともな個別学習計画を認定できるのか」、「認定する能力があれば、そもそも、学校

内においても、まともな個別指導体制を組める」と、真っ当な「論理矛盾」を指摘する（金井, 6）。金井は行政学者だが、教育支援・指導の視点からの「個別学習計画」条項の批判は傾聴に値する。

　そもそも「個別学習計画」は教育論として発想されたのか。喜多は、「学校以外の学びの場の普通教育、義務教育への参入をはかるための制度的枠組み」（喜多②, 質問2-④）とだけ回答する。この「参入の枠組み」を直截に、立法政策アクティビストの議員は次のように吐露していた。「馳議員は、河村健夫会長からも、『憲法89条の公の支配という規定をクリアーするのは、個別学習計画を市町村教育委員会が認定するという手続きを、嚙ませるしかないんで？こうするんです。』と自身のブログで書いている」（石井, 第9項目）、と。

　要するに、「学校外の学びの場の公共化」の手段だと政策アントレプレナー議員は判断しており、教育論と公共政策論の不幸な対立構図ができた。なお、イシュー・ネットワークのメンバーの不登校調査研究協力者会議は、「個別の教育支援計画（仮称）基本シート」や「児童生徒理解・教育支援シート」を試作していた。これは、特別支援教育などで指導実践に利用されている学習指導要録に準じたシート類である。

　「個別の指導計画」は近年の学習指導要領に明記され、特別支援学校・学級では作成も始まっている。それも追い風に米国のIEP（Individualized Education Program）に学び、「保護者中心の支援の輪」や「児童と保護者と教師の架け橋」として、e-iep（IEPの電子化）が日本でも開発されつつある。e-iepは「保護者や本人の教育上の願いやニーズを教師が把握」し、「保護者が自分の願いを自宅のパソコンや携帯メールによって伝えられる」、一種の対話ツールである（朝野・成田, 9-10）。貧困家庭でも携帯メールは日常化しており、教育の社会的包摂メディアとしての活用は有望だろう。

　文字通りの「個別学習計画」といえば、学習者が主体的に作成する個人学習計画表もある。プロジェクト・ベースド学習（PBL）は、大学教育をはじめ義務教育でも関心が持たれ、普及も始まっている。そこでは個人学習シートが、学習者が学びの目的、自分にとっての意味に止まらず社会的意義や学習スケジュールを自己管理し、教師がこれを適宜支援するツールとして活用されている。この種のアクティブ・ラーニングのツールは、一回の学習だけでなく、学びの履歴であるeポートフォリオとしても開発が進められている。

2）blended learningと個別化・個性化教育に学ぶ

　個別（個人）や個性を尊重する学習は、集団（主義）教育や「学び合い」を強調する日本的な教育風土の中で異端視されてきた。また、80年代以降の教育政策で「個性化」が唱えられ、これが新自由主義的な「自己決定・自己責任」とも混在したので、教育界では批判も強い。加えて、教育産業が個別進学教室などを開設し、公教育学校がそれとの差異化を迫られている事情もある。

　この小論は、3月法案では跡形もなくなった「個別学習計画」を、学習環境デザインの「可能性の中心」と位置づけたい。ところで、新しい学習環境デザインを構想し実践する美馬たちが「学びの共同体」も構成要素とするので、それは日本的教育風土と連続すると誤解されるかもしれない。だが、彼らのデザイン運動を見ると、個別化・個性化と共同化・協働化、生徒の自発性と教師の主導性をブレンドしようと試みている。しかも近年、伝統的でリアルな教授・学習とバーチャルな学習・支援とのブレンドも強調されてきている。

　こうした複数の学習及び教育形態を組み合わせた学びがblended learningと名付けられ、欧米で注目を浴びている。提唱者には破壊的イノベーションで著名なクレイトン・クリステンセンたち（Horn & Staker, Blended, 2015）も含まれる。学習者のニーズと自発性を尊重して、親や教師、学校が学習教育形態をカスタマイズするイノベーションが不可欠である。昨今教育政策は、キャリア教育などの「〇〇教育」や「スーパー△△スクール」を連発する。その実践でも教育形態を含む学習環境デザインの革新が必要に違いない。

　blended learningでも重視される個別化・個性化学習は、アメリカではpersonalized/individualized learningとかindependent study/learningと呼ばれる。なにも欧米に範を求めずとも、日本にも個別化・個性化教育の流れは実在する。それは、80年代に産声を上げたオープンスペースという学習空間デザインの革新を伴う公立小学校のオルタナティブ教育だ。愛知県の緒川小はそのモデル校であり、六つの「学習プログラム」のブレンドが設計されていた。

　教師の主導性から子どもの自発性へとそのブレンドのグラデーションを描くと、基礎的・技能的内容を定着させる一人学習の「はげみ学習」、次いで個別指導にも留意したマスタリー・ラーニングと教科の一斉学習、さらに複数教科横断的な個別学習に力点を置いた週間プログラムと総合的学習、そして個々の子どものニーズや自発性を尊重するオープン・タイムに、自主性・主体性を重視し情意や連帯感を育む集団活動へと、実に多彩である（緒川小, 32-34）。

六つの学習形態は「一人学習−共同学習」と「個別化−個性化」と二項区分で分類されるが、その形態の主な要素を位置づけた分類であると理解した方が良い（緒川小, 36）。驚くべき公立学校実践が80年代から90年代になされたが、その末裔は一方で、全国個性化教育研究連盟から個性化教育学会へと進化し、他方で学校レベルでも進化した事例を産んだ。

　同じ自治体（東浦町）内の石浜西小学校がその事例であり、歴史社会学者の森直人はこう意義づける。「石浜の実践の原型となった（中略）『わくフリ』に相当する（中略）『オープン・タイム』は＜教育的なるもの＞に充溢した意味付与がなされていた」。「自分で計画を立てて遂行する契約学習という一面も有している『オープン・タイム』は（中略）『自己学習力』の育成にとって最も核心に位置する」（森, 55）。「契約学習」はPBLと同質の学びであり、自己学習力というメタ認知能力は今日の教育改革のキーワードに他ならない。

　と同時に、社会的包摂の観点から注目したいのは、「わくフリ」が「＜教育的＞というよりもケア的な関係性」をもつ、「学校に埋め込まれた（学童）保育の場」という性格だ。森は、「むしろ『自立／自律の強制』を制限する志向性を帯びたケア的ないし福祉的（中略）、＜社会的＞な内実を（再）充填使用とする実践の時空間」として「わくフリ」を位置づける（森, 59）。当事者運動のフリースペース／スクールも、＜社会的＞なケア・福祉機能を担ってきたはずである。

まとめに代えて

　最後に、主題に設定した二つの「可能性の中心」を確認して終わりたい。法人ボランタリズムに関しては、市民が発案した「登録オルタナティブ（代案）教育機関」はその日本的な現実態となりうる可能性をもつ。それゆえ、その組織法を法案化し改訂していく方が、日本的な教育法制ではフィージビリティ（feasiblity）を持つと筆者は判断する。

　ただし、この執筆段階では、3月法案が成案となり、上程され可決成立される可能性も残っている。3月法案が、「不登校に関する調査研究協力者会議」の「中間報告」により近づき、既存の学校と不登校児支援のしくみを援用すればすむ内容をもつからだ。ただし、議員立法政策の窓が開き、可決に至るカギを握るのは、「政治の流れ」に他ならない。

　ここ2年間、政治も合流すると期待される動きがあった。政治ショー（出来

事)では、安倍総理が東京シューレを視察（14年9月）し、下村文科大臣（当時)の「フリースペースえん」の視察（10月）も行われた。その上で、2015、16年と続けて安倍総理は、施政方針演説でフリースクールに触れていた。もちろん当事者運動の推進派も、議員立法のイシュー・ネットワークの内部（奥地や「えん」代表の西野博之なども「フリースクール等検討会議」委員）で、そしてその外で啓発運動を活発におこなっている。

　もう一つの可能性の中心は、個別学習計画と個別化・個性化学習／教育に胚胎する学習環境デザインのイノベーションである。9月法案の個別学習計画条項は、教育的意味づけが曖昧な行政手続であり、確かに拙速でもあるが、重要な問題提起であった。また、個性化・個別化を重視し共同化・協働化とブレンドする学習形態のデザインも考慮に値する。さらに、「オープン・タイム」や「わくフリ」のような子ども中心の自由な時空間は、自己学習力の育成のみならずケアや福祉という社会的包摂機能も果たしうる。

　筆者は、フリースクールやホームスクーリングを含む、子どもや親のニーズや要望に応じてカスタマイズされた多元的な学びやケアの公共圏を、「唯一最善システム（one best system）」のオールタナティブとして創造するヒントを、この考察から得ることができたと思っている。

引用文献リスト
・青木栄一『地方分権と教育行政』勁草書房、2013年
・朝野浩・成田滋編著『新しい個別の指導計画』ジアース教育新社、2009年
・石井小夜子「多様な教育確保法案について　質問と回答（15/11/2）」（STOP!「多様な教育機会確保法」ブログ、http://ftk.blog.jp/archives/）
・伊藤茂樹「不登校をどう見るか」『新訂学校臨床社会学』放送大学教材、2007年
・上野千鶴子『ケアの社会学』太田出版、2011年
・後房雄「『準市場』論から見た子ども。子育てシステム改革」『日本教育政策学会年報』21号、2014年
・大桃敏行「教育のガバナンス改革とNPMと新自由主義」『日本教育政策学会年報』20号、2013年
・大住壮四郎『ニュー・パブリックマネジメント』日本評論社、1999年
・緒川小学校『個性化教育へのアプローチ』明治図書、1983年
・奥地圭子『フリースクールが「教育」を変える』東京シューレ出版、2015年
・金井利之「多様な教育機会確保法に関する雑感」（STOP!「多様な教育機会確保法」ブログ、http://ftk.blog.jp/archives/）

- 喜多明人2015①「法律案に関する論点別の解説」（2015年8月21日立法チーム提案、9月2日議連総会提出）
- 喜多明人2015②「『義務教育の段階に相当する普通教育の多様な機会の確保に関する法律』案を読んでの（公開）質問状に関する回答」（2015年9月2日）
- 小島廣光『政策形成とNPO法』有斐閣、2003年
- 酒井朗2014『教育臨床社会学の可能性』勁草書房、2014年
- 酒井朗2015「教育における排除と包摂」『教育社会学研究』96集、2015年
- 白石裕監訳、J・E・クーンズ/シュガーマン『学校の選択』玉川大学出版部、1998年
- 高野良一2002「アメリカにおけるボランタリズムと学校改革」『法政大学文学部紀要』47号、2002年
- 高野良一2003「小さなチャータースクールの現実と可能性」『法政大学文学部紀要』48号、2003年
- 高野良一2014「社会関係資本のエートス論」『教育社会学研究』94集、2014年
- 中村国生「今後の市民社会に向けて、この資料をどう使っていくのか」（認定NPO法人まちぽっと主催「NPO法立法過程記録編纂・公開記念シンポジウム」配布レジメ、2016年3月2日）
- 野崎綾子『正義・家族・法の構造転換』勁草書房、2003年
- 藤田英典ほか訳、M・B・カッツ『階級・官僚制と学校』有信堂高文社、1989年
- 本多正人「公共経営改革と教育改革」『教育学研究』76巻4号、2009年
- 松田憲忠「キングダンの政策の窓モデル」『政策過程の理論分析』三和書房、2012年
- 水野紀子「団体としての家族」『ジュリスト』No.1126、1998年
- 美馬のゆり他『「未来の学び」をデザインする』東京大学出版会、2005年
- 森直人「20世紀日本の教育＝福祉レジームの形成と再編」『社会学ジャーナル』38号、2013年
- 結城忠『学校教育における親の権利』海鳴社、1994年

（法政大学）

特集1：多様な教育機会の確保

福祉国家における義務教育制度と学校づくり
——「多様な教育機会確保法案」の制度論的・政策論的検討

石井　拓児

はじめに——本研究の分析枠組みと考察の手順

　登校拒否・不登校問題が現象として顕在化しはじめたのは、1980年代に入ったころからであるとされる[1]。この問題が投げかけているのは、既存の義務教育学校、とりわけ公立小中学校のあり方そのものであろう。その背景に過度に競争的で選抜主義的な日本の公教育制度のシステムの存在（問題）があるにせよ、管理主義的・権威主義的な学校のあり方はなおも問われるべきものであるように思われる。その意味で、登校拒否・不登校問題は「学校づくり」の実践的探求を課題提起し続けている。

　ここで「学校づくり」とは、1950年代に教育実践上のスローガンとして提起され、その後、日本の教育実践あるいは学説上に次第に定着してきた実践理念のことをいう。後に少しく触れるが、それは学校内部における教職員集団の共同性の創出を志向し、教科内容の系統的かつ自主的な編制ならびに保護者・地域住民・子どもの学校参加を意識する、民間教育運動における、もうひとつの学校経営理念であると言ってよい。

　小論に与えられたテーマは、学校づくり研究の立場から「多様な教育機会確保法案」[2]を検討することである。おそらく編集者の意図は、不登校児童・生徒の救済を掲げる「多様な教育機会確保法案」を批判的に解析し、これに対置してあるべき学校づくり論を展開せよということであろう。

　2015年調査の結果によれば、12万人もの不登校児童・生徒のうち、代替的スクールに通う児童生徒数はわずかに5％にすぎず[3]、上記法案によって救済される不登校児童・生徒の数はきわめて限定的である。だとすれば、この法案はむしろ別の目的を有しているとみられるうえに、制度論的には公教育制度の抜本的な転換を引き起こすであろうことも予想される。すでにいくつかの研究では、設置主体の多様化、公教育への企業参入、公設民営化を促進するものと

して批判的な指摘がなされている(4)。

　一遍の論文においてあるべき学校づくりを十分に展開することは難しいが、不登校・登校拒否問題を実践的に解決するためには—そしてそれは今ある学校の問題や病理を克服することであるが—、法案がねらいとする公教育制度の転換＝設置主体の多様化によってではなく、「地域にねざす学校づくり」「保護者・子ども参加の学校づくり」によってこそ可能であることを論理的に示すこととしたい。

　そこで本稿は、義務教育制度の原理的考察を行い、「多様な教育機会確保法案」が公教育制度原則をどのように転換させるものであるのかを確かめ、本法案が新自由主義教育政策の一環として位置づくものであることを明らかにする。その上で、新自由主義に対抗的な「福祉国家制度としての公教育・学校」のあり方を論及するものである。考察の手順は次の通りである。

　第一に、「義務教育」「就学義務」「就学強制」等の概念的理解を確かめつつ、就学義務の論理必然的帰結として保護者・子どもの学校参加制度が位置づくことを示す。その際、戦後日本の文部行政における歪んだ「福祉国家論」理解と義務教育概念との関係に着目する。第二に、こうした国家統制的で画一的な学校行政との対比のなかで、保護者・子どもの学校参加を通じてあるべき学校経営を追求してきた日本の学校づくり実践の特質を明らかにする。また、「就学義務」「就学強制」をめぐる裁判上の戦後史的様相を解析し、公教育制度をめぐる国民意識の変容を考察する。そして第三に、従来の公教育と異なる「多様な教育機会確保法案」の新しい制度的枠組みとはどのようなものであるのか、今日の新自由主義教育改革との接合性を探りながら政策分析を試みる。

1．現代福祉国家における義務教育の制度特質
（1）戦後日本における義務教育の法制度構造

　これまで不登校児童生徒問題の法的検討としては、保護者の学校選択権をめぐる法理論として取り扱われてきた。学校教育内容について、保護者に優先的な選択権があることは教育法学界では通説として承認されてきているが、その一方で教育委員会による就学指定もしくは就学強制との関係はどのように解されてきたのであろうか。

　周知のように堀尾輝久は、戦前日本の義務教育観と、ヨーロッパにおける権利としての義務教育思想ならびにその制度史との比較考察を行い、日本におけ

る「義務教育概念」の未成熟とその問題構造を明らかにし、あらためて「権利としての教育」の観点から義務教育概念をいちはやく再構成した[5]。1966年の本論文における氏の問題意識は、憲法学説において「『教育を受ける権利』の画期的な意味と、それにともなう義務教育の質的転換」についての「本質理解」の不十分さにあった。それゆえ憲法26条を「近代教育思想とその価値を継承し、同時に社会主義成立以降の世界的動向と民主主義の興揚を反映」したものとして位置づけなおし、戦前的な義務教育観からの転換という「画期的意義」を唱えた[6]。

ここで堀尾は、就学義務を「両親の就学義務の規定から、…義務に対する権利の主体者として国家の教育権を認めるとすることが不当であることは明瞭」であるとし、国・地方自治体には、子どもの権利を充足するために、①学校設置、②学習条件の整備、③長欠児童に対する家庭への説得、④就学条件の確保、という4つの義務が課されているとする。④就学条件の確保については、例示として、「生活保護や教育扶助の積極的適用、児童労働への適切な配慮等」をあげているが、義務教育無償を「授業料を徴収しない」にとどめるのではなく、その適用範囲を拡大すべきことを主張していること[7]、加えて「共同化され社会化された親義務の代行者」である教師の自主的・集団的な教育研究と教授の自由、親の教育への積極的な発言権、国・地方自治体の教育内容への権力的不介入の原理を含んで構成していることに留意したい[8]。

こうして義務教育概念を法制度的に構成する各要素が示され、その後の学説史的展開も、基本的には堀尾の概念枠組みを踏襲してきた[9]。例えば牧柾名は、①地方公共団体の義務教育学校設置義務、②授業料不徴収をはじめとする公費教育義務、③子どもの就学をさまたげる社会的・経済的条件を取りのぞき、就学条件を保障する就学条件整備義務、④保護する子女を就学させる保護者の義務、⑤教育における自律性保障義務、としている[10]。

（2）戦後日本における福祉国家論と義務教育

以上のように、憲法・教育基本法が制定されてから後、次第に諸外国における学習権思想や法制度上のしくみが研究的に明らかとなり、日本における「義務教育」概念をめぐる歴史的転換の意義が確かめられてきたのであった。それは端的に言って、子どもの学習権保障を中心とする義務概念の転換であり、それゆえ保護者の子どもを就学させる義務は、義務教育構造の一部を構成するも

のにとどまるものであった。

　しかしながら、学説上の義務教育概念の展開に対し、立法政策上の動向は古い「義務教育」観を前面にして国家主義的教育政策が持ち込まれてきたことを確かめておく必要があろう。堀尾は、「『国民の権利としての義務教育』は、『義務教育』を媒介として、国家統制のための教育に転化し、『教育の自由』は、法律・命令・施行規則へと具現化するにつれて空洞化し、否、逆に対立物に転化しているのが現状である」と指摘し、その背景に「福祉国家論的義務教育観であり、戦前にひきつづいて、今日なお社会通念として残っている伝統的な義務教育観」があるという(11)。ここで、堀尾が述べる「福祉国家論的義務教育観」とは、次のように説明される。

　　「今日における福祉国家論および『公共福祉』による人権制限説ないし福祉行政的思惟と、伝統的教育思惟との癒着によって、『人権としての教育』は挟撃され、あるいは戦前の親権思想が戦後の福祉国家観のもとでの権利・義務観にとって有力な論理的武器になりうることによって、子どもの権利の思想がみんなのものになることをさまたげている」「戦前の義務教育観との、他方において福祉国家段階における義務教育観との徹底的な対決を避けるわけにはいかなくなる」(12)

　ここで批判の対象となっている「福祉国家」とは、まさに戦後日本において形成された独特な福祉国家論―すなわち日本型福祉国家論―である。予算誘導を通じたさまざまな国家介入的な側面をとらえるならば「開発主義型国家」(宮本憲一)、あるいは戦前総力戦体制期に形成された思想や制度との連続性に注目するのであれば「社会国家」といった表現が今日的・研究的には適切であろうと思われる(13)。

　事実に即していうならば、「逆コース」とよばれる復古主義的政策が席巻するようになる1950年代、憲法改正を中軸に復古主義的政策を強力に推進することを目的として55年に結党した自由民主党は、党綱領のなかに「福祉国家の完成」をめざすことを掲げていた。翌56年に憲法調査会が設置され、同調査会の最終報告書『憲法調査会報告書』(1964年)は、全面的に「福祉国家論」を採用している。憲法改正をめぐる政治状況と「福祉国家論」とが深く関係していたのであり、そのため憲法研究者はこの時期、相次いで福祉国家論を批判的に分析してもいた(14)。

　それゆえ日本における教育法学説の多くは、「教育の自由」を強調すること

になおも主要な力点を置かざるを得なかったように思われる。国家的な財政保障が教育内容統制と強く結び付けられて立案され、これらに否定的に対応せざるをえなかったからである。その結果、「健全な」福祉国家制度を構想するという点では弱さをかかえてきたとも言いうるであろう。

（3）就学義務の強制・罰則をめぐる法論争

戦後日本の教育政策・文部施策において、「義務教育」「就学義務」概念と結びつけられて復古主義的・国家統制的政策が持ち込まれたことにより、「保護者の教育の自由」をめぐって学説上の論争を生じさせてきた。

論点の第一は、就学義務の強制をめぐる義務違反者に対する罰則をどのように考えるかという問題である。学説の多くは罰則を容認しており[15]、加えて義務教育を受けるべき年齢にある子女の使用についての労働基準法上の制約と、これらの義務を負う者がその義務に違反したときには罰則が課される[16]。これに対し、兼子仁は、現代公教育法制において、子どもの教育をうける権利を保障していくための諸手段の一つとして「罰則」が位置づいているにすぎず、「親に対する就学義務の刑事処罰的強制は、それが子どもの教育をうける権利保障にとって必要な場合に限ってなされるべきものと」[17]とし、限定的に取り扱われるべきとする。あるいは罰則ではなく説得等の教育的対応で足りるとする見解があり、罰則規定をむしろ立法論のレベルでの問題とする学説もある[18]。今日的には、児童虐待問題が深刻化するなか、親権制限ないしは罰則規定の適切な行使のあり方が問われている。

論点の第二は、就学義務を「学校への通学義務」とするかどうかという問題である。すなわち家庭教育等学校外での教育によって「就学させる義務」を履行したとみるかどうかである。中村睦男は、「子どもの教育を受ける権利の保障は画一的な教育ではなく、子どもの個性に合った教育を要請し、また親の思想信条にもとづく教育の自由が重要であることを考えると、学校教育には一定の限界がある」とし、「親が家庭教師や私塾など学校外において教育を受けさせる義務を履行することが教育の自由の一環として、認められてもよいように考えられる」としている[19]。ただし、「そのばあいには、義務履行のために一定の条件が定められ、また教育効果についても審査がなされる必要があろう」と留保している。今日では、この見解に対する支持が次第に広がりつつあるとされる[20]。

両者の論点は、いずれも子どもの学習権保障を中核に置いた場合に、「就学義務」が国や地方自治体による権力的な「強制」や「罰則」として行使されることの是非を問うものであるという点で共通している。
　こうした「保護者の教育の自由」の強調に対し、「親の発言権、教育要求権として積極的に理論構成すべき」との問題提起もなされてきた[21]。子どもの学習権保障を公教育制度の枠組みのなかで達成しようとする場合の論理必然的帰結は、子ども・保護者・地域の「学校参加制度」や「教育改善要求権の確立」といった実践的課題へと向かうことになる。このことは、「不当な支配の禁止」と「直接責任制度理念」を提示していた旧教育基本法第10条と直結するものとして把握することができるであろう[22]。
　その具体的な実践形態として「学校づくり」は、直接責任制度原理にふさわしい学校のあり方を指し示しているように思われる。しかし戦後史全体を見渡せば、その実践には、相当な困難性も含まれてもいた。

2．戦後日本の学校づくりと「就学義務」「就学指定」をめぐる裁判事例
(1) 戦後日本の学校づくりの展開
　「学校づくり」は、日本の教育実践史上、1950年代半ばから後半にかけてのある特定の時期に、特定の価値内容を含んで使用されるようになり、次第に定着をみた日本に独特な教育用語であり概念である[23]。民間教育運動の勃興期にあり、教育研究サークルの多くが生活綴方実践の影響を受けていたが[24]、主に生活綴方の実践家らが「学校づくり」を志向したことが判明してきている[25]。教育運動の場面で一般的であった「職場づくり」「職場運営」という呼称は、徐々に「学校づくり」「学校運営」へと変更されるようになる。例えば、日教組教研の分科会名称でいえば、第7次教研（1958年）で「職場運営」から「学校運営」へと変更されている。この名称変更は、教職員の中に、学校を、「働く場所」から「子どもの発達の場」ととらえる問題意識（戦略的視点）が形成されてきたことを意味していよう。
　先にみたように、50年代後半は、戦前的な復古主義的潮流とも合流しながら、国家統制を強く志向する教育政策が矢継ぎ早に立法化され制度化された時期である。校長・教頭の管理職化、全国一斉学力テスト、勤務評定等が実施され、各地では「正常化」問題も生じていた[26]。この時期、シャウプ勧告（1950年）は次第に換骨奪胎され、わずか数年で全面的に制度改正され「非シャウプ的・

資本蓄積型税制」（林健久）へと転換する⁽²⁷⁾。シャウプが提起していた一般平衡交付金制度は、地方交付税交付制度に切り換えられ、中央集権的な財政配分制度が形成された。教育費削減が各地で深刻化し、これが公選制教育委員会制度廃止を要求する自治体側の基本的動機を形成することにもなった⁽²⁸⁾。

こうした「政治と教育の関係」が厳しく問われるなか、50年代に理念的に掲げられた学校づくりは、国による教育内容介入を制限的に把握し、もともと保護者や地域住民との共同的な学校運営を志向しながら地域の実情にあう教育内容を自ら編成しようとする価値志向性をその実践当初から有することなり、その後、70年代から80年代にかけて各地で有力な学校づくり実践を生み出してきた。しかし、学校づくりは、次第にその実践困難性に直面するようになる。そのことは、就学義務をめぐる戦後日本の裁判事例を追うことで、検証されるように思われる。

（2）就学義務の強制をめぐる日本の歴史的特質

就学義務違反が罰則として問われた事例は、裁判上、それほど多くは見られない。保護者が就学させるべき子女を就学させなかったとして問われたのは、学校教育法違反被告事件（1956年10月9日／新潟家裁）や、学校教育法・児童福祉法各違反被告事件（1959年10月13日／福島家裁）等にとどまる。教育委員会による就学義務の刑事処罰的強制は、長欠児童問題が深刻化していた50年代にほぼ限定されていた。

1960年代から70年代の時期には、学校統廃合をめぐって保護者らが学校の廃止処分の取り消しと、別の学校への就学指定処分の取り消しを求める事例がみられるようになる。更木中学校廃止処分取消請求事件（1962年7月9日／盛岡地裁判決）⁽²⁹⁾、分校廃止処分不存在確認請求控訴事件（1971年3月24日／仙台高裁判決）⁽³⁰⁾、富山学校統廃合事件（1976年6月18日／名古屋高裁金沢支部判決）⁽³¹⁾等がある。いずれも訴えは退けられたものの廃校処分の取り消しを求める「訴えの利益」が保護者の側に認められ、中でも、富山学校統廃合事件は「学校統廃合と教育における自然的・文化的環境との関係、教育条件の低下という概念を提起している点」で「児童・生徒および地域住民の学習権保障という見地からの好個の判例」と位置づけられるものであった⁽³²⁾。

このように、就学義務の強制をめぐる行政実務の実態としては、当初は保護者が子どもに対して負っている就学義務を放棄し、子どもの教育を受ける権利

が保障されていないことが明白でない場合に、教育委員会が刑事処罰的に家庭裁判所へ訴え出る事例から、その後、学校設置の責任を負う市町村ならびに就学指定の権限を有する市町村の教育委員会に対し、その処分の取り消しを求めるものへと変化してきたということができる。子どもの学習権保障をめぐって保護者が行政的決定に対しても積極的に関わりうることが社会的に要請されるようになってきていたことを示している。

しかしながら、1970年代後半から80年代に入ってくると、就学義務をめぐる裁判事例にはさらに大きな変化が生じるようになる。その典型的な事例が、浦和市立中学校越境入学効力停止申請事件（1977年4月30日／浦和地裁判決）である[33]。いわゆる「越境入学」を認めないとする浦和市の教育委員会が、越境して在籍していた中学生を当該学校の学齢簿の記載から抹消し、これを「退学処分」と見立てた保護者が、この処分の取り消しを請求したものである。1980年代には佐賀で、保護者が特定の学校へ就学させる権利を有することの確認を求める訴訟事例もあるが[34]、いずれも保護者の訴えを退けている。

以後、「就学義務」「就学指定」をめぐって、裁判事例は多様化するようになる。宗教的理由による就学の拒否もしくは教育課程の一部拒否[35]、特別支援が必要な児童生徒の就学指定手続きをめぐる問題[36]、就学義務の外に置かれている外国人生徒の退学問題[37]、等々がある。マイノリティの学習権保障ということが現代的な課題・争点として浮上してきているといえる。

（3）福祉制度の未形成と学校づくり実践の困難性

以上のように、70年代後半ごろから「就学義務」「就学指定」をめぐる裁判事例は質的に変化するようになるが、このことは、学校づくりの実践上の困難さを意味するように思われる。浦和市立中学校事件や佐賀就学権確認請求事件のように、「越境入学」が各地で常態化する事態が水面下で着実に進行していたとみられるからである[38]。これらの事例は、保護者のなかに「希望する学校を選択し就学させる自由」要求が強まってきていたことを意味するものではなかろうか。

例えば社会学者の後藤道夫は、1970年代半ばに確立する日本型企業社会に包摂され「体制内化（馴化）」していく国民生活様式「私生活主義」を指摘している[39]。その基本的なメカニズムは、①福祉国家的諸制度の未確立のゆえに、②日本型雇用が福祉制度に代替し、そのため③日本型雇用への参入が安定的な

生活保障の条件となり、そのため、④日本型雇用参入の条件となる進学競争は過熱化し、学校管理圧力が高まる。就学義務をめぐる裁判例の戦後史は、この知見を裏付けるものであるように思われる。

　教育財政制度の不十分さの上に、教育労働の貧困化（大規模学校や過大学級の温存）がもたらされ、部活動を含めて長時間労働が常態化するようになる。福祉制度が未確立であるがゆえに、反射的に「賃上げと時短」のみを求める機械的労働者論が形成される。地域からの「離脱・遊離」が進行し、教職員が、学校づくりに意欲的に関わることが難しくなったことが推察されよう。

　保護者の側もまた、わが子の「学力と部活動」に関心を向けることとなる。「学力」が進学や就職のための手段であったと同時に、「部活動（とりわけ運動部活動）」の大会での成績もまた進学や就職のための有力な武器となったからである。だから少しでも「指導力」に優れる教師のいる学校の部活動に属したい、これが「越境入学」の基本的な動機ではなかったか[40]。

　こうした保護者の関心に応えることが教職員の「責務」であるとする意識も、教職員のなかに醸成されたように思われる。80年代、進学競争圧力・学校管理圧力に耐え切れない子どもが続出し、「学校の荒れ」や「登校拒否・不登校の拡大」を招くことになる。

3．「教育の商品化」の第Ⅱ段階としての「多様な教育機会確保法案」
（1）「教育の商品化」の段階的把握

　日本型企業社会が確立し「私生活主義」が国民意識として形成される1970年代後半ごろから、子育て・教育費分野で福祉的制度が後退するようになる[41]。政府は「福祉国家」に代えて、「福祉社会」論を提唱するようになるが、労働運動の側も、子育て・教育費用を福祉制度として保障することではなく、年功賃金や賃金における家族手当の拡大、社会保険や税控除における扶養家族の認定の適用を求めるようになる[42]。大学授業料は値上がりを続け、1978年に「教育ローン」が創出され、これを契機に奨学金制度も切り崩されてきた[43]。こうして子育て・教育費用を各家庭が「商品サービス」として購入することが当然とされるようになる。これを差し当たり「教育の商品化」の第Ⅰ段階としてとらえるならば、「多様な教育機会確保法案」による新しい公教育制度の設計は、「教育の商品化」の第Ⅱ段階として位置づけることが可能であろう。

　これまで日本の公教育制度は、設置主体を基本的にはノンプロフィットに限

定してきており、いわゆる「市場空間」をつくりだしてこなかった。フリースクールやホームエデュケーションでの教育を就学義務履行とみなす「多様な教育機会確保法案」は、これまで限定されてきた設置主体の多様化を促す点で新しい制度論的な特質をもつ可能性が高いとみられる。ここでは、政策的背景との関係性を整理しておこう。

　21世紀以降加速度的に進行するグローバル化のなか、巨大資本と新富裕層の国境を越えた自由な移動、各国間の税制度を活用した「税逃れ」の実態が明らかとなりつつある(44)。世界各国で「財政危機」が深刻化し、福祉国家的諸制度が後退するようになる。一方、富の蓄積を続けるグローバル資本は、その投下先として「新しい市場」を要求する。公共部門における財政上の撤退は、同時に「新しい市場」の創出を生み出すことを意味しており、表裏一体の政策である。これを新自由主義政策として一体的にとらえることができる。

　すでに小泉構造改革期に、「構造改革特区」に限定して設置主体の多様化を促すものであったが、その量は限定的なものにとどまってきた(45)。今日の第二次安倍政権は、国家戦略特区会議において「公設民営学校設置」を模索するなど新しい動きをみせてきている。これらの動向は、TPP協定（Trans-Pacific Partnership：環太平洋戦略的経済連携協定）をめぐる動きと深く連動しているとみられる。TPPでは、コンピューターや金融、通信、エネルギー等さまざまな分野における貿易の自由化に関する協議がすすめられてきているが、この検討対象のなかには「教育部門」が含まれている(46)。OECD-CERI報告書によれば、21世紀以降、高等教育分野でフォー・プロフィットの国際的な教育提供組織が登場・急成長し、海外教育機関の買収等を積極的にすすめてきている(47)。安価にサービスを提供し、市場の参入を基本的に認めていない現行日本の公教育制度は「非関税障壁」とみなされる可能性が現実味を帯びてきている(48)。

（2）福祉国家における公教育制度原則

　さらに現政権は、医療における「混合診療解禁」を推進し、2016年から患者申出療養制度として部分的に保険外の自由診療が認められることになった。こうした政策と、「多様な教育機会確保法案」はどちらも公的制度のなかに「市場空間」を生み出すことをねらいとしている点で共通性がある。そこで、なぜ、医療分野でこれまで混合診療禁止原則が貫かれてきたのかを制度論的に考察しておきたい(49)。

例えば、皆保険の枠内でのみ使用が承認されている現在の製薬事業の場合、混合診療が認められるようになれば、製薬会社は開発した新薬品の許認可を申請せず、皆保険の枠の外でこれを使用し、独自の価格設定で患者に提供することを選択するようになる。そうなれば、皆保険による公的診療の範囲は急速に縮小することになる。公的診療はまた、「商品化された新薬品」を使用せざるをえなくなり、医療分野全体で医療費負担が急速に拡大することになる。

　このことから論理的に言えることは、公教育制度においても「市場の空間」をたとえ部分的にではあっても導入してしまえば、私的空間が飛躍的に拡大し、公教育が極度に収縮する可能性があるということである。そして縮小した公教育自体が変質する。

　現実に、三重県伊賀市における教育特区を活用した株式会社立学校では、「就学支援金」の不正取得や「ずさん授業」といった重大問題が発生している。これを制度の問題ではなく個別会社の道徳的問題とみなすことが果たして妥当であろうか。株式会社の会計上の不透明さは公共分野と比較して際立っており、これが国際的「税逃れ」の問題とも通底している。国民皆保険制度にとどまらず、年金制度、生活保護制度等も福祉国家的制度原理で設計されており、民間事業者への委託や民間企業の参入を認めていない。これら福祉国家的制度の仕組みと意味をあらためて問い直すべき時にきている。

おわりに

　紙幅の都合で本稿全体をまとめることはできないが、最後に、検討の結果を踏まえて示唆しうる範囲で研究的に言えることを述べておきたい。

　不登校・登校拒否問題の根底に、80年代に進行した第Ⅰ段階の「教育の商品化」があり、生活上の諸条件を競争的な教育環境のなかで獲得することが社会原理の基本となったことがあげられるとするならば、「多様な教育機会確保法案」によるさらなる「教育の商品化」は、むしろ不登校問題を拡大させる可能性があると言うべきであろう。

　学校づくりを現代的に再生させる課題とその条件は、福祉国家的制度枠組みを公教育分野のみならずあらゆる生活領域で再設計すること、そのことにある。そのもとで多様な働き方を承認する社会が形成されれば、不登校問題はじつは相当程度に解消される可能性もある。

　本稿では、現政権が準備している教育政策は、他分野・他領域における諸施

策とも連動するものであることを念頭に解析をすすめてきた。教育政策の横断的で一体的な分析と把握という課題をあらためて提起するものである。

注
（1）「登校拒否」が公的文書において定式化されたのは1983年の文部省『生徒指導資料第18集　生徒の健全育成をめぐる諸問題―登校拒否問題を中心に―』が最初とされる（加藤美帆『不登校のポリティクス―社会統制と国家・学校・家族―』勁草書房、2012）。
（2）本稿執筆時点で、多様な学び保障法を実現する会「子どもの多様な学びの機会を保障する法律（骨子案）」（2013.2）やフリースクール等議員連盟「多様な教育機会確保法（仮称）案[座長試案]」（2015.5）等があり、同議員連盟は「未定稿　義務教育の段階に相当する普通教育の多様な機会の確保に関する法律案」（2015.8）、最新のもので「義務教育の段階における普通教育に相当する教育の機会の確保に関する法律案」（2016.3）を発表している。本稿では政策意図がよく示されているとみられるため、議員連盟の「座長試案」を主な検討対象として想定している。
（3）調査検討会議「小・中学校に通っていない義務教育段階の子供が通う民間の団体・施設に関する調査の結果（概要）」2015年8月5日。
（4）いち早く法案の問題点を指摘したものに前島康男、世取山洋介らの研究会での報告がある。後者はより詳細に法律上の問題点や矛盾点を指摘している。
（5）堀尾輝久「義務教育」（宗像誠也編『教育基本法』新評論、1966）。
（6）同上、172頁。
（7）なお義務教育費無償の範囲については長らくの論争があり、「授業料不徴収説」（奥平康弘）と「就学必需費無償説」（永井憲一）に大別される。高橋哲は、「福祉国家論」理解がこの学説論争等に反映していることを指摘しており興味深い。高橋「現代教育政策の公共性分析―教育における福祉国家論の再考―」（『教育学研究』82（4）、2015）。
（8）堀尾・前掲論文、175-177頁。なお堀尾は、「現代の公費観」として「公費」がほんらい国民のものであり、「国民のひとりひとりに教育機会を平等に獲得させるためには、公費にもとづく学校（公立学校）が最もふさわしい学校形態である」と言い、これを「公費教育の思想」としている（177頁）。
（9）憲法学分野でも堀尾説を追認する論稿がみられる。山崎真秀「日本国憲法第26条」（有倉遼吉・小林孝輔編『基本法コンメンタール憲法（第3版）（別冊法学セミナー78）』日本評論社、1986）、成嶋隆「教育基本法第4条」（永井憲一編『基本法コンメンタール新版教育法（別冊法学セミナー115）』日本評論社、1992）等。
（10）牧柾名「教育基本法第4条」（有倉遼吉編『基本法コンメンタール新版教

育法（別冊法学セミナー33）』日本評論社、1977）。同趣旨、船木正文「公教育法制と義務教育」（日本教育法学会編『講座教育法2 教育権と学習権』総合労働研究所、1981）。
(11) 堀尾・前掲論文、149頁。
(12) 堀尾・前掲論文、152頁。
(13) 高岡裕之『総力戦体制と「福祉国家」―戦時期日本の「社会改革」構想―』（岩波書店、2011）が参考になる。
(14) 「特集 福祉国家論の問題性」（『法律時報』36（4）、1967）、鈴木安蔵編『福祉国家論批判』（法律文化社、1967）等多数ある。
(15) 船木・前掲論文、96頁。
(16) 山崎・前掲論文。
(17) 兼子仁『教育法（新版）』（有斐閣、1978）368-369頁。
(18) 成嶋・前掲論文。
(19) 中村睦男「教育の自由」（奥平康弘・杉原泰雄編『憲法学2』有斐閣、1976）191頁。
(20) 廣澤明「教育基本法第5条」（荒牧重人・小川正人・窪田眞二・西原博史編『新基本法コンメンタール教育関係法（別冊法学セミナー237）』日本評論社、2015）。同趣旨、結城忠『日本国憲法と義務教育』（青山社、2012）42-45頁。
(21) 船木・前掲論文。
(22) 新自由主義教育改革と連動する新教育基本法（2006年）が、旧法第10条「直接責任」の文言をなぜ削除したのかが本稿全体の結論との関係で判明するように思われる。拙稿「新教育基本法の行方と教育法研究の課題―旧教育基本法の生命力と現代的再生の課題―」（『日本の科学者』vol.42、№12、本の泉社、2007）を参照のこと。
(23) 拙稿「戦後日本における学校づくり概念に関する歴史的考察」（『名古屋大学大学院教育発達科学研究科紀要』51（2）、2005）、同「地域の貧困と学校づくりの課題―戦後学校づくり史における価値理念の探求―」（唯物論研究協会編『唯物論研究年誌』14、青木書店、2009）等。
(24) 中内敏夫・竹内常一・中野光・藤岡貞彦『日本教育の戦後史』（三省堂、1987）。
(25) 師井恒夫、佐古田好一、後藤敏夫、斉藤喜博等の「学校づくり」の実践内容に即して概念分析をすすめている富樫千紘の一連の研究が参考になる。「戦後日本における「学校づくり」概念の生成過程に関する研究―1950年代における後藤敏夫の教育実践に着目して―」（『中部教育学会紀要』(14)、2014）、「島小学校における学校づくり実践の全体像―斎藤喜博の「学校づくり」理解を手がかりに―」（『名古屋大学大学院教育発達科学研究科紀要』59（1）、2012）、「1950年代における師井恒男の学校づくり実践の特質―宇部教育談話会の地域的活動に着目して―」（『名古屋大学大学院教育発達科学研究科紀要』58（2）、2011）、等。

(26) 文部行政における日本型福祉国家観がもっとも端的に示されているのが、今村武俊『教育行政の基礎知識と法律問題』(第一法規、1964)。
(27) 林健久「シャウプ勧告と税制改正」(東京大学社会科学研究所編『戦後改革』7巻、1970)。
(28) 宗像誠也編『教育行政論』(東京大学出版、1957)。1957年に日教組が提起した学校白書運動は質量とも貴重な歴史的経験を生み出した。実践的価値については、田中秀佳「戦後日本における私費負担軽減運動」(世取山洋介・福祉国家構想研究会編『公教育の無償性を実現する―教育財政法の再構築―』大月書店、2012) を参照のこと。
(29) 奥平康弘『自治研究』(48 (7)、1972)、田中舘照橘『季刊教育法』6(総合労働研究所、1972)、同『教育判例百選〔別冊ジュリスト41〕』1973、等。
(30) 小島喜孝『教育判例百選〔別冊ジュリスト41〕』(有斐閣、1973)。
(31) 小島喜孝『教育判例百選(第2版)〔別冊ジュリスト64〕』(有斐閣、1979)。
(32) 同上、73頁。
(33) 田村和之・前掲書『教育判例百選(第2版)』ならびに田中舘照橘「越境入学をめぐる法的検討」(『季刊教育法』26、総合労働研究所、1977.12)。
(34) 佐賀就学権確認請求事件(1986年8月6日) 吉岡直子『教育判例百選(第3版)〔別冊ジュリスト118〕』(有斐閣、1992)。
(35) 人身保護請求事件(荒川昂「主要民事判例解説」『判例タイムズ臨時増刊』762、1991.9)、エホバの証人退学処分等取消訴訟(1996年3月8日/最高裁判決)。
(36) 奈良肢体不自由児中学校入学仮の義務付け申立事件(2009年6月26日/奈良地裁判決)。小泉広子『季刊教育法』167、エイデル研究所、2010)
(37) 2008年9月26日/大阪地裁判決。
(38) 例えば「特集 越境入学」(前掲書『季刊教育法』26)。
(39) 後藤道夫『戦後思想ヘゲモニーの終焉と新福祉国家構想』(旬報社、2006)。
(40) したがって日本に固有な部活動現象(全員加盟、体罰問題)もまたこの企業社会統合メカニズムの一部として組み込まれているとみるべきであろう。
(41) 以下、拙稿「教育における公費・私費概念―その日本的特質―」(世取山ほか・前掲書) が詳しい。
(42) 北明美「1960年代の児童手当構想と賃金・人口・ジェンダー政策」(大門正克ほか編『高度成長の時代 2 過熱と揺らぎ』大月書店、2010) 296頁。
(43) 伊ヶ崎暁生「教育ローンの開始と教育財政原則」(『季刊教育法』28、総合労働研究所、1978)
(44) 志賀櫻『タックス・ヘイブン―逃げていく税金―』(岩波新書、2013) や富岡幸雄『税金を払わない巨大企業』(文春新書、2014) が分かりやすい。
(45) 川口洋誉「学校設置主体の多様化」(日本教育法学会編『教育法の現代的争点』法律文化社、2014)
(46) ジェーン・ケルシー編『異常な契約―TPPの仮面を剥ぐ―』(農文協、2011) 264頁。

(47) OECD-CERI（2004), Internationalisation and Trade in higher education: Opportunities and challenges. Paris:OECD
(48) 加えて「日本語」で提供される教育・研究もまた同様に「非関税障壁」としてアタックの対象となる可能性がある。
(49) なお後藤道夫はすでに教育制度においては「混合教育」状態が生み出されていることを指摘している。本稿は後藤の混合教育論に大きな示唆を得ている。後藤道夫「子どもの貧困と学校教育」（世取山ほか編・前掲書）。

参考文献
・石井拓児「戦後日本における学校づくり概念に関する歴史的考察」（『名古屋大学大学院教育発達科学研究科紀要』51（2)、2005)
・石井拓児「新教育基本法の行方と教育法研究の課題―旧教育基本法の生命力と現代的再生の課題―」（『日本の科学者』vol.42、№12、本の泉社、2007)
・石井拓児「地域の貧困と学校づくりの課題―戦後学校づくり史における価値理念の探求―」（唯物論研究協会編『唯物論研究年誌』14、青木書店、2009)
・石井拓児「教育における公費・私費概念―その日本的特質―」（世取山洋介・福祉国家構想研究会編『公教育の無償性を実現する―教育財政法の再構築―』大月書店、2012)
・伊ヶ崎暁生「教育ローンの開始と教育財政原則」（『季刊教育法』28、総合労働研究所、1978)
・今村武俊『教育行政の基礎知識と法律問題』（第一法規、1964)
・加藤美帆『不登校のポリティクス―社会統制と国家・学校・家族―』勁草書房、2012
・兼子仁『教育法（新版)』（有斐閣、1978)
・川口洋誉「学校設置主体の多様化」（日本教育法学会編『教育法の現代的争点』法律文化社、2014)
・北明美「1960年代の児童手当構想と賃金・人口・ジェンダー政策」（大門正克ほか編『高度成長の時代2 過熱と揺らぎ』大月書店、2010)
・『教育判例百選〔別冊ジュリスト41〕』（有斐閣、1973)
・『教育判例百選（第2版）〔別冊ジュリスト64〕』（有斐閣、1979)
・『教育判例百選（第3版）〔別冊ジュリスト118〕)』（有斐閣、1992)
・後藤道夫「子どもの貧困と学校教育」（世取山洋介・福祉国家構想研究会編『公教育の無償性を実現する―教育財政法の再構築―』大月書店、2012)
・後藤道夫『戦後思想ヘゲモニーの終焉と新福祉国家構想』（旬報社、2006)
・ジェーン・ケルシー編『異常な契約―TPPの仮面を剥ぐ―』（農文協、2011)
・志賀櫻『タックス・ヘイブン―逃げていく税金―』（岩波新書、2013)
・鈴木安蔵編『福祉国家論批判』（法律文化社、1967)
・高岡裕之『総力戦体制と「福祉国家」―戦時期日本の「社会改革」構想―』（岩波書店、2011)

- 高橋哲「現代教育政策の公共性分析―教育における福祉国家論の再考―」(『教育学研究』82 (4)、2015)
- 田中舘照橘「越境入学をめぐる法的検討」(『季刊教育法』26、総合労働研究所、1977)
- 田中秀佳「戦後日本における私費負担軽減運動」(世取山洋介・福祉国家構想研究会編『公教育の無償性を実現する―教育財政法の再構築―』大月書店、2012)
- 富樫千紘「1950年代における師井恒男の学校づくり実践の特質―宇部教育談話会の地域的活動に着目して―」(『名古屋大学大学院教育発達科学研究科紀要』58 (2)、2011)
- 富樫千紘「島小学校における学校づくり実践の全体像―斎藤喜博の「学校づくり」理解を手がかりに―」(『名古屋大学大学院教育発達科学研究科紀要』59 (1)、2012)
- 富樫千紘「戦後日本における「学校づくり」概念の生成過程に関する研究―1950年代における後藤敏夫の教育実践に着目して―」(『中部教育学会紀要』(14)、2014)
- 富岡幸雄『税金を払わない巨大企業』(文春新書、2014)
- 中内敏夫・竹内常一・中野光・藤岡貞彦『日本教育の戦後史』(三省堂、1987)
- 中村睦男「教育の自由」(奥平康弘・杉原泰雄編『憲法学2』有斐閣、1976)
- 成嶋隆「教育基本法第4条」(永井憲一編『基本法コンメンタール新版教育法 (別冊法学セミナー115)』日本評論社、1992)
- 廣澤明「教育基本法第5条」(荒牧重人・小川正人・窪田眞二・西原博史編『新基本法コンメンタール教育関係法 (別冊法学セミナー237)』日本評論社、2015)
- 林健久「シャウプ勧告と税制改正」(東京大学社会科学研究所編『戦後改革』7巻、1970)
- 船木正文「公教育法制と義務教育」(日本教育法学会編『講座教育法2 教育権と学習権』総合労働研究所、1981)
- 堀尾輝久「義務教育」(宗像誠也編『教育基本法』新評論、1966)
- 牧柾名「教育基本法第4条」(有倉遼吉編『基本法コンメンタール新版教育法 (別冊法学セミナー33)』日本評論社、1977)
- 宗像誠也編『教育行政論』(東京大学出版、1957)
- 山崎真秀「日本国憲法第26条」(有倉遼吉・小林孝輔編『基本法コンメンタール憲法 (第3版) (別冊法学セミナー78)』日本評論社、1986)
- 結城忠『日本国憲法と義務教育』(青山社、2012)
- OECD-CERI (2004), *Internationalisation and Trade in higher education: Opportunities and challenges.* Paris：OECD

(名古屋大学)

II

特集2
福島復興のための教育政策

特集2：公開シンポジウム「福島復興のための教育政策」
OECD東北スクールの実践と若者たち

三浦　浩喜

1．震災・原発事故と学校教育

　2011年3月11日に発災した東日本大震災、および東京電力福島第一原子力発電所の爆発事故により、福島県は大きな被災を受けたばかりか、その後長く苦しい放射能被害とのたたかいを余儀なくされることになる。原発が立地している双葉郡を中心に、全町避難・全村避難の対象となった地区はコミュニティがほぼ完全に崩壊した。学校機能の停止した地域の、学齢期の子どもを持つ多くの親たちは学校を求めてさまよい、避難所となった学校では多くの教師達が、わが身を省みることなく避難所運営に励み、学校は「命を守る砦」と化した。皮肉なことに、このような限界状況の中で学校は本来の力を発揮し、そうした中で学校の教師や教育行政に携わる多くの者は「本当の教育とは何か」、本気で考えることになる。

2．教育復興プロジェクトとしてのOECD東北スクール

　震災の年の11月、OECD（経済協力開発機構）が福島大学を訪れ、OECD、文科省、福島大学の協力によって、東北の中高生を震災復興の担い手として育てる国際プロジェクト「OECD東北スクール」の発足が決定する。それからわずか4ヶ月という短い準備期間で、運営事務局を組織し、第1回スクールのカリキュラムをつくり、参加者を募集し、諸機関との関係を構築した。すべては震災後の混乱の中で進められた。

　OECD東北スクールの目的は震災復興に留まらない。歴史的ハンディキャップを持つ東北の再構築、さらには人口急減に象徴される急激な社会変化を乗り越えるための、21世紀型能力[1]の設定とその教授法の開発がこのプロジェクトのミッションである。一向に進まないわが国の教育改革に対し、「1000年に一度」とも言われる大災害に対抗する復興のエネルギーが新しい教育を生み出

すのではないか、そうした仮説が背景にあったということができる。
　OECDは、世界34カ国加盟国の拠出金で運営する組織であり、一国の震災復興に予算を使うことはない。やるのであれば、その成果は他の33カ国に利益をもたらす先進性を持つものでなければならない。このプロジェクトの実行に踏み切ったOECDにとっても、極めて重要なアクションリサーチであった。

3．OECD東北スクールのスタート

　2012年3月25日、福島県いわき市において第1回集中スクールが開催された。岩手、宮城、福島の被災3県から80名の中高生が集合した。彼らは状況が全く異なる9つの地域からチームとして参加しており、その人数や構成方法[2]は多様であった。

　参加した生徒の多くは「何とか自分のふるさとを取り戻したい」という固い意志を持っていた。しかし被災状況はまちまちであり、その当事者意識には大きな温度差があった。異学年間・地域間の交流など「異質性」との接触を重視したのであるが、当初においては自分の地域以外に関心をもつ生徒は少なかった。後にエリート中高生が取り組んだのかと誤解されたこともあるが、このように発達途上の「普通」の中高生が集まったプロジェクトである点が重要なポイントである。

　「異質性」との接触は生徒達ばかりでなく、大人にとっても重要な課題であった。その中心は新しい教育の担い手として期待される教師で、異校種間交流、企業やNPOなどの民間との協働、大学や政府機関などとの連携などが求められ、プロジェクトの進展とともに「異種格闘技」たる混乱の様相を呈してくる。まさに「授業をしながら教室をつくる学校」であった。

4．OECDから与えられたミッション

　第1回集中スクールの冒頭、OECD教育局長（当時）のバーバラ・イッシンガー（Barbara Ischinger）からビデオを通してミッションが下された。「2014年、パリから世界に向けて東北の魅力をアピールせよ」というものであった。生徒にとっても、大人にとっても全く雲をつかむようなミッションだった。一つの答えだけを求めてきた生徒や教師にとって、この「解のない問い」に取り組むことは極めて大きなチャレンジである。しかしOECD東北スクールは、それらを折り込み、巧みに構築されたプロジェクト学習であった。

5．OECD東北スクールの活動内容

　OECD東北スクールに結集したのは東北の生徒・大人ばかりではない。当事者だけでは不可能な発見や作業をサポートするEP（エンパワーメント・パートナー）と呼ばれる、東京や奈良の生徒、企業のプロボノも参加した。活動期間は2012年3月から2014年9月までの2年半[3]である。

　軸となる活動は3つあり、一つ目が5回の集中スクールである。これは夏と春に実施する4泊ほどのワークショップの合宿で、参加者全員が参加する。多彩な講師によるレクチャーや体験活動、熟議を行う。

　二つ目が、参加者の地域で展開する地域スクールである。自地域の被災状況に応じて復興プロジェクトを企画し、地域の協力者とともに実行に移す。これらの指導はLL[4]（ローカルリーダー）と呼ばれる教師やNPOら、地域の大人である。地域によって活動は様々であり、地元漁協との協力による漁業体験、伝統芸能の復活、農業復興のための商品開発、再生可能エネルギーの研究、演劇による表現などの活動が取り組まれた。

　三つ目は、パリでのイベントを作り上げるためのテーマ別活動である。イベントの内容を議論する「シナリオ班」、企業や自治体への協力を呼びかけ資金を調達する「産官学連携班」、チーム内部のコミュニケーション活動を活性化させ外部に対してPRする「コミュニケーション・PR班」、自分たちの活動を記録し動画にまとめる「セルフドキュメンタリー班」などが設置され、タブレットなどのICTツール[5]を用いて地域縦断で活動を進めた。

　LLやEPも役割分担をしながら各活動に参加し、縦横に交流した。プロジェクトが進展するにつれ、さらに多くの役割分担[6]が必要となり、EPの参入も国内外に広がっていった。チームが巨大になるにつれ、組織内のガバナンスも重要な課題となり、大小含めて10近い会議体[7]も生まれた。

写真1　チーム環の誕生

6. チーム「環WA」の成長

　第1回集中スクールで、生徒達は自分たちのチームを「環WA」と命名した。被災者と非被災者、東北と東北外、日本と外国、生徒と大人、などが境界なくつながることを願っての命名だった。集中スクールを重ね、キャッチコピー「わたしたちは、過去を超えます、常識を超えます、国境を超えます」が生まれ、プロジェクトのコンセプトを形にしたロゴマークをつくり、やがてテーマソング[8]も制作されることになる。

　当初、地域ごとのプロジェクトへの温度差が生徒達の団結を阻んだが、作業量が増えるにつれ、地域間で連携せざるを得ない場面が増え、次第に広域にわたるチームワークが築かれていった。リーダークラスの生徒も頭角を現し、大人との連携も進んだ。特に企業のプロボノとの共同作業は生徒達に極めて新鮮に映り、後述するように、ロールモデルとなって生徒の進路選択に大きく影響を与えたケースも少なくない。

　一人の生徒は、「はじめ自分達が一番悲惨と思っていたら、他の地域の人の話を聞いて、自分達よりも大変な経験をしていてがんばっている。自分ももっと頑張らなければと思った」と述べている。異なる被災地の生徒同士の触れあいが、生徒達のエンパーメントにおいて重要な役割を果たしていると言える。当初期待した「異質性の接触」による「化学反応」が、少しずつ現れるようになる。

7. OECD東北スクールの光と影

　2年半の取り組みの中で、生徒や教師の成長・変容が見られるようになり、本プロジェクトが画期的な教育活動と評されることもあった。しかし、「異種格闘技」による前例のないプロジェクトは最終的な局面まで困難を極めた。

　最大のネックとなったのは資金調達である。教育に関わる経費は復興予算から出ていたが、渡仏しイベン

写真2　イベントコンセプトの決定

トを開催する経費は自分たちで調達しなければならない。それは、若者であっても経済的な自立が必要と考えるOECDの方針でもあった。しかしそのハウツウをわれわれは持たず、資金がないとイベントの規模を決められない、イベントが決まらないとPRできない、PRできないと資金が集まらないという悪循環が長く続くことになる。

その中で、プロジェクトから離脱する生徒も出てきたり、作業の進捗差が地域間で広がったり、事務局と地域チーム間の情報の混乱と誤解も数限りなく生まれた。とりわけ遠隔地間で協働するため、誤解を原因とするヒューマントラブルが次から次へと生まれ、運営事務局は日々それらへの対応を迫られた。

さらにパリ側とのコミュニケーションも多くの障害を抱えた。通訳を介しても情報がお互いに正確に伝わらず、予算やロジスティクス面では何度もパリに飛び、打ち合わせを行わざるを得なかった。

8．東北復幸祭〈環WA〉in PARISの開催

多くの苦難を乗り越え、2014年8月30日〜9月2日にかけて、最終ゴールである東北復幸祭〈環WA〉in PARIS関連イベントが開催された。

勇壮な祭のかけ声がエッフェル塔前の広大な公園に鳴り響き、開幕を高らかに告げる法螺貝の音とともに、大漁旗を持った生徒達が勇ましく特設ステージに駆け上がる。スクリーンには震災前の東北が映し出され、東日本大震災と原発事故の悲劇、OECD東北スクールとの出会い、復興に向けて突き進んできた東北スクールの様子が語られる。リーダーにより、東北復幸祭〈環WA〉in PARISの開幕がフランス語で高らかに宣言された。

テーマソング「希望の環（WA）」を、アーティストのmiwaさんと歌い上げ、震災体験と未来への希望を語り、自分たちの力で復活させた伝統芸能を舞うその姿は、世界から集まってきた多くの来場者に感動を与えた。文科省関係者、OECD日本政府代表部大使、OECD関係者、パリ当局

写真3　東北復幸祭〈環WA〉in PARISの様子

関係者らも来場し、生徒達に言葉をかけた。英語に不慣れな生徒達が身振り手振りで必死に外国人に自分たちの地域の姿を伝えようとする姿は、2年半の成長を証明する姿であった。

来場したアンヌ・イダルゴ・パリ市長は「この公園をお貸ししたことは、パリ市にとっても意味深いこと」と述べ、イベントの成功を祝った。

直前まで形になることすらも危ぶまれた「東北復幸祭〈環WA〉」は、2日間で、成功指標として設定した15万人にほぼ達し、予想以上の大成功を収めることとなった。

このプロジェクトの内容は、イベントだけではない。9月2日の午前には、OECDへの感謝の意を表する「桜の植樹」がOECD本部中庭で開催された。生徒の「私たちは決して諦めない」という言葉が、中庭に響き渡った。

同日午後には、「私たちの学校、私たちの未来、2030年の学校」というテーマの生徒大人合同熟議が開催された。これはOECDの統計調査による2030年代の社会課題に対応する学校の姿を5チームに分かれて構想し、海外からの批評も加味して報告しあい、コンペで1位を決めるというものである。「これまで専門家がやっていた公教育のデザインを、生徒達が行うという点に意義があった」と講評され、今後、このプランに他のプランも加味し、ブラッシュアップを重ねて、次期プロジェクトへつながっていく。

以上が、2年半にわたるOECD東北スクールの概要である。

9．OECD東北スクールの成果

プロジェクトは生徒達にどのように変化をもたらしたのか。

写真4　パリ市長（中央）との記念写真

まず、本プロジェクトでは現場の教師と協働で評価指標[9]（KPI：Key Performance Indicator）を設定し、その変化をモニタリングしてきた。KPIは図1に示す9点である。1年半にわたり4回調査したところ、時間軸に沿って全体としてバランス良く9つのKPIは向上した。これを地域別・参

加頻度別に分析することで、運営体制や活動の進め方についてその適確性を明らかにすることもできた。

　生徒達の成長の要因を端的に表すなら、前述した「異質との接触」ということができる。教師が生徒達の外部との接触を最小限に留めてしまった場合と、積極的に地域外に出した場合とを比較すると、明らかな差異が見られる。後者の生徒達はプロフェッショナルと言われる大人たちと一緒に仕事をし、このことが自分自身の進路を見つめ直すきっかけとなり、海外留学を決めたり、就職から大学進学に進路変更をしたり、NPO活動に没頭したり、と、様々な形で影響を受けることになる。

　また、ほとんどの生徒達はこのプロジェクト学習を通して、自分たちの地域を客観化することによって地域の可能性を発見し、地域で活動を展開するようになっていく。同時に、震災復興期における大人とは異なる自分たちの役割を見いだした。

　このプロジェクトで最も大きな課題となったのは、前述したとおり「資金調達」である。OECDは「お金がないからやれない」という補助金異存が自立性を阻むと考え、われわれは企業訪問や街頭募金、クラウドファンディングなど多様な方法で運営資金を集めた。結果的にこれが現代社会を知る大きな取り組みとなり、事実生徒達はこうした活動を最も貴重な学習機会として捉えた。生徒達の成長をキーワードで表すなら「チャレンジ」「イノベーション」「レジリエンス」の三つとなるだろう。

　成果は生徒の成長に留まらない。例えば生徒の動きは、地域や、東北の生徒達を支援しようと集まってきた他地域の生徒、協力者にも大きな影響を与え、重要な学びの機会を提供することになった。

　また、一連のプロジェクトは今日話題となっているアクティブ・ラーニングの成功事例として中

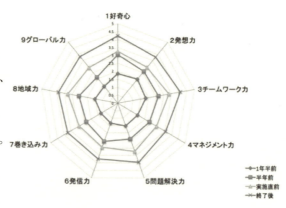

図1　生徒のKPIの変化

央教育審議会でも報告され、次期学習指導要領にも影響を与えることになる。さらには、OECDは1997年から取り組んできたキーコンピテンシーの改訂作業を行うプロジェクトEDUCATION 2030を立ち上げたが、我々の後継プロジェクトは、新しいキーコンピテンシーを策定するための材料として、OECDにエビデンスを提供することになっている。

教師に与えた影響も大きい。わが国の多くの教員にとって、教育実践のフィールドは所属校に限定されており、このことが教員の視野の広がりを阻んでいる。今回のように他校の教員や企業人とともに実践グループを作り、地域に出て実践を行うことで新たな教育実践の場を獲得したということができる。また学校とは異なる価値観や方法論に触れたことは、学校改革にとって大きな力となるだろう。さらには大人熟議を通して今日の日本が直面する課題を学習することによって「学校の教育目標がこのような社会的課題とずれているのではないか」という気づきを得たことは極めて重要である。

後継プロジェクトは「地方創生イノベーションスクール2030」で、東北の震災復興から全国の地域課題に取り組むプロジェクトへと大きく広がっていく。また、平成27年4月に原発被災地に開校した「ふたば未来学園高校」のカリキュラムはプロジェクト学習がコアを成しており、東北スクールの教育方法そのものが活かされている。

東北スクールプロジェクトは次のような課題も残した。まず学校教育への還元が十分でなかったこと、次に海外とのコラボレーションが弱くグローバルコンピテンシーを十分に伸ばせなかったこと、OECD教育局長のシュライヒャー氏は「東北スクールは芸術的には成功したが、教育科学的には課題を残した」と述べたが、教育の方法論や評価方法、さらにはそれらの国際発信では改善の余地がある。これらはいずれも「地方創生イノベーションスクール2030」の主要なアジェンダとなっている。

注
（1）OECDキーコンピテンシーがその代表例であり、実際初期においてはこの指標でアセスメントを行っている。
（2）中学1年生から高校2年生、1つの学校か複数の学校か、NPO主催の塾から、地教委の関与のあるなしなど、地域チームの構成は極めて多様であった。人数も2名から30名まで幅があり、プロジェクト期間の中で途中で参加を取りやめるケースや逆に途中から参加するチームもあった。しかし

全体の9割の生徒は期間を通して継続して参加した。
（3）OECD教育局のシニア政策アナリストの田熊美保によれば、2年前後のプロジェクトの教育効果が高いとする。しかし日本の学校は年度によって区切られることが多く、かつ東北スクールの2年半の間に生徒が高校や大学に進学したり、教師が異動したりすることがあり、事務局は極めて複雑な対応を強いられた。
（4）ローカルリーダーの名称は、ドイツやオランダで取り組まれている「イエナプラン」の「グループリーダー」を参考としている。イエナプランでは、教師と児童生徒とのフラットな関係を構築するために、教師を「グループリーダー」と呼んでいる。
（5）回線付きのタブレットコンピュータは賛同企業から借り受け、全員が使用した。Skype、Facebook、LINE、Office365などのアプリケーションを駆使し、ビデオ会議や情報共有、情報発信、ドキュメントのアーカイブ化などを生徒の手によって進めた。
（6）PRのための様々な国内イベントが開催され、それを運営するためにその都度組織が生まれた。また、パリイベント自体も「ステージ」「ブース」「桜の植樹」「2030年の学校構想」などと拡大・分岐し、担当チームを作った。
（7）文科省・外務省・OECD日本政府代表部・福島大学による「ハイレベル円卓会議」、OECD・文科省・LL・EP・運営事務局による「関係者連絡会議」、生徒とLL・EPなどによる「生徒リーダーLL会議」などが定期的に開催された。
（8）生徒達はシンガーソングライターmiwaと詩のイメージを練り、miwaの作詞作曲による『希望の環（WA）』が制作された。
（9）当初、このプロジェクトはOECDキーコンピテンシーで評価していたが、OECDキーコンピテンシーは抽象性が高いために、プロジェクト開始1年後から本プロジェクト独自の評価指標を設定した。

（福島大学）

特集2：公開シンポジウム「福島復興のための教育政策」
「ふるさとなみえ科」から「ふるさと創造学」へ

石井　賢一

1．はじめに

　浪江町は、福島県の海岸部にあって、今回事故のあった東京電力第1原発を抱える双葉町に隣接する町です。2011年3月、第1原発の事故で避難生活を余儀なくされてから5年目に入っています。私がお話しするのは、地域がなくなってしまったところで学校はどう活動しているかということです。

　震災時、私は学校現場には在籍していませんでしたので、子ども達がどう行動し、どのように避難したのかを、後日関係者等から話は聞きその大変さを知ったところです。

　さて、はじめ浪江町は、子どもの就学について学校を開設せず区域外就学で対応しました。しかし、子どもが避難先の学校に馴染めず、また不登校になるなどの状況が見受けられるようになり、「様々な事情を抱える子どもたちの就学を途切れさせたくない。」との思いで仮の学校を設置することになりました。二本松市の廃校を借りて学校を再開できたのは平成23年8月25日。震災前600人と双葉郡のなかでも最大だった児童の数も19人になってしまい、教育環境の面から見れば以前と比べて十分とは言えませんでしたが、「モノがなければ、知恵を使おう。」を合言葉に環境を整えて教育活動を維持してきたところです。

　震災時、子どもたちは幼稚園または小学校低学年で行動範囲は限定的だったため、今は自宅周辺のことは思い出せてもそれ以外のことについては記憶が薄れてきています。さらに、大人の意識の変化も著しく、震災から1年後に浪江町が住民に行った意向調査では、子育て世代の20〜40歳で戻りたいと答えたのは1割以下と低く、浪江町に戻らないと決めている割合は5割強を占めるまでになってしまいました。避難の長期化に伴い、新しい環境での生活を模索する意見が多く聞かれるようになり、人々の心の中にある浪江町への「強い思い」が少しずつ希薄になり始めています。

そして、これまでふるさとの自然や伝統、文化を実感させる役割を果たしてきた地域をも奪われてしまった今、このまま浪江の地を離れ続けていたら、町の自然豊かな風景や伝統文化を子どもたちの心に残せるのだろうか。また、学校は何をすべきなのだろうか。そう考えたとき、学校が子どもに残せるのは、「浪江を忘れさせないこと」ではないかとの思いを持ち、郷土教育に力を入れて取り組むことにしたのです。さらに、仮の学校の教育実践をとおして、大人のふるさとへの愛着を呼び覚ますきっかけにしたいとも考えました。

2．ふるさと学習を学校教育の柱に

地域がなくなった今、学校がなすべきことは学校の中に地域を作ることではないかと考え、地域の人材を活用したり、住民と交流したりする活動を促進し、子どもたちがいるところ全てが学校になる「学校の中に街がある」という構想で取り組むことにしました。

幸いにも、ここ避難先においてもなお、追われた地域の文化や伝統を維持しようと努力する人々がいました。地域を離れても、地域をつくるという基盤はまだ人々の心の中に残されていたことを知り、総合的な学習の時間を中心に地域と関わる時間を設けて、ふるさと学習を行ってきました。それが「ふるさとなみえ科」です。

いま、「ふるさとなみえ科」は、仮設住宅に出向いて地域の人とふれあう「交流の町」、浪江町の大堀相馬焼を体験する「陶芸の町」、子供たちが育てた花を持っていく「ボランティアの町」、自分たちがふれあった人々から得た情報を新聞にして地域に持っていく「情報の町」といった中身です。

6年生は自分たちの周りにあるものを題材にカルタも作りました。この中に、「ニラも安い、野菜も安いカワイさん」というのがあります。カワイさんは地元のスーパー。仮設住宅に行き、お年寄りと一緒にカルタをやると、お年寄りが喜ぶ。ローカルな言葉に反応し、心を開いて地域のことを話してくれる効果がありました。

避難先で事業を再開している人も不安です。焼き物はその場所でやらなければいけないのではないかという思いがある。でも、その場所でなくても、わざを伝えていくことはできる。誰がそれを評価するか。子どもたちが、活動を通して「おじちゃん、すごいね」って言うことも、子どもから大人への再評価です。いろいろな場面で、子どもはこういう力を持っている、交流とはこんなに

力があると実感しました。
　学校がハブになればいいとも考えました。「子どもたちの　町民をつなげる力で　浪江の未来を開く」という考え方です。子どもたちが出向く、学校に町民を呼ぶ、それを繰り返していけば、町民同士がつながっていくのではないか。そういう意味で、子どもと町民が触れる機会を多くしていきました。

3．未来に生きる子どもたちを育む教育復興ビジョンを

　双葉郡8町村のうち、元あった場所で学校が再開できたのは二つしかありません。また、被災前1,127人いた小中学生の半分が避難先に集まった大熊町も、今年の4月には110人になってしまいました。双葉郡の子どもたちが、どんどん私たちの手元から離れていっている状況です。
　そこで教育長会では、こういう状況に少しでも歯止めを掛け、双葉から教育を変えていこうと考え、双葉郡の教育復興ビジョンを作り、新しい双葉の教育を培っていくことにしたのです。
　復興ビジョンを策定するにあたり、子ども達の話や考えを聞く機会を設けました。これが子ども未来会議です。平成24年の3月の第1回を皮切りに、これまで11回の子ども未来会議を開催してきました。
　最初の会議では子ども達から、「夢を見つけられるたくさんの小さな窓が学校にあったらいいな。」「個性を伸ばす楽しい学びのきっかけが学校にあったらいいな。」「動く授業があったらいいな。」あと「世界に繋がったらいいなとか、給食のメニューを子どもが参加して考えられるといいな。」などの意見が出てきました。
　この子ども達の願いをなんとか双葉郡の教育の中に活かそうと考え、双葉郡教育復興ビジョンを策定したわけですが、その一つがふたば未来学園高校の立ち上げでした。そこには双葉郡ならではの学びが、中学校、高校と連続するものになればもっといいとの思いを込めて中高一貫校での設立要望も出てきております。
　二つめが、「ふるさと創造学」の導入です。これは調べ、触れ、発信し、提言するという学びのサイクル、すなわちアクティブラーニングの要素を学校の中に積極的に取り入れていきましょうということです。
　実際どんな活動をしたかと言いますと、富岡第一・第二小学校の5年生は、「ふるさと創造学」でFMラジオの番組作りに挑戦しています。きっかけは、同

校を取材に訪れた富岡町災害臨時放送局「おたがいさまFM」との出会いからです。子どもの声を身近に聞く機会が減っていた町の人々に向け、子どもたちが主役の番組をつくれないかと考えていた放送局と、伝え合う力を育てたいと考えていた先生たちの思いが重なり、小学生によるラジオ番組作りの授業が始まりました。

　富岡町の名所・夜ノ森の桜のトンネルとえびす講市を題材にした「富岡今昔物語」の番組作りを通じ、トンネル近くの田んぼに落ちてどろどろになった友達がいたことや、えびす講市で母に連れられ綿あめを買ってもらったことを思い出した子もいました。富岡町での思い出や理解を深め、ふるさとを大切にする人の思いにふれて手ごたえを感じた一方、子どもたちには課題意識も芽生えます。

　大熊中学校の「ふるさと創造学」では、復興に携わる大人たちが日々抱える課題に、生徒一人ひとりがテーマを持って正面から向き合っています。自ら課題を見つけ、必要な情報を集めて分析し、解決方法を考える。そして、一連の取り組みを通じて、探究的な学習の仕方を身に付け、課題解決力を育てることを目指しています。

　まず、町の現状を知るために、役場の職員を招いて復興ビジョンについて解説をしてもらったり、家族やまわりの人に話を聞いたりしました。「県外に避難した友達とのつながりが途絶えてしまっている。」「うちのおじいちゃんは、畑仕事ができず元気をなくしている。」「町に戻る希望を持てない町民が多い。」生徒たちは、町の復興課題や、身近な人の胸の内にある思いに気づき、「こうあってほしい」という理想と現実のギャップにぶつかったりしています。

　そして、年間を通じて研究した成果は、各自プレゼンテーションやレポートにまとめています。2014年度は、文化祭等での発表に加え、第二次復興計画の策定を控えた町長や役場の幹部職員、議員、復興計画検討委員へ向けた提言も行いました。

　三つめが、中高の連携の強化です。今、小学校と中学校では総合的な学習の時間を通して培っている「ふるさと創造学」の学びのスタイルを繋いでいっています。この学びのスタイルを高校にまでなんとか繋ぎ、より強固なものにする仕組みづくりに取り組んでいます。

　そのために、今年度は教員研修に力を入れています。文部科学省の田村学視学官のご指導を受けながら、総合的な学習の時間を探究的な時間として深める

ために学習活動をどう展開していくかを、小・中学校の先生ばかりではなく高校の先生方にも参加してもらい、これまで3回実施してきました。

また、児童、生徒同士の交流、先生同士の交流の機会を設けたいと考え、まずは、双葉郡の学校に通っている小学生、中学生が一堂に会する機会を設けました。今年は8月の20日に中学生はふたば未来学園高校に、小学生は郡山市のビックパレットに集まり、交流会を開催することにしています。双葉郡の子どもたちが学校の垣根を越えた仲間作りが出来ればと考えています。

最後になりますが、今一番の課題は、富岡町で再開している学校に通っている子ども達には、いくらでも支援の手を差し伸べられるが、富岡町に住所を有しながら避難先の学校に区域外就学している約98％以上の子ども達に、どういう支援できるんだろうかということです。

今は、こちらの学校の様子を知らせるために学校便りを配布したり、年に数回子どもたちが集まる機会を設けたりしていますが、時間の経過とともに地域との繋がりが薄らいできている現状があることは否めず、仮想の学校のような仕組みができないだろうかということも考えているところです。

(所属　富岡町教育委員会)

特集2：公開シンポジウム「福島復興のための教育政策」
ふたば未来学園高等学校の「未来創造型教育」

丹野　純一

平成27年4月に開校した福島県立ふたば未来学園高等学校の校章の中心に据えられた「未来」という文字は、最先端の建築物が築かれていくかのようなデザインになっており、人と人とが手を取り合って共に未来を築いていく姿を想起させる（右図）。周りの「FUTABA FUTURE SCHOOL」の文字は、「タンポポの綿毛」のイメージを形成しており、綿毛が風に乗り、世界に広がっていく様子から、
福島県双葉郡で学んだ生徒たちが、実りある学びの成果を世界中に届けるというメッセージが込められている。

本稿では、ふたば未来学園高等学校の開校の経緯・背景、教育目標・特色ある教育内容、そして開校後の状況・課題について述べる。

1．開校の経緯及び背景
（1）地域の状況

巨大地震と巨大津波、そして原発事故という、人類が経験したことのないような複合災害に見舞われ、いまなお、11万人の福島県民がふるさとを離れた地で生活しており、避難している人に限らず、多くの県民が抱える困難は、今なお続いている。

双葉郡をはじめとした福島県の各地域では、震災と原発事故がもたらした被害や放射線への対応などの深刻な問題だけではなく、日本のあらゆる地域が直面している、少子化、高齢化、過疎化の急激な進行、疲弊する産業など地域・コミュニティが直面する課題が、震災と原発事故により、先鋭化している。双葉郡そして福島県はある意味で世界の「課題先進地域」となっている。

教育においては、震災前双葉郡に5校あった県立高校（双葉高校、浪江高校、浪江高校津島校、富岡高校、双葉翔陽高校）は、県内外各地に設けたサテライト校で授業を続け、教育環境の整備に最大限努めてきたが、元の校舎での授業再開のめどが立たず、平成27年度からの募集を停止した。郡内で開校している高校が存在しない状況が4年間続いたことになり、双葉郡にあった高校の生徒数は1500人いたのが337名と激減してしまった。

（2）双葉郡教育復興ビジョン

このような中、避難を余儀なくされた双葉郡の教育長会が主催する「福島県双葉郡教育復興に関する協議会」（平成24年12月設置）が、平成25年7月末に、県立中高一貫校の設置を柱とする「福島県双葉郡教育復興ビジョン」を決定・公表した。同ビジョンにおいては、「いかなる状況下でもこどもたちの学びを保障する」姿勢で一致し、世界でも活躍できるような強さを併せ持った人材育成を目指して、幼、小、中、高、大が連携して今まで以上の教育を進めるとし、アクティブラーニングやふるさと科、留学等を取り入れた教育を提案した。双葉地区教育長会では、同ビジョンの検討と同時並行で、「双葉郡子供未来会議」を実施。子供たちの考える双葉郡の教育として『動く授業』『世界とつながる』『夢を見つけるたくさんの「小さな窓」』等のキーワードが生まれた。そして、県と双葉郡地方町村会の協議の結果、中高一貫校については平成27年4月開校とされ、設置場所については広野町とすることが決定された（中高一貫教育は、連携型で開始）。

（3）生徒の状況

このような中、生徒たちは、小学校5年生の3月以来避難生活を継続し、その多くは、避難先を転々としながら転校を繰り返し、仮設住宅での暮らしを続けている生徒もいる。中学校時代、転校した学校に馴染めずに、思うような学校生活を送ることができなかった生徒も少なくない。非常に困難な生活背景や生育過程を背負った生徒たちが多い。

そうした生徒に対してどういう教育を行うか、これが大きな課題であり、おそらく今回の震災だけではなく、今後日本列島で起こりうるであろう災害により被災する子供に、どんな教育を行うか、世界中で繰り返される災害や紛争により心と体、家庭環境に大きな傷を負った子どもにどういった教育をするかと

いうことが、共通に課せられた課題だと考えている。

　一方、こうした状況において、なんとかこのふるさとを取り戻そうという気持ちや志を持った生徒がたくさんいるということも事実である。

　先日、校内の廊下に掲示された七夕の飾りの短冊に、生徒たちの思い思いの願いが書かれていた。その短冊には、彼女が欲しいとか、インターハイで優勝とか、高校生らしいものと並んで、「必ずふるさと取り戻し、みんなでふるさとにもどる」という願いもあった。心深くそのようなことを考えている高校生もいるということが一方の現実である。

（4）OECD東北スクールの知見

　以上の2つの面をしっかりと見据えた教育をしなければならない。では、どのような教育を行えばよいか。そのヒントはOECD東北スクールにあった。

　OECD東北スクールの知見では、生徒が成長した局面として、1つ目は実社会での実践、これが生徒の成長要因にあったとしている。生徒が旅費を捻出するために企業に訪問して旅費を稼いでくる。高校生にとっては大変なことだ。2つめに、国内外の様々な地域、人との交流を通して大きく成長したという分析がなされている。

　OECD東北スクールの中心的存在だった南郷市兵副校長の助言も得ながら、OECD東北スクールで得られた知見をヒントにして、この学校での教育をデザインしてみようということになった。そこで、今年の3月に、本校に赴任する教員を県庁に集めて、OECD東北スクールの中心メンバーだった高校生2人から、OECD東北スクールで学んだことを語ってもらった。現実社会での学びであるとか、あるいは多様な人たちとの交流が自分たちの成長につながったという話に、われわれは圧倒された。

　校長である私は、職員に対し、次のことを伝えた。「こういう生徒を育てる学校にしよう。そのためには『動く授業にしてほしい』とか、『現実社会で学べる学校にしてほしい』といった、東北の生徒たち、子供たちの学校教育に寄せる期待や願いを、この学校の建学の礎にしようじゃないか。」

2　未来創造型教育
（1）建学の精神

　以上を踏まえ、さらに、現在の我が国の高等学校教育の課題と目指すべき方

向を深く考えた末、学校のグランドデザインを描いた（下図参照）。

ふたば未来学園高等学校　未来創造型教育

未来の「変革者」たち
- 知識基盤社会、グローバル化、少子高齢化が進行した社会で、自由で豊かな人生の実現。
- 集中から分散へ。画一から多様性へ。　・人権が尊重された平和な社会の実現。
- 若者の力を生かした地域、コミュニティの真の自立。循環型の、持続可能な社会の実現。

| イノベーションによる新たな産業の創造 | 新たなまちづくり | 地域再生のモデルを世界に発信 |

変革のための３つの理念

1　「自立」〜自主・自律と、主体性の回復　　2　「協働」〜多様性の中での共生、協働

- ○ 知識詰め込みから脱却した主体的な学び
- ○ 解のない課題への挑戦を後押しする授業
- ○ 自ら学ぶ力（思考力、判断力、表現力）の育成と、実社会での実践

- ○ 多様な主体との連携・協働
- ○ 価値観や文化の違いを超えて共に生きる力の育成
- ○ 国際、人権感覚を備えた市民の育成

3　「創造」〜新たな価値、生き方、社会の創造

- ○ ふるさとの魅力を磨き、世界に開かれた新しい地域の創造
- ○ 震災と原発事故から学び、教訓を生かした、新たな社会の創造
- ○ 少子高齢化、人口減少、グローバル化、情報社会における新たな生き方の創造
- ○ イノベーションにつながる新たな価値の創造

未来学園　７つの挑戦

① 「ふるさと創造学」などでの、実社会での実践をとおして学ぶ課題解決型・探究的学習（アクティブラーニング）
② 生徒が教え合い、学び合う、「共同学習」の導入
③ 「反転授業」や習熟度別指導などによる、学び直しと発展的学習に対応する個別指導
④ 「みらいカフェ」や「みらいラボ」から始まる、自由で地域に開かれた学校づくり。流動性のある人間関係。地域住民や企業とともにつくる学校。放課後も含めた学習支援
⑤ 原子力防災、再生可能エネルギー等の課題を研究し、地域再生への取組みを実践
⑥ 海外研修やＩＣＴ活用での国内外との交流・発信を通したグローバル・リーダーの育成
　　関係機関との連携による、オリンピックなど世界を舞台として活躍するアスリートの育成
⑦ 各界の第一人者、大学教授など「本物」との出会い

| 双葉郡内の中学校との連携 | 県内の他の高校との様々な連携 |

地域コミュニティ	ふたばの教育復興応援団	国内外の企業・ＮＰＯ等
双葉地区教育復興ビジョン推進協議会	地方創生イノベーションスクール2030	
福島大学をはじめとした大学、研究機関、国	スーパー・グローバル・ハイスクール	

本校の目指す教育は「未来創造型教育」である。どの学校にも、教育理念、教育目標や教育方針がある。教育基本法にも「平和で民主的な国家社会の形成者……の育成」と規定されているわけだが、果たして我々学校の教員は、この国、地域、社会が直面している待ったなしの課題に取り組み、この社会を変えていく人材をどれだけ本気で育てているのだろうか。それがとても大切な役割であることは自明のこととして、いまある社会に適応する人間を育てればよいという考え方だけでいたのではないか。

　先述したように、双葉郡をはじめとする福島県は、いわば課題先進地域となっている中で、私たちは、これまでの価値観、社会のあり方を根本から見直し、持続可能な循環型社会の実現、自立した新たなコミュニティ・まちづくり、再生可能エネルギー社会の実現など、新しい生き方、新しい社会の建設を目指し、変革を起こしていくことが求められている。それは、震災と原子力災害を経験した私たちに、未来から課せられた使命、ミッションということもできる。私たち人間は、理想とする未来の姿を思い描きながら、いま、ここにある現実を、少しずつ、少しずつ変えることができる存在であり、それは未来を創造することにほかならない。

　逆に、人間は、既存の生き方や価値観、システム、社会のあり方に黙従し、思考を停止したままでも生きていくことはできる。しかし、そこには、自由はない。もはや、約束された未来もない。震災と原発事故を経験した私たちは、世界中の誰よりもそのことをよくわかっている。

　多くのものを失ったからこそ、他の地域ではできないような、野心的で未来を先取りするような新たな挑戦が可能になっている。ふたば未来学園高等学校は、まさに、未来への挑戦である。

　本校の校章が示すとおり、未来は私たち一人一人が互いに手を取り合って建設していくものである。人間は自分の生き方を自分で選ぶことができる存在であり、わたしたちは、わたしたちの手でこの社会を変えていくことができる。自らを変革し、地域を変革し、社会を変革する「変革者たれ」。この言葉をこの学校の建学の精神とした。

（2）校訓〜変革のための理念

　そして、私たちが変わるために、社会が変わるために、大切にすべき価値観や考え、変革のための理念は何か。それは、「自立」、「協働」、「創造」である。

既存の価値観、システムに過剰に依存することなく、自律心を持って自分の頭で考えぬく主体性を身につける、「自立」。そして、どんな困難な課題であっても、多様な主体と共に力を合わせて立ち向かう、「協働」。さらに、これまでの社会のよさに磨きをかけながら、新しい生き方、社会をつくりだしていく、「創造」。

ふたば未来学園高等学校は、「変革者たれ」という「建学の精神」のもと、「自立」「協働」「創造」を校訓として、「未来創造型教育」を力強く展開していくこととした。地域と共に。世界と共に。

しかし、「自立」、「協働」、「創造」は、福島の双葉郡の子ども達や地域の現状を考えると、決して軽いものではない、重い課題だととらえている。

「自立」という観点では、双葉郡の多くの人たちは避難生活を送る中で、子ども達だけではなく、大人も、地域も、自立性や主体性を奪われて、それぞれの場所で苦労している。「協働」という観点では、福島は、原発事故によりもたらされた様々な解決困難な課題が山積しており、様々な意見が対立し、ぶつかり合う場所となっている。そういう中で異なる立場や意見の人が共有できるところを見いだして、共に社会を作っていくということが、実に難しい状況になっている。そして「創造」という観点では、10年後、20年後、30年後に、自分は故郷に戻れるかどうか、仕事があるかどうか、わからないという状況に生徒がおかれている。そういう状況だからこそ、新しい町なり、新しい産業を自ら築いていく、新しい価値観、新しい社会を築いていくことが重要になってくる。

以上のことは、本校生だけではなく、地域にとっても重い課題だととらえ、地域、世界と共に歩む本校の変革のための理念、すなわち校訓としたものである。

(3) 本校の挑戦

教育目標を実現するため、次のような先進的な教育プログラムへの「挑戦」をしている。

第一に、双葉郡の中学校などと連携し、地域と世界をつなぐ探究型学習、「ふるさと創造学」を展開している。ふるさとの未来を考えることを通して、全国・世界の地域の課題を解決する力を育てようとするプログラムである。

今年は、日本の演劇界の第一人者である平田オリザ先生の指導のもと、まず、

地域でフィールドワークを行った。広野町の役場、肉屋や文房具屋、富岡土木事務所、東京電力などに生徒達がグループで出かけて行って、地域の課題を調査する。その際、「こういう課題の解決のために大人がこのように頑張っています」で終わるのではなく、「みんなが、善意で、一生懸命頑張っているけれど、それでもうまくいかないことがある。そういう解決困難な課題をみつけてくる」というようなフィールドワークを行った。そしてそれを持ち帰って、自分たちで対話劇のプロットを作り、対話劇を演じて、フィールドワークでお世話になた地域の人にも見ていただいた。

　興味深いことに、この授業において生徒たちが試される、あるいは身につける力は、従来テストで測られていた知識偏重の学力ではなく、これから求められるであろう学力だということだ。例えば演劇の脚本を書くが、オリザ先生にダメだしされる。その時に自分ですべてをやろうとすると、それではうまくいかない。演劇はみんなが出るのだから、みんなの考えをうまく吸い上げないと成り立たないため、リーダーシップの取り方で躓く生徒が出てくる。あるいは、ロジカルシンキングではない「対話」を作るよう求められると躓いたりする。そういう時に、学習は苦手だが対人関係は得意だという生徒がリーダーをサポートするといったことが見られる。あるいは、ふだん、人前で発言しない生徒が、この学習の中で人前でも発言をすることができるようになったという場面も見られる。

　また、劇を作り上げる過程で、「誰かを悪者にするのは簡単だけれども、それでは何の解決にもならないよ」というオリザ先生の厳しい指導を受けながら、自分や家族が置かれた境遇と葛藤しながらも、東電と被災者との間の対立、除染作業員と住民とのあつれき、風評被害などの重いテーマに取り組んでいた。

　1年生の後半にはまた地域に出て行って、地域とアート、地域とドラマ、地域と祭、地域とスポーツというテーマで学習した成果を文化祭で発表する。

　第二に、多様な生徒の共同学習を展開する。初年度は120名の募集定員に対し152名の志願があったところ、定員が臨時増され、結果的に全員が合格した。この結果、実に多様な生徒が入学することとなった。中学校時代思い通りに学校生活を送れなかった生徒、いわゆる進学校ではなくあえてこの学校を選んできた生徒など。様々な背景を持った、多様な生徒が、共に学ぶ学校にする。非常に困難だが、「共生」や「協働」に関する貴重な学びの場となるはずである。

　第三に、学習の個別化を図る。教科によっては徹底した習熟度別指導を行い、

できる子、できない子、真ん中の子に極力分けて徹底的した学び直しとより伸ばす指導を実施している。さらに、「反転授業」という方法も検討している。これは、生徒は、授業の前日に自宅又は寮で、配布されているタブレットで授業内容の動画を視聴しておき、授業時には授業の説明はすでに終わったところから始まって、分からない子には分かる子が教えたり、分かる子はさらに先へ進んだりといった授業である。一方通行、一斉の授業形態からの転換の一つのアイデアである。

　第四に、地域住民や企業、ＮＰＯ、大学などとの協働を進めるため、校内に地域住民が集う「みらいカフェ」や協働の場である「みらいラボ」をつくっていく。また、社会的な問題について社会事業を興すことを通してアプローチしていく、「社会起業部」という部活動があり、町の復興のために自分達に何ができるかということを考えて、夏祭りに出店するとか、空き家を使って何か考えてみるとか、自分達で一生懸命考えて活動をしている。さらに、福島大学の学生約20名が、放課後学習支援を行い、夜は寮に泊まり込んで夜中の10時半まで生徒の個別指導にあたった。教員の研修でも、福島大学の先生に来ていただき、アクティブラーニングに関する研修などを実施している。

　第五に、文部科学省指定のスーパー・グローバル・ハイスクールとして、「原子力災害からの復興」をテーマに３年間をかけてじっくりと学んでいく。

　１年次は先述のように地域の課題を探り、演劇など様々な形でそれを表現し、２年次にかけては、「原子力防災研究」、「メディア・コミュニケーション研究」、「再生可能エネルギー研究」、「アグリ・ビジネス研究」、「スポーツと健康研究」という５つの研究班に分かれて、ゼミナール形式で探究的な学びを深めながら、国内外に飛び出していく。

　国内では、広島、長崎などを検討しており、国外では、今年は７月にベラルーシに７名、来年１月には再生可能エネルギー関連でドイツに11名、タイには14名が行き、２年次はアメリカでの研修を検討している。

　そのようにして、自分たちの地域が直面している課題について、国内外の他の地域では、どのように取り組んでいるのかを見た上で、３年次は、地域再生のための論文を執筆し、国内外で研究成果を提言していく。

　学びのイメージとしては、片方の足は地域に、もう片方の足は世界へ、この両足でしっかりと立って、アクティブラーニングを展開しながら、グローバルな課題解決にあたる力を身につけていこうというものである。

第六に、生徒全員にタブレットを配付するなど、ＩＣＴを活用した学習を全方位的に展開している。
　第七に、「双葉の教育復興応援団」など各界の第一人者との共同編集授業を行うなど、「本物」との出会い、『夢を見つけるたくさんの「小さな窓」』があるような学校としている。

3　現状と課題

　避難先を転々とし、現在も厳しい環境にある生徒が多いが、それぞれが困難を乗り越えて新しい一歩を踏み出している。中学校時代躓いた生徒も、ほとんどは、毎日学校に来て学習や部活動などで充実した学校生活を送っている。
　課題は、教育目標を実現するための先進的な指導法・評価法開発と教員研修、学力差が非常に大きい中での個に応じた指導、大学など進路先の開拓、心のケアの充実、特別な支援を要する生徒へのきめ細やかな支援、寮における生活指導、大学・町村・企業・ＮＰＯ・ＯＥＣＤなどとの連携、双葉郡との連携など、実に多岐にわたる。
　前例のない取り組みを同時展開する中で、学校経営・運営上の課題は山積しており、その困難性も極めて高い。しかしながら、まさに「変わろう」としている生徒たちの姿こそが希望であり、この国の未来であると、日々思いを新たにしつつ、本校のすばらしい教職員と共に、失敗を恐れず挑戦し続けていきたい。

（福島県立ふたば未来学園高等学校　校長）

特集2：公開シンポジウム「福島復興のための教育政策」

福島の震災・原発災害と教育復興の課題
──教育政策研究の観点から

佐藤　修司

1．東日本大震災と福島

　2011年3月11日に起きた東日本大震災は阪神淡路大震災と比較して、①地理的に広範囲であり、死者・行方不明者の規模が大きくなったこと、②地震、津波、原発事故等の複合災害であり、天災と同時に人災の要素が大きく、国策として進められた原子力発電と、反対運動の封じ込め、国・政府・電力会社が作り出した安全神話の果てに生じたものであること、③経済成長の中で、首都圏の人材、食料、エネルギーの供給基地であるとともに、廃棄物、危険物の集積地とされてきた東北で、また、人口減少による地域社会の衰退が深刻化する地域で生じたことが大きな特徴である。
　福島の場合は、④終息が見通せない原発事故処理や、除染が進んでいるとはいえ放射線の影響への不安が大きいこと、⑤自治体ぐるみの県内外への避難や帰還が生じたこと、⑥県内、県外、強制避難、自主避難など避難者間に多様性があることが見逃せない。故郷やつながり、生業（なりわい）の喪失、東京電力による補償（の打ち切りの不安）の問題、経済的・精神的・肉体的負担の問題などがのしかかり、復興の入口にも立ったとも言いにくい状況にある。
　本稿では、福島を中心にしながら、教育政策学として取り組むべき課題を整理することとしたい。

2．避難の状況と子育て

　福島の被災地では、放射能の関係から自治体そのものが福島県内、県外に避難・移動し、相当数の住民自身が行動を共にした例があった。埼玉県加須市に移転した双葉町や、会津若松市に移動した大熊町が典型である。双葉町も大熊町も、住民は加須市、会津若松市以外、特にいわき市を中心にした県内や、さらに県外、全国に避難しているわけだが、他の避難自治体に比べれば一定のま

とまりをもって住民がともに移動できた例である。

　第一にこの災害前後の状況が課題になる。災害発生直後にバスが準備され、住民が集団的に避難できたのは大熊町のみであり、さいたま市のスーパーアリーナに身を寄せた双葉町の場合も、最初は組織的に避難できていたわけではない。多くの他の自治体では住民自身に情報がない中で原発から遠くへ遠くへと避難し、散り散りとなっていく。放射性物質の拡散状況の情報が知らされない中で、逆に被曝する事態も生じた。住民は親戚などをたどって県内外へ離れていくが、長居することの難しさから、移動を繰り返し、最終的に福島県内の仮設住宅等に入居する者や、隣県、東北圏内、圏外の借り上げ住宅等に移動していった者も多い。学校教職員の最初の仕事は子どもの所在や安否の確認であったが、その作業は困難を極めた。

　子どもの安全を確保すること、教育環境を保障することとともに、原発災害に対する安全教育や避難訓練の実施の状況と、その差が災害発生時にどのような影響を与えたのかなどの検討が課題であろう。学校事故・防災の法的な責任や体制のあり方についても、教育法学とともに教育政策学が取り組まなければならない課題である。

　原発に対する「安全神話」が根深く学校関係者にも浸透していたわけだが、中越地震における刈羽原発の事故や、東海村での臨界事故なども事前に発生していた。巨大地震と巨大津波という未曽有の事態であったとはいえ、以前から危険性は指摘されてきたものであった。大都市部に必要なエネルギーを供給するために、危険な施設設備が辺縁部に置かれ、その地域は原発を受け入れなければ消滅の危機にさらされる。いったん原発を受け入れれば、交付金等で財政が潤い、人口もある程度維持できるものの、それに依存しなければ存続できない状況に追い込まれてしまう。原発、放射線、自然エネルギー等に関する学習とともに、全国的・世界的な社会・経済構造を踏まえた地域学習が必要だろう。

　第二に、避難指定区域からの強制避難者とそれ以外からの自主避難者の格差である。強制避難者の場合には、東京電力からの補償金があることのメリット（一定の生活の安定）とともに、デメリットもある。生業と家、地域、人間関係を失い、補償金に依存することで、家族の「自立性」「主体性」「関係性」が失われ、家族内の関係に影響が及ぶ事例も見られる。以上のことは子どもや教育にマイナスの影響を与える。避難による子ども自身のストレスに、家族の問題が拍車をかける。

他方、避難指定区域以外からの自主避難者は、県内よりも県外に広く及んでいる。県内避難の場合は、住民票を移すことが求められることもあり、また、行政による援助が得られないこともある。これに対し、県外の場合は、住民票を元のところに残したままでもよく、借り上げ住宅などの支援を受けることも比較的容易である。特に山形県や新潟県は近隣であるとともに、宮城県・岩手県のように津波被害等を自身が受けているわけではないため、避難者が多く移り住んでいる。県外避難者の中には、山形県等で避難者が多くなりすぎたが故に、地元住民とのトラブルが起きているとの情報から、秋田県などより遠方に避難する人もいる。それらの県では避難者の数がある程度限られることから、支援も手厚くすることが可能なようである。

　このような自主避難者は、子どもが災害時に幼稚園・保育所、小学校低学年の場合が多く、母子避難となって、父親と別居し、父親は月に１回か数ヶ月に１回、福島から避難地へと会いに行く形となることが多い。子どもが小さければ、放射線の影響が大きいと考えるところもあるだろうが、子どもがより年長の場合、友達と離れることを嫌がることも関係する。子どもの心理面や親子関係にも大きな影響が及んでいる。

　自主避難者は、借り上げ住宅に住めても、補償金がないため、家賃以外の面で負担が大きい。家計が避難地と福島の二つに分かれ、時に福島に戻ったり、福島から父親が会いに行く費用の負担も大きい。また、福島にいる親自身の友人や保護者仲間、親戚からの「帰還圧力」、福島に残る父親への申し訳なさ、父親不在、縁者なしでの子育ての悩みなどが常につきまとう。また、「放射線のことを気にしすぎだ」との圧力を陰に陽に感じ続けている。

　全般的に子どもの適応力は高く、問題なく避難先での生活、学校に慣れている例がある一方で、不適応を起こす子どもも見られる。そして、いつ福島、ないし宮城等の隣県に戻るのかが課題となる。経済的に続けられなくなることもあるが、子どもの高校受験を考え、小学校卒業時に福島や近隣県に戻り、そこの中学校に進学させることもある。さらに、高校卒業まで避難先にとどまることを決断する親もいる。災害時以来、転校により友人関係が安定しない状況が続くことへの、親の側の子どもに対する申し訳なさもつきまとう。

　このような強制避難者と自主避難者、県内避難者と県外避難者、家族避難者と母子避難者、集団避難者と個別避難者など、避難者によって状況は大きく異なっている。経済的な状況も大きく異なる。同じ地域に避難していても、立場

によって相互理解が難しい場合もある。それぞれの状況で、子育てや子どもの心身の状況、教育のあり方についての研究が求められるところである。

3．学校再開と教育環境

　避難状況と大きくかかわるが、大熊町のように当初から自治体独自の学校を立ち上げたところがあった。相当規模の住民がともに避難する中で、町長と教育長が早期の学校再開を目指し、学校が再開可能な場所を探すこととなる。会津若松市教育長と大熊町教育長との個人的なつながりや、使用可能な学校校舎があったことなどから、会津若松市に役場・教委が移り、熊町・大野小学校、大熊中学校を早期に再開している。学校が再開できれば、その保護者、その祖父母等もともに移り住むだろう、という町トップの考え・見通しが反映している。それだけ学校が地域住民のつながりを保つ重要な役割を持っていることの証左である。

　しかし、それでも児童生徒数は大きく落ち込み、さらに徐々に新入生減や転校等によって減少していく。東京電力の関係で仕事をする親が多いことから、いわきに転校する子どもが多くなっている。大熊町立の学校に通わない子どもは、いわき等の学校への区域外就学（一部には事実上の就学もあるだろう）や、住民票を移しての通常の就学となる。

　大熊町の南に隣接する双葉町は、埼玉県加須市の騎西高校跡に役場を置き、その周辺に避難した住民の子どもは加須市立騎西小学校、騎西中学校に区域外就学することとなった。双葉町の教頭・教諭が、騎西小学校・中学校の教諭を兼務し、学校全体の児童・生徒の指導にあたるとともに、双葉町の子どもたちの指導・ケアにもあたっていた。児童生徒数としては、震災前の時点から大きく減り、やはり保護者が東京電力関係の仕事をしていることから、いわき市などに徐々に転出していく子どもが見られる。

　双葉町は町長選挙の後、2013年6月に役場がいわき市に移転する。そして、2014年4月にいわき市の元銀行出張所に町立幼稚園、双葉北・南小学校、双葉中学校を再開し、8月には独自の仮設校舎に移っている。ただ、その時点で幼稚園児2名、小学生5名、中学生8名と少人数にとどまっている。

　他に、いわき明星大学内にある楢葉町立の小学校・中学校（2012年4月に楢葉北・南小学校、楢葉中学校再開）、三春町にある富岡町立小学校・中学校（2011年9月に富岡第一、第二小学校、富岡第一・第二中学校再開）、二本松市

にある浪江町立の小学校・中学校（2011年9月に浪江小・中再開、2014年4月に同じ場所で津島小再開）などがある。楢葉は一定の児童生徒数があるが、いずれにしても少人数にとどまっている。

　毎日新聞2015年6月26日の福島地方版によれば、原発事故で避難を余儀なくされた双葉郡8町村の中で、就学対象者が自治体の開設する幼稚園、小学校、中学校に通う就学率（4月現在）は広野町が最も高く、48.7％、12年4月に帰還した川内村の35.5％、葛尾村29.1％、楢葉町23.9％であり、浪江町1.8％、双葉町2.6％、富岡町3.5％、大熊町8.7％となっている。楢葉は2015年9月に避難指示が解除になったが、2017年4月に現地で学校を再開し、仮設校舎は廃止の予定となっている。自治体や学校が帰還する場合、住民とその子どもたちもともに戻るのかどうかは大きな課題であり、楢葉の場合もそれが危惧されている。広野は2012年8月の帰還直後は4分の1程度であったものが、半分程度にまで回復してきている。

　学校再開との関係で指摘できる問題の第一は、自治体間の格差である。避難状況によって規定されたわけだが、学校再開の決定のスピード・意欲とともに、教育長等の個人的なつながりの有無に大きな影響を受けている。これは、本来的に言えば機会均等の面で問題であろう。災害時の混沌とした状況下においては致し方がないとしても、ひと月程度の間には、福島県ないし政府・文部科学省が主導する形で被災者に平等かつ十分な義務教育等を保証する体制が構築されてしかるべきところである。各自治体の裁量に任される（悪く言えば放置される）ことで、逆に県や国の条件整備義務が果たされないままになった。

　また、各町村別に学校を再開するのではなく、双葉郡などの単位で、統一した学校を設立することもありえたであろう。そうすれば、より多くの被災児童・生徒が、避難先近くの双葉郡立（事務組合教育委員会による設置管理など）の学校（県内外各地）に就学できたかもしれない。しかし、各自治体は避難指示解除後の学校再開を見通して、既存の学校の枠組みを維持しようとする。いったん失われた枠組みを復活させることは相当の困難が伴うからである。その不安を解消することも県や国の役割である。

　各自治体は、その存続を考えれば、その自治体に住み、その文化を継承し、その自治体を支えていく（住民となる）子どもを養成したいと考えるのが自然である。学校を通じて、保護者を、その祖父母をその自治体に結び付けることができる。ただでさえ人口減少が進み、自治体の統廃合が遠くない課題となる

中では、余計にそれを促進するような施策は取りにくい。既存の学校の枠組みを維持することで、減少する児童生徒数に比して、多くの教職員定数を確保できることも利点であった。災害によって多くの課題を抱えている子どもへのケアにも、十分な教職員の配置が必要となる。

　第二に、被災自治体の学校に就学する子どもたちの特性である。特に学校再開が遅れた浪江町や、いわきでの再開が遅かった双葉町などは在籍児童生徒数が極端に少なくなっている。すでに、避難直後に、事実上の就学ないし区域外就学等をした学校に馴染んで、友人もできた子どもたちは、通える範囲（スクールバス等）に地元自治体の学校が再開されても戻ることはあまりない。避難で不安を抱える子どもたちに、さらに転校させ、友人関係をご破算にすることは親にとっても忍びないことだろう。幼稚園や近所の友達ができれば、同じ学校に通わせてあげたいとも考える。また、いつまで続くかわからない避難生活や、元の自治体での就職先の確保が見通せなければ、今いる場所や、都会において生きていけるだけの学力をつけさせ、多人数の中で「生きる力」を身に付けさせたいと考えるであろう。結果的に、再開された学校に通う子どもは、区域外就学先の学校に適応できない、などの何らかの事情を抱えている場合が出てくる。

　いわき市立等の学校に事実上の就学、区域外就学、また住民票を移した形で就学（家を建てる際に住民票を移す例も見られる）している子どもたちにどのような支援をするのかも課題である。双葉郡の文化、元の自治体の文化から切り離されて、「郷土」を失っていく。確かに、特別扱いしないことも一つの有効な方策である。自主避難者を受け入れている秋田市内の学校では、通常の転勤族の子どもと同じように、特別なことはなにもせず、普通通りに接するように配慮されていた。保護者もそれをプラスに評価している。

　逆に、騎西小学校では、3.11集会を全校で実施し、双葉の校歌を歌う、双葉の伝統音楽を演奏するなどの取り組みが行われていて、文化的な交流が図られていた。一定規模の双葉の子どもたちがいて、埼玉県・加須市教委と福島県・双葉町教委の協定のもとに双葉の教員も配置されていることがその理由だが、いずれの方策が望ましいのか、検討が必要なところである。

4．復興教育とふたば未来学園

　福島県教委が全県的に展開している学力向上施策の評価は様々にありうるが、

原発災害からの復興教育としての意義はそこにはあまり感じられない。むしろ、全国的な学力競争、グローバルな経済競争の中に全県の学校、教職員、子どもたちを置くことによって、原発災害から目を逸らさせ、真の意味での復興教育を阻害する効果も持っているように思われる。被災者からは日常に戻りたいとの言葉がよく聞かれたが、それはなにげない、温かい共感的日常への回帰であって、息苦しく冷たい抑圧的日常への回帰ではなかったはずである。

　本来的な復興教育は、震災以前の教育のあり方を根本的に問い直すものでなければならない。従来の、原発を当たり前と思わせる教育が、現実から目を背けさせ、科学的、批判的な目を曇らせるものであったこと、中央と地方の格差構造の中で学力が高い者ほど中央に吸い寄せられ、地域・郷土を切り捨てるものであったこと、学力の高低によって人の価値が量られ、選別されるものであったこと、権力・権威への従順性や多数派への同調性が重視され、異端者・批判者・少数派が排除されるものであったことが問われている。

　福島をはじめ被災地で取り組まれた様々な取り組みは、復興教育としての性格を有しているものが多い。ただし、一過性のイベント的なものを恒常的、永続的なものにしていくこと、外部からの一時的・一方的な「慈恵」的支援に依存するのではなく、地域の内部から支えられるとともに、外部からも恒常的・双方向的な「協同」的支援を受けられる体制を作ること、一部の子どもに限定されず、学校全体、地域全体、県、全国へと波及するものとすることが課題になるだろう。震災の記憶が全国的に風化し、被災地への注目も、支援も、資金も減少する中で、息の長い活動にし、復興教育を、教育課程全体の基調にし、従来型の教育からの転換を図ることが目指されるべきである。被災地だけでなく、むしろ被災地外の学校、教育のあり方が問われているとも言える。

　被災自治体の学校では、「ふるさと○○科」「ふるさと創造学」と称して、郷土学習が行われていた。単に地域の人々の講話や、聴き取り、調べ学習、復興に向けた提言等にとどまるのではなく、地域の経済や社会が抱える構造的な課題を明らかにし、その改善に向けた主体的な取り組みにつなげていくことが必要となる。それは学校だけでなしうるわけではなく、地域の大人たち自身が自らを地域の復興主体として形成し、子どもたちと共に考え、悩むことを通じてのみなしうる。学校が地域の中核として、地域の再生産の重要な役割を果たすためには、学校と教職員が、地域の復興に主体的に、協同的に関わることも求められる。

2015年4月に広野中学校校舎に開校した福島県立ふたば未来学園高等学校（総合学科）は、双葉郡内の9の中学校との連携型の中高一貫校となっている。広野中学校は広野小学校校舎に移転している。広野小・中学校の児童生徒数が本来の半分程度しかいないことからそれが可能になった。今後、2019年、隣接地に中高の新校舎が完成の予定である。みらい学園は2013年7月に出された「福島県双葉郡教育復興ビジョン」（福島県双葉郡教育復興に関する協議会）の中で出された構想であった。ビジョンでは2015年度に中学校全学年（各学年2学級）、高校1年（学年3学級）からスタートとすることとされていたが、結果的に高校1年からスタートし、2019年4月に中学校が併設される予定になっている。当初の構想とのずれが生じた理由は様々にあるだろうが、各町村の中学校と未来学園中学校との関係づけが難しかったこともある。すでに帰還している川内村や広野町と、それ以外の今後帰還がありえるところ、当分帰還が望めないところとの温度差もある。この温度差を埋めて、双葉郡として一致した取り組みになるかが第一の課題となる。また、各自治体の開校している学校の生徒数がさらに減ることになれば、学校として成り立たなくなることや、中学校時点での「選抜」をどうするのかも難しい。

　第二の課題は、既存の双葉郡との関係である。双葉高校、双葉翔陽高校、富岡高校（以上3校はいわき明星大学の校舎の中にある）、浪江高校、浪江高校津島校は、2015年度からの募集を停止しており、15年度は2年生、3年生しかいない状態となり、3年生もいなくなる2017年度からは休校となる予定である。本来であれば、未来学園に統合する選択肢もありえただろうが、これ以上の転校を望まないなどの保護者等の声もあり、未来学園は1年からのスタートとなった。この未来学園は、アカデミック系列、トップアスリート系列、スペシャリスト系列の三つで構成される点で、基本的に富岡高校の形態を引き継ぐものとなっている。原発事故の影響もあり、それ以前からの人口減少傾向が加速され、特に子育て、子ども世代の大幅な減少が予測されている地域であることも影を落とす。原発事故の影響もあり、それ以前からの人口減少傾向が加速され、特に子育て、子ども世代の大幅な減少が予測されている。静岡や猪苗代で学ぶトップアスリートの生徒の存在も評価が分かれるところだろう。

　第三は多様な学力・適性を持ち、精神的に課題を抱える生徒もいる中で、ICTの活用や、アクティブラーニング、スーパーグローバルハイスクール等の先端的な教育・学習に取り組むことの困難性である。逆の可能性、発展性も当

然あるわけだが、現在は１年生しかいない状況で、３年生までそろった段階で、そして、教職員の手厚い加配が続かなくなった段階で持続可能な教育・学習が展開できるかが課題となる。全国的な注目を浴び、意欲ある有能な教職員が集められている現状がどこまで続くのかも問われる。

　最先端の教育技術、技法、環境が整えられている点で、未来型の教育の「東北発の」実験場的な様相も呈しているわけだが、そこに、教育観、子ども観、その基盤にある人間観、社会観の理念的な転換がなされるのかを検証する必要があるだろう。この点で、未来学園の丹野校長が掲げる「変革者たれ」の理念が重要となる。現状への追随者ではなく、平和、民主主義、人権を真の意味で実現し、真の主権者として、地域復興の主体をなりうる変革者が求められる。子どもの権利条約や、憲法的価値が真の意味で尊重される学校づくりが期待されるところである。

５．全体的課題

　ナオミ・クラインがいうところの惨事便乗型資本主義、つまり、大災害・戦争・クーデターなどを利用して、ショックの中で民衆が茫然自失となり、無力感にさいなまれる中で、人々を大衆的に扇動し、反対勢力は暴力的に制圧され、新自由主義が進み、民主主義、人権、平和が破壊されていくのではなく、そのショックから覚醒し、民衆の手による復興を行うこと、住民の直接参加や行動によって復興が行われ、その中で住民自身が癒され、無力感を克服していくことが求められる（ナオミ・クライン『ショック・ドクトリン上・下』岩波書店、2011年）。これは、福島でも同じである。

　ＯＥＣＤ教育局教育訓練政策課シニア政策アナリストの田熊美保は、学校レベルでの復興計画の重要性を指摘している。教育復興のスタート地点は学校レベルであるべきであり、その計画を他の政策が支え、一つのビジョンの下でみんなが同じ方向に向かって進むことができるように方向をすり合わせていく。復興計画の有効な実施には、復興案に対する現場の理解と地域コミュニティの自主性が必要であり、学校レベルでの政策立案のキャパシティビルディング（「現場力」の構築）が必要とされている。そこで、多くの国では、学校レベルでのイニシアティブを促すため、学校リーダー向けに実践的なマネジメント研修を実施されており、学校復興計画が学校管理運営者、教職員、保護者間で周知・共有されているとのことであった。学習達成と復興計画とのつながりも確

保されなければならない（国立教育政策研究所編『東日本大震災と学校』悠光堂、2012年7月）。

　このようなあり方は、ある意味で、第二次大戦後の本郷プランなどの地域社会学校、地域教育計画の取り組みにつながるものであろう。戦後教育改革も、戦争の惨禍の中から生まれたものであった。GHQの影響下で行われた改革とはいえ、それを住民、国民が自らのものとし、守り育てる過程で多くの優れた実践が生み出されてきた。その成果や理念は、この東日本大震災後の復興教育にも生かされるべきものである。

　※本稿は科学研究費補助金基盤研究（B）「東日本大震災後の教育復興の進展と復興教育プログラムに関する研究」（2015-2017年度）の成果である。

（秋田大学）

特集2：公開シンポジウム「福島復興のための教育政策」

公開シンポジウム「福島復興のための**教育政策**」の「まとめ」

谷　雅泰

1．テーマの設定

　震災から4年が過ぎた。福島大学での大会開催が打診された2014年の梅雨どきから、公開シンポジウムをどういったテーマで行うか、実行委員会の事務局長を務めてくれた阿内春生会員（福島大学）と検討を行った。被災地以外では震災への関心は薄れているのではないか、という懸念もあった。研究者はいざ知らず、世情は少なくともそのような暗い話題にいつまでも囚われるのを喜ばない傾向にあるのは確かであろう。しかし、私たちはそれでも敢えて「福島」にこだわりたいと思った。福島で引き受けた限り、それが私たちの義務だと感じていたのである。

　4年という歳月はもちろん一括りにできない。そろそろ時期区分が可能だし、研究的にはそれが求められてもいるだろう。震災直後、応急処置的に教育活動が開始された2011年度、それなりに形が落ち着きを見せ始めた昨今……。そう考えると少なくとも直後の出来事と2011年度については、教育行政や教育政策についても総括を行う時期に来ているのは確かであるし、学会としてはそれを行うべきであるとも考える。たとえば、県立高校のサテライト方式や、区域外就学をめぐる諸問題など、これからも生起するであろう震災への対応を考えれば、きちんと総括すべきであるし、直後は困難だったとしても、そろそろそれが可能な時期に入っていると考えられる。

　しかし、私たちはその方向を採らなかった。「福島復興のための」と冠したのはそのあらわれであって、未来指向型の、これからの福島の教育・教育政策について語りあうことにした。そのような動きが始まっていることを全国に発信したかったし、それを福島という地域限定ではなく、日本における未来指向型の新しい教育の胚胎だと考えていたからである。

2．シンポジスト

　登壇者も当然それにふさわしい方に依頼した。
　1人目のシンポジストは、2011年度末に始まり、2014年8月にパリでのイベント（東北復幸祭＜環WA＞ in PARIS）を行ったOECD東北スクール[1]の総括責任者・三浦浩喜氏（福島大学理事・副学長）。約2年半の間、パリで東北の復興をアピールするという課題の実現に向けて力を発揮した被災地の中高生の学びこそ、未来指向型の学びではないかと考えた。
　2人目は石井賢一氏（富岡町教育長）。震災当時は浪江の公立小学校の校長であり、その後、退職されて現職。「『新しい双葉の芽』が育っています」と題して、「子供未来会議」などの活動と「双葉郡教育復興ビジョン」、「ふるさと創造学」など双葉郡教育長会議の取り組みについてお話しいただいた。
　3人目はこの4月に新しく発足した福島県立ふたば未来学園高等学校校長の丹野純一氏。同校は中高一貫校として構想され、まず高校部分のみ立ち上がった学校である。「未来支援型教育～『変革者』を育てる」という報告の題名が示すとおり、同校では主体的・協働的な学びにより未来の「変革者」を育む新しい教育を展開している。
　最後の登壇者は、佐藤修司会員（秋田大学）である。震災直後から、日本教育学会の特別課題研究に参加し、また2012年度からは科学研究費による助成を受け、被災地の教育行政に関する研究の代表者として被災地の学校関係者からの聞き取り調査を積み重ねてきた。その経験から福島の復興のための教育政策について語っていただいた。
　報告の詳しい内容については、それぞれの責任においてまとめられているのでそちらをご参照いただきたい。

3．当日の質疑応答から

　ここでは、報告が一通り終わった後のシンポジスト同士のやりとり、会場からの質問を受けての応答から、いくつかのことを書きとどめておくことにする。
　まず、震災直後と現在では状況が違うという点が述べられた。石井氏は、ふるさと創造学の始まりであった「ふるさとなみえ科」について、最初は子どもたちに故郷を忘れさせないという目的で始めたが、2、3年も経てば小学生は自分が住んでいた町のことも思い出せない。そのなかで故郷を教えるということに困難があるということを語った。「地域あっての学校」であり、地域がゆ

りかごになって地域のことが染みこんでいくはずだから、地域がないなかでそれをやることはむつかしい。そこで「結局は子どもと大人と接するという機会を多くすることによって、子どもが地域を繋げていくという仕組みができないかという方向に向かわざるを得なかった」。

丹野氏もそれを受けて、「日々生徒と接していてそこが常にジレンマになっている」と述べた。フィールドワーク先で大人に「将来故郷に戻るの？」、「故郷のために働くの？」というストレートな質問を受けて戸惑う生徒が多いが、なかには「戻ろうと思っても30年後戻れるとは思えません」、「戻りたいんだけれども戻れるとは思わない」、「戻れたとしても仕事がないと思います」と応える生徒もいる。その生徒たちに学校は何ができるのか。同校は双葉を学びのフィールドにしていて、そこは「課題の先進地域」であり、日本のどこでもある過疎化、人口減少という悩みが、震災と原発事故により先鋭化した地域である。そこだからできる学びがあり、日本全国、あるいは世界に行っても地域作りのコーディネーターにも新たな産業を興していく変革者にもなれるのではないか。それが「変革者を育てる」という意味である。だから、グランド・デザインにも「復興を担う人材」を中心には書いていない。もちろん復興は担うのだけれど、それに特化する教育は目指していない、と丹野氏は述べた。

丹野氏のこの指摘は、このシンポジウムの趣旨からも大事な視点であると思う。「福島の復興のための」と題したが、それが単に元に戻すという意味ではなく、日本や世界の最先端の教育を探究する試みである、という思いを込めたつもりであった。

次に、「それぞれの立場でもっとも困難な問題は何か」という質問をめぐり、各シンポジストに語っていただいた内容が、福島の現状を反映したものであったように思う。三浦氏は、被災地でのいろいろな利害関係もあり、また話したくても話す場がないということもあって、なかなか議論できないという状況があることを述べた。石井氏は、自身が自宅に帰還できない状況にあることを語った上で、子どもも含めて被災者が思いを抱えていながらも、東北人の性格、福島、また浜通りの地域性もあって、そういう思いを表出することをよしとしない、我慢することが奇特だという雰囲気もあって、それを表明する機会がないと語った。しかし心の中にそういう思いはあるのであり、例えば富岡町に対して復興に関わって国から支援をする際に、国からは必ず「住民の目線に立って」とか、「寄り添って」という言葉を使われる。その時に非常に微妙に思う。

もちろん復興を進めるためには国や外の人の力が必要だけれども、町の方の思いもある。「この問題を向こうから見る人と中から見る人の狭間がなかなか埋まらないという、この部分がこの原子力に関わる問題の大きな点かなというふうには思う」という石井氏の言葉は重い。
　丹野氏が、人と人との間の亀裂、福島と他の県との隔たりができてしまっているが、「そういったものを少しでも共有できるものを見つけて、それを少しずつ広げていくコミュニケーションの在り方を作っていくというのが本校の学びの目的」と述べたことも重要である。
　また、福島のアイデンティティという問題、あるいは浜通りから中通りへ移った子どもたちのアイデンティティはどこになるのか、という質問を受けて丹野氏が、自分自身も生まれたところから何度も引っ越したことを例に挙げながら、そのように居場所を変えていくことは普通のことなので、取り立ててこの子らだけ「この子のアイデンティティは何？」と問うことは必ずしもいいことではないと指摘した。ただし、震災であれ戦争であれ、刻印として残るわけだから、それをどう人生に消化するかということは個々の問題だともした上で、「このふたば未来なりの学習を通して、コミュニティで学ぶということを通して、将来自分がどういうコミュニティを作っていくかっていうことを学んでいく」のだろうなと思う、と語った。
　以上がシンポジウムの後半で語られた点である。手前味噌であるが、最初に書いた点、総括よりも未来志向の教育を語る会にしたいという趣旨は実現できたのではないかと考えている。丹野校長が「変革者」という言葉で語られた内容がまさにそれである。ふたば未来学園高校の「未来創造型教育」のビジョンの最初に書かれていることが「未来の『変革者たち』」という言葉なので、このことは丹野氏の個人的な思いではなく、学校として確認した内容である。そして、先にも引用したように、「課題の先進地域」でのフィールドワークが普遍性を持つものと考えられていて、決して特殊な・悲惨な特別な地域での学びではないということが大事であると思う。そしてそのことへの気づきが、石井氏の言う「外と中との狭間」を埋める道なのではないかと考えた次第である。

（福島大学）

注（1）　シンポジウム開催直後の7月15日付で、詳細な報告書が刊行された。『東日本大震災からの教育復興プロジェクト　OECD東北スクール　報告書2011-2014』福島大学人間発達文化学類／イノバティブ・ラーニング・ラボラトリ　OECD東北スクール運営事務局。

Ⅲ

特集 3
自治体教育政策における
　構造改革と教育的価値の実現

特集3：自治体教育政策における構造改革と教育的価値の実現

構造改革下の教育的価値と自治体教育政策の展開

中嶋　哲彦

1　教育行政の政治化と構造改革

　近年、教育と教育行政をめぐって教育行政の政治化とでも言うべき状況が多く見られる。しかも、この政治化は外形上、国民の教育権対国家教育権を基本とするかつての対抗関係とは異なって、文部科学省対財務省・内閣府・総務省、教育委員会・文部科学省対首長というように、教育政策の立案・実施をめぐって国及び地方公共団体の行政機関同士の政治的パワーゲームの様相を呈して展開している。

　これが最も典型的な姿で現れた大阪府・市では、パワーゲームの恒常化・日常化に留まらず、府・市条例の制定により教育・教育行政への政治介入が制度化[1]される事態にまで発展した。国政においても、地方分権改革の一環として首長の権限強化や首長主導の自治体マネジメントが提唱され、地方教育行政制度も繰り返し改革の俎上に上げられてきた。地方教育行政の組織及び運営に関する法律の2014年改正では、首長による教育長任命制、首長が事実上主宰する総合教育会議の設置、首長による「教育、学術及び文化の振興に関する総合的な施策の大綱」の策定、教育委員会の教育長に対する指揮監督権廃止というように、地方教育行政の首長からの独立性を担保してきた制度に大きな変更が加えられた。このため、教育委員会制度は形式上存続することになったものの、首長の教育・教育行政介入が強まることが懸念される[2]。

　教育政策学の隣接領域である教育行政学においては、これらを教育事務の管理執行をめぐる教育委員会と首長との法律上の権限関係または政治的力関係をめぐる問題として整理し、地方自治体における首長の教育・教育行政に対する政治的影響力行使の制度化として懸念を表明するものが多い[3]。しかし、教育政策学の視点からは、このパワーゲームや地方教育行政制度改革を通じて実現される自治体教育政策に注目し、またそれを国家戦略として展開されている

教育の構造改革の文脈に位置づけて考察する必要があるだろう[4]。

　日本では2000年前後からあらゆる行政領域において横断的に、またはあらゆる社会制度についてほぼ例外なく、新自由主義的構造改革が推し進められてきた。構造改革は国と地方自治体を貫く国家の在り方の転換、そして経済的支配の強化と政治的統治形態の転換を志向するものであるがゆえに、国は新自由主義的構造改革をあらゆる行政領域において全面的に推進するため、地方自治体にもそれぞれが自治事務として担う社会福祉・公的医療・公教育などの住民サービスについて事業の廃止、給付水準の引き下げ、独立行政法人化または私営化などの構造改革を迫っている。そのため、国は、①規制改革によって地方自治体が構造改革を行いうる制度的条件を整備するとともに、②地方分権改革と地方財政削減とを一体的に進めることで地方自治体がそれぞれの自己責任として構造改革を推進せざるをえない制度的・政策的環境をつくりつつ、③首長主導の自治体マネジメントへの転換を促している。上記のパワーゲームは主としてこの③の現象形態の一つと見なすべきだろう。

　現代日本における教育政策の研究を進めるにあたっては、それを新自由主義的構造改革の一要素として位置づけて、その政治的・経済的本質を解明しないかぎり、その政策実現手法である個々の教育政策の意味、とりわけ上記の教育行政制度改革や展開しつつある学制改革の意味を正確に捉えることは難しいだろう[5]。そこで、以下では、教育政策とその実現過程を規定している新自由主義的構造改革の本質理解のための準備作業として、その基本的構成要素について最小限度の整理を試みる。

2　国家戦略としての新自由主義的構造改革

　新自由主義的構造改革は、独占資本（多国籍企業）の資本蓄積を促進することを目的として、独占資本の経済活動の自由に対する法的規制を緩和・撤廃するとともに、国家が担ってきた社会的・共同的事業のうち公教育、社会福祉、公的医療などの国民への福祉的給付を縮小して公財政支出[6]を削減し、さらに可能かつ適切な場合は行政サービスを経済的利潤追求の手段に変える国家プロジェクト、より本質的には経済的支配階級の国家改造プロジェクトである。新自由主義的構造改革の基本的構成要素とその推進を担う国家の特質は、差し当たって次の6点に整理してよいだろう。

　第一に、富の分配ルールの変更である。これには二重の意味がある。その一

つは、富の市場的分配ルールの変更である。労働法制の改正によって有期雇用や派遣労働の拡大を容認して不安定・低賃金雇用を増大させ、さらにそれに引きずられる形で正規雇用労働者の労働条件をも引き下げて、生産労働によって生み出される富の勤労者への分配を減少させている。他方、大企業は空前の利潤を上げ、内部留保や株主配当を増大させている。これは独占資本の国際競争力強化に資する一方、トリクルダウン効果は働かず所得格差の拡大と相対的貧困の増大がもたらされている。

　もう一つは、富の再分配機能の劣化である。すなわち、所得税の課税最低限の引き下げや消費税増税などの大衆課税の強化と法人税減税とを並行して実施することで国民負担率を増大させる一方、低所得層に対する現金給付や公的医療・社会福祉・公教育などの福祉的給付の水準が引き下げられている。ただし、これは福祉国家的財政支出を削減することで独占資本が負担する統治コストを削減することを狙いとするものであって、資本蓄積に貢献する人材育成・研究開発には公財政が選択的に配分される。

　この結果、子どもの貧困率16.7％（2012年）が象徴するように子どもの健全な成長・発達を保障する家庭的・社会的条件が揺るがされるとともに、急速かつ大規模な学校統廃合に見られるように子どもの成長・発達を支える社会諸制度のスリム化が進んでいる。

　第二に、社会諸制度の新自由主義的再定義である。大企業の資本蓄積強化に照応して、医療・福祉・教育を市場を通じて選択・購入すべき商品と見なしてそれらの人権保障性を希薄化させる一方[7]、公教育制度は人材育成・研究開発を通じて資本蓄積に直接貢献する制度と再定義されている。

　これは典型的には、福祉的給付としての保育の商品化、複合診療の拡大すなわち健康保険適用範囲の相対的狭隘化、公立図書館など教育・文化・スポーツ施設への指定管理者制度導入による新たな市場創出などに見ることができ、海外では公立学校運営への営利企業の参入も導入されている。

　また、政府の政策文書では、公教育制度が人材育成・供給システムと再定義され、公教育機関の人材育成機関化が進められている。この典型は、公教育を「国民の国家に対する義務としての教育」と「サービスとしての教育」に区別して定義した21世紀日本の構想懇談会の報告書『日本のフロンティアは日本の中にある－自立と協治で築く新世紀－』（2000年１月）に見ることができる。また、教育再生実行会議第五次提言「今後の学制等の在り方について」（2014

年7月3日）では、もっぱら人材育成の観点から高等教育の現状を批判的に分析し、「質の高い実践的な職業教育を行う新たな高等教育機関」の制度化を含む中等後教育の包括的再編成と高大接続改革を提言している。

第三に、福祉国家型的国民統合[8]から、競争による国民統合への転換である。

福祉国家は、市場的競争の緩和や競争結果の是正によって全国民の生存権を保障することで、国家による国民統治と資本主義的経済体制への同意を確保していた。これは資本主義が生み出す社会諸矛盾を国家による福祉的給付によって緩和しようとするものであるため膨大な公財政出を必要とする。他方、新自由主義的構造改革はその削減を志向するものであるため、社会諸制度から社会諸矛盾を緩和する機能が失われ、格差拡大と貧困増大や治安の悪化といった形で社会諸矛盾が顕在化し、資本主義的経済支配と政治的国民統合を動揺させる可能性がある。

しかし、現実には、構造改革を通じて社会諸制度が競争主義的・成果主義的に再編成されつつある結果、自らの社会的生存は競争制度を通じて確保するほかないという社会認識が生まれ、市場原理主義的資本主義への同意と競争制度・競争ルールの設定者として現れる国家への国民統合が確保されている。このうち後者は競争の統治手段化と呼ぶことができるだろう。

その際、親世代はすでに配分されている社会経済的地位の確保のために競争制度への同調が要求される。他方、これから社会経済的地位を獲得しなければならない若者世代には競争制度への自己同化圧力がより強く働くため、既存の経済的支配への過剰適応と政治的保守化に向かいやすいと考えられる。

第四に、構造改革は強権的手段と市場原理によって推進されることである。すなわち、構造改革は強力な政治部門とそれを支える官僚機構によって強権的に推し進められるとともに、行政や公的サービスに市場主義的目標設定・評価・資源配分制度を組み込むことで「自発的」な構造改革が引き出されている。

前者は、構造改革を推進する国家権力の強化であり、構造改革を強権的に推進する役割を担う。後者は、行政過程に効率主義、成果主義、目標管理、エビデンス志向の政策決定・政策評価を埋め込むことによって、行政に市場主義的評価やその基準を持ち込んで構造改革の推進に市場的必然性を付与するとともに、行政評価制度によって行政機関や学校の存在意義を再定義しつつ成果主義的に目標管理することで、それらについて「自発的」に構造改革を推進せざる

をえない環境が作り出されている。

　いわゆるガバナンス改革は、①国家が地方自治体や教育機関など達成すべき目標またはミッションを明示的に決定し、または国の政策目標を「斟酌」して目標を設定させ(9)、②目標達成に必要な財源を削減し続けることで地方自治体や教育機関を恒常的で底なしの財政逼迫状況に追いやりつつ、競争的・選択的予算配分によって目標管理に実効性を与えている。その際、③地方自治体や教育機関には、目標達成を志向する限りにおいて自主性・自律性が承認され、自発的経営努力が要求されるとともに、その「成果」に基づいて資源配分することで「自発性」が引き出されている。自治体行政が企業経営になぞらえ、経営手腕が要求されている地方自治体の首長にはとりわけ強くこの誘引が働き、「自発的」構造改革が引き出され改革競争さえ生まれている。

　第五に、独占企業の海外展開を担保する武力行使容認の拡大と、経済産業の軍事化である。集団的自衛権行使を内容とする安全保障法制（戦争法）の整備は、自衛隊の海外での軍事活動を大幅に拡大することで、日本を拠点とする多国籍企業のグローバル市場における経済産業活動を軍事的に担保するとともに、日本の産業経済そのものの軍事化(10)を促進する。経済産業の軍事化は日本国憲法第9条によって抑制されていたが、経済界の要求(11)に応えて、解釈改憲・安全保障法制の整備・武器輸出三原則の「見直し」によってこの抑制を取り払い、国際的武器弾薬市場での利潤追求に道が開かれた。

　大学における軍事研究を促進する防衛省科研の創設や高校「自衛隊コース」の設置に見られるように、教育研究領域の軍事化が懸念される。

　第六に、保守主義・国家主義が構造改革を推進する政権の政治的支持基盤として台頭しつつあることである。

　構造改革は、既存の社会諸制度の総体として再編成を目標とするため、政権の権力基盤を支える利益集団の既得権に切り込む改革（たとえばTPPと農協「解体」）や、官僚機構なりの憲法・法令解釈に基づいて組み立て来た行政の論理と手法を否定する必要もあるため（行政改革、政治主導の政策決定、官から民へ）、与党内部のいわゆる「守旧派」を切り崩すことさえ必要となりうる（たとえば、「自民党をぶっつぶす」、内閣主導の国会運営）。さらに、構造改革によって農村が崩壊し、また都市中間層も徐々に解体しつつあり、従来の自民党を支持してきた社会階層自体が消えていく可能性がある。このため、もはや旧来の利益誘導型政治は機能不全に陥っている。他方、グローバル競争の激化

や、それに起因する国際的利害対立や軍事紛争の恒常化を契機として、保守主義・国家主義・排外主義に誘引される国民が増大しており、これが自民党政権の新たな政治的基盤を形成しつつある。

新自由主義と新保守主義・新国家主義との相互補完関係がしばしば指摘され、前者が経済的な対抗関係を強めて国家的凝集性を動揺させるため、後者が国民をイデオロギー的に統合するというように説明されている。しかし、この説明は必ずしも説得的ではないだろう。むしろ、新自由主義的構造改革を担う政権は、独占企業の資本蓄積を目的とするがゆえに利益誘導型の政治基盤確保が困難になり、保守主義的・国家主義的イデオロギーを鼓吹しつつ、それを新たな政治的支持基盤とするほかないのではないか。このため、政権政党はイデオロギー政党の様相を強めざるをえず、同時に政権は保守主義・国家主義を教育政策の柱に据えたり、排外主義的な外交や内政を展開したりすることで、支持基盤のイデオロギー的要求に応えざるをえない。教科書統制の強化や「道徳」の教科化は、上記の相互補完関係や安倍政権の固有性ではなく、新自由主義的構造改革を推進する政権とその政治的支持基盤との応答関係の文脈で捉えるべきだろう。

3　ジレンマに直面する自治体教育政策

新自由主義的教育改革はそれ自体として「新自由主義」を名乗っているわけではないし、新自由主義的教育改革は必ずしも固有の意味における教育改革・教育政策として展開しているわけでもない。しかし、現代日本の教育改革・教育政策からは、次のような新自由主義的構造改革としての特質を抽出することができるだろう。

（1）公教育への公財政支出の縮小と効率化
（2）私費を含む教育費総額の削減
（3）教育制度の市場主義的再編成
（4）公教育制度の人材育成供給機関化・産業技術創出機関化
（5）海外教育市場への進出（差し当たっては教育産業の海外進出）

しかも、公立学校の設置・管理は地方自治体の権限に属するため、国は地方自治体が新自由主義的教育改革を行いうる、また行わざるをえない制度的・イデオロギー的条件を整備し、地方自治体をして新自由主義的構造改革に向かわしめる必要がある。このため、次の見るように、地方教育行政や学校運営には

新自由主義的構造改革を促進または強要する仕組みが整備され、それを受容させるイデオロギーが醸成されている。
　（１）構造改革を選択しうる／せざるをえない制度的・財政的条件の整備
　　　a. 質保証を目的とする規制の緩和撤廃
　　　b. 教育成果の評価基準の押し付け
　　　c. 競争抑制効果のある規制の緩和撤廃
　　　d. 公共財の市場的供給・調達ルールの採用
　　　e. 競争的市場への参入規制の緩和撤廃
　　　f. 財政削減による物質的・精神的動機づけ
　（２）構造改革を受容し、さらに要求するイデオロギーの醸成
　　　a. 競争結果受忍意識の醸成
　　　b. 民衆的公共性意識の毀損
　　　c. 新自由主義親和的教育要求への積極的な政策的応答
　（３）市場原理と市場化促進制度
　　　a. 各社会領域固有の価値と論理の否定
　　　b. 社会諸制度の市場主義的再編成

　たとえば、2000年前後以降、児童生徒数の減少を理由に、しかし教育財政支出の削減を目的として、大規模かつ急激な小中学校統廃合が進められている。学校基本調査によれば、2000年前後以降、公立の小中学校数はそれぞれ毎年約1％のペースで減少しており、とくに小学校数は在籍児童数の減少を上回るペースで減少している。義務教育を担う小中学校の統廃合は教育人権の否定または軽視につながりかねず、地域住民の同意も得にくいため、統廃合に消極的な地方自治体は少なくない。しかし、財務省は文部科学省に対して児童生徒数の減少ペースを上回るペースでの教職員定数の削減を求め、文部科学省は「適正規模・適正配置」基準にさらなる統廃合促進効果をもたせ[12]、地方自治体は小中学校の統廃合を余儀なくされている。また、義務教育学校の発足は、小中一貫教育という新機軸を口実にしつつも、小中の壁を越えた統廃合を進める制度的条件を準備したものと言えよう。こうして、地方自治体自体は、国が作り出す政策的・制度的環境の下で、内在的動機がないにもかかわらず、教育の新自由主義的構造改革に続く道に脚を踏み入れている。

　しかし、地域住民の教育人権の保障に責任を負う地方自治体は、本来、教育条件整備を通じて学校・教職員による教育的価値の実現を下支えする使命を負

っている。ここで、教育的価値とは、子ども・若者一人ひとりの状況とニーズに応じた教育を通じて子ども・若者の成長と発達を保障し、その現在と未来におけるしあわせの礎を築くことを言い、法制上は日本国憲法や国際教育法規に定められた教育を受ける権利・教育への権利の実現と表現される。地方自治体の存立は、この教育的価値の実現を志向する教育政策を立案・実施してこそ正統化されるはずである。逆に、地方自治体は、新自由主義的構造改革の推進に駆り立てられるなかで、深刻なジレンマに立たされることになる。

このため、構造改革下における自治体教育政策の研究を進めるにあたっては、①新自由主義的構造改革が引き起こす人間的成長・発達の阻害に対抗して、地域を人間による物質的生産・再生産と人間自身の再生産（子育てと教育）の場として再生すること、②地方自治体を地域住民が担う民衆の公共性の政治的・行政的総括形態として再生することを課題として認識すべきだろう。

注
（１）大阪市教育基本条例（2012年5月28日）、大阪市立学校活性化条例（2012年7月30日）、大阪府教育行政基本条例（2012年3月28日）、大阪府立学校条例（2012年3月28日）。
（２）首長の権限をきっかけに、首長が法律上の権限を越えて教科書採択に政治的に介入することが懸念された。しかし、実際には、首長の関心は学力向上やいじめに関わる成果主義的目標設定に向かっている。
（３）たとえば、高橋寛人『危機に立つ教育委員会：教育の本質と公安委員会との比較から教育委員会を考える』（クロスカルチャー出版、2013年）、日本教育行政学会研究推進委員会編『首長主導改革と教育委員会制度：現代日本における教育と政治』（福村出版、2014年）、村上祐介編著『教育委員会改革5つのポイント：「地方教育行政法」のどこが代わったのか』（学事出版、2014年）、坪井由実・渡部昭男編著『地方教育行政法の改定と教育ガバナンス：教育委員会制度のあり方と「共同統治」』（三学出版、2015年）。
（４）拙著『教育委員会は不要なのか：あるべき改革を考える』（岩波書店、2014年）。
（５）この点に関して、筆者は「大阪府・市における新自由主義的・権威主義的教育政策」（『転機にある教育政策』日本教育政策学会年報第20号（八月書館、2013年7月）112-120頁.）で、構造改革下における自治体教育政策に関する研究の課題または視点として次の5つを提示した。（１）地方自治体の教育政策を、国家戦略としての新自由主義的構造改革、あるいはポスト介入主義的統治形態への国家改造の文脈で把握すること。（２）規制改革・地方分権改革・財政制度改革が、地方自治体の教育政策の展開をどの

ように促し、条件づけ、あるいは限定しているかを解明すること。（3）地方自治体の教育政策を、被支配階級の日常生活場面への新自由主義的原理・制度の浸透過程、したがって民衆的公共性との矛盾が顕在化する過程と捉えること。（4）自治体教育政策の展開過程に、新自由主義的統治の政治的正統性を動揺させる契機を見出すこと。（5）教育学固有の視点として、新自由主義的構造改革による人間的成長・発達の阻害、したがって新自由主義的教育政策・制度の下での学習がもたらす自己疎外にも注目しなければならないこと。

（6）福祉的給付のための財政支出は、独占資本の視点から見れば、経済的支配を担保するための政治的国民統治に要するコスト（統治コスト）の一部であり、この削減は独占資本の利潤率を増大させる。

（7）福祉国家は、資本主義経済体制を前提としかつそれを維持するために、資本主義経済が生み出す社会諸矛盾の激化・顕在化を抑制するため、資本主義経済体制の維持・発展に貢献する限りにおいて、福祉的給付を目的とする国家財政支出を容認し、かつそれを通じて国家への国民統合を確保してきた。しかし、この体制は社会諸矛盾が激化すればするほど国家財政支出を膨大化させ、国家財政危機を招かざるをえないものだった。

（8）渡辺治は日本を開発主義国家と規定して福祉国家とは区別している。北欧型福祉国家と日本型福祉国家を区別することは必要だが、企業統合型であって同時に家族依存型である社会福祉制度が日本型福祉として国民統合に貢献したこと、また構造改革はそれさえも否定していることに注目すべきだろう。

（9）国立大学法人に指示する中期目標、教育基本法の教育振興基本計画、地方教育行政の教育大綱、子どもの貧困対策推進法の子供の貧困対策大綱など。

（10）公費投入による軍事研究の促進、武器弾薬輸出三原則「見直し」や武器輸送時の損害に対する国家補償による国際武器市場への参入、外国の軍隊に対する「弾薬」提供による軍需品への需要創出。

（11）たとえば、日本経済団体連合会「今後の防衛力整備のあり方について－防衛生産・技術基盤の強化に向けて－」（2004年7月20日）、日本経済団体連合会「わが国の防衛産業政策の確立に向けた提言」（2009年7月14日）。

（12）文部科学省「公立小学校・中学校の適正規模・適正配置等に関する手引き～少子化に対応した活力ある学校づくりに向けて～」2015年1月27日。

(名古屋大学)

特集3：自治体教育政策における構造改革と教育的価値の実現

自治体教育政策が教育実践に及ぼす影響
―― 授業スタンダードを事例として

勝野　正章

1．はじめに

　近年、教育委員会が指導方法・内容のスタンダードを策定する事例が見られる[1]。スタンダードの内容を見ると、授業における知識の確実な習得と活用、言語活動、協働的な問題解決、ICTの活用など、国の学習指導要領において重視されているトピックについて、教育委員会が具体的な指導内容と方法をモデルとして提示するものが多い。授業中の子どもたちの姿勢、挙手や発言の仕方、机の上の教科書・ノート・鉛筆等の置き方・使い方など、学習規律のモデルを含むスタンダードもある。このようなスタンダードは校内外の研修を通じて普及が図られ、地域内の学校ではモデルに即した教育実践が求められていることが少なくない。

　以前から教育委員会は独自に教育課程編成の基準を策定したり、研究指定校制度を通じて教育実践モデルの開発と普及を行っていたが、今日の授業スタンダードには従来の基準やモデルより強い規範性が与えられている場合がある。教育実践に直接関わる自治体教育「政策」の内容と方法の限界に対する評価が求められよう。一方、授業スタンダードの多くが国の教育政策を基本的に踏襲するものであったり、他の自治体を参照して策定されていることが多いことから、「自治体」教育政策の自主性（教育の地方自治）や政策参照という観点からも注目に値する。

　本報告では、以上の観点から自治体教育政策としての授業スタンダードを概観した後、教育実践と教職の専門性に及ぼし得る影響について考察する。授業スタンダードに基づく授業の規格化・標準化と、子どもの多様なニーズに対して応答的な教育実践が求められていることとの間には葛藤が生じ得ると予想される。さらに、授業スタンダードは教師の専門的力量形成に関わる問題としても検討する必要がある。

2. 概観
(1) 策定の背景

　近年の自治体授業スタンダードの策定と普及は、いわゆる「義務教育の構造改革」以降の全国的な教育の質保証体制整備を背景に進められている。すなわち、国が教育の目標設定と結果の検証に対して責任を負う一方、過程管理を担う教育委員会と学校にも「継続的な検証改善サイクル」の確立が求められていることが、授業スタンダード・ムーブメントの推進力となっているのである。

　端的に言えば、「継続的な検証改善サイクル」とは、学力テスト結果に基づく授業・指導の改善を意味している。文部科学省は全国学力テストを開始した平成19年度から22年度まで全国の都道府県・指定都市教育委員会への継続的な委託事業を通じて、自治体における学校改善支援プランや学力向上アクションプランの作成と実施を促進した（表1）。この文部科学省からの働きかけに応じて、全国の自治体では、独自の学力テスト実施に加えて、結果の分析支援ツール（ソフト）の開発、「学校支援チーム」「学力向上アドバイザー」「学力向上支援教員」などの配置・派遣、授業改善プラン作成の手引きや改善事例集の発行、課題別指導資料集（モデル授業を含む）の作成・配布など、種々の施策が展開されるに至っている。授業スタンダードの策定と普及も、こうした授業・指導改善を目的とする取り組みの一つに数えられる[2]。

表1.「検証改善サイクル」確立に向けた文部科学省委託事業[3]

年度(平成)	委託研究・事業名	主な内容
19	学力調査の結果に基づく検証改善サイクルの確立に向けた実践研究	都道府県、指定都市に検証改善委員会（大学等との連携）設置、学校改善支援プラン作成
20	全国学力・学習状況調査等を活用した学校改善の推進に係る実践研究	学校改善支援プランに基づく学校や教育委員会による教育指導や教育施策の改善に向けた取り組みの支援・成果普及、調査活用協力校の指定
21	学力調査活用アクションプラン推進事業	都道府県、指定都市に学力調査活用アクションプラン推進協議会設置、アクションプラン作成

| 22 | 全国学力・学習状況調査の結果を活用した調査研究 | アクションプラン推進校の指定、アクションプランに基づく教育委員会と学校等の連携による教育活動改善の全国普及 |

(2) 内容

　以上の背景からも推測されるように、授業スタンダードの内容は、基礎的な知識・技能の習得と活用、思考力・判断力・表現力の育成、学習意欲の向上、言語活動の充実、授業における協働的な問題解決、ICTの活用など、基本的に学習指導要領の趣旨と内容の徹底を図るべく構成されていることが多い。教育委員会が従来策定していた教育課程編成の基準や教材、指導内容・方法に関するモデルとの比較検証[4]を経ずには断定できないが、近年の授業スタンダードは、国の定めた目標を実現する効果的な過程管理という限定された役割を担っており、自治体教育の独自性を表現しようという志向は希薄になっているように見える。

　さらに、自治体授業スタンダードには、授業中の学習規律や家庭学習の強調という内容が含まれている例がある。これは児童・生徒、保護者向けの啓発リーフレットの配布、「家庭学習ノート」等の学習教材の作成などと同様、授業改善だけでなく、子どもと家庭に直接的に働きかけることによって、学力の向上という目標の実現を図るものであると言える。このような授業スタンダードは、親の子の教育に対する「第一義的責任」（教育基本法10条）、特に近年では学力向上に家庭教育が果たす役割を強調して、その学校教育への協力を要請する教育政策としての側面を有する。しかし、私的生活領域への権力的介入がいかなる根拠でどの程度正当化されるという点に加えて、すでに不利な立場にある家庭にますます社会的・心理的な不利益を被らせることになるという意味で、「あるべき家庭教育」の定型化には問題がある[5]。

　授業スタンダード自体を見るだけでは、実際にどの程度、指導に対する規範性を発揮するものであるかの判断は難しいが、なかにはチェック項目（評価基準）を提示している例（表2）があり、それは指導の定型化への志向性の強さを示すものであろう。また、自治体スタンダードを横断的に検討すると、「めあて（目標）を示す」「自分で考え表現する時間を確保する」「目標の達成度を確認する」「学習内容をまとめる」「授業の振り返りをする」という導入⇒展開

⇒まとめという授業の流れや、机間指導、板書の構造化、ノート指導、ICTの活用などの内容面でかなりの共通性が認められる。「先進県視察」や教員の人事交流などを通じて、学力上位県における指導方法が学力向上に有効な授業方法として参照されたことにより、自治体横断的な授業の定式化が促進されたからではないかと推測される。

表2. C県教育委員会「授業スタンダード」のチェックシート

導入	前時までの既習事項の確認を行っている
	めあて（目標）が、児童生徒が「わかった」「できた」と言える表現になっている
展開	めあてに対する児童生徒の考えを「発表する」「説明する」「話し合う」「読む」「書く」などの言語活動の時間を確保している
	授業展開に応じて、必ず自分の考えを持たせながら、グループ学習やペア学習などを効果的に取り入れている
	机間指導を行い、学級全体の状況を把握するとともに、児童生徒一人一人の学習状況を確認し、指導に生かしている
終末	本時での学習内容を生かして、練習問題を解いたり、自分の言葉で説明する時間を確保している
	目標を達成しない児童生徒に対して、個別指導を行っている
	児童生徒のノートを授業に活用したり、評価の材料にしたりしている
	めあてと対応して、本時で何を学んだのかを整理し、黒板に板書している
	板書は、授業内容を構造的で分かりやすく示したものになっている
	「わかった」「できた」と児童生徒が自覚したことを自分の言葉で書かせている。

（3）小括

　教育委員会は、自治体独自の教育理念の実現を目的として、教育課程編成の基準や教材を作成したり、授業・指導方法のモデルを提示することがあるが、近年の授業スタンダードは概して国の定める達成目標を前提とする手段的裁量行使という枠内に留まるものであり、策定の経緯にも委託事業を通じての文部科学省の主導性がうかがえる。

　内容面では、学力向上に有効とされる授業・指導方法への自治体横断的な収斂化傾向が見られる。このことは、授業スタンダードが「エビデンス」の力に訴えることでトップダウン的に形成されている可能性も示唆する。そうであるとすれば、従来型の教育センターでの調査研究や研究指定校制度を利用しての策定過程と比較しても、自治体の教育課程政策に教師の意見が反映される機会は限定されている可能性がある。

このように近年の「自治体」授業スタンダードを概観することで浮かび上がってくるのは、「分権化改革」のメリットを享受して独自の教育政策を追求している自治体というよりは、国の定める教育目標のもとで「継続的な検証改善サイクル」というシステムへの自治体の統合が進んでいる様子であると言えよう。

3．教職の専門性への影響

　報告者が聴き取りを行った中部地方B市立中学校の教師によれば、同市では校長・教頭等の管理職及び教務・研修主任等の担当者を招集した研修会で授業スタンダードの徹底が指示された。各学校では授業スタンダードの理解を深めるための校内研修が頻繁に行われ、さらに指導主事が学校訪問を行い、授業スタンダードに即した授業が実施されているかをチェックしている。しかし、もちろん、このように授業スタンダードに強い規範性が付与されている例がすべてではない[6]。授業スタンダードが実際に教育実践に及ぼしている影響を実証的に明らかにしていく必要がある。

　授業スタンダードは授業・指導の規格化・標準化を促進するが、その効果が最も強いのは、評価基準として運用される時である。それに比べると、授業スタンダードを基にした指導案や授業改善プランの作成が奨励されるに留まっているのであれば、教師はある程度「やり過ごす」ことが可能である。ただし、管理職などが授業スタンダードに即した指導案になっているか事前にチェックする場合もあり得る。その場合、授業スタンダードをどのように使用するかに関する教師の裁量は狭められることになる。

　授業スタンダードによる授業・指導の規格化・標準化を正統化するのは、学力の向上など、教育の目的とされるものを実現する効果に関する「エビデンス」である。しかし、そのエビデンスは個別事例を帰納的に一般化したものであるので、個別事例に適用する場合、あてはまらない場合もあるのが当然である。たとえば、ある治療方法が90％の患者に対して効果があったというエビデンスは、残りの10％にも同じ治療方法を適用すべきであるという強固な理由にはならない。帰納的一般化（generalization）と演繹的（あるいは適用、実践に関わる）規格化・標準化（normalization）はまったく異なるものであるのだが、授業スタンダードに限らず、教育におけるエビデンスを重視する近年の言説では、この区別が曖昧にされていることが少なくない[7]。

授業・指導の規格化・標準化は、子どものニーズの個別性と多様性に対する理解と応答を阻害し得る。その問題が明確に表れるのは、一部の授業スタンダードに見られる学習規律や学習スキルについて一律的な指導が行われる場合である。たとえば、授業中、机の上に置いてよい鉛筆・赤鉛筆の本数や教科書、ノート、筆記具、消しゴム、定規などを置く位置を決めて守らせること、椅子に座っている時は常に足の裏を床につけていることや、話の聞き方として「1. 話をしている相手を見て聞く、2. だまって最後まで聞く 3. 共感できたらうなずく、4. 必要なことがあればメモをとる 5. 疑問に感じたことや、聞き取れなかったことは、もう一度確認する」ことを指導するなどは、少なくとも特別な教育ニーズを持つ子どもや文化的マイノリティに属する子どもへの配慮に欠けていると言わざるを得ない（敢えて言えば、学力向上や授業の改善に関するエビデンスとしても疑問である）。以上のようなスタンダードは「例」と記されている場合もあり、必ずしも一律的な指導が教師に求められているわけではないが、指導基準や評価基準として運用されている可能性も否定できない。

 指導内容・方法に関する授業スタンダードについても、規格化・標準化に対する批判的視点が求められる。報告書が閲読した授業スタンダードのほとんど全部が、個人学習だけでなく、仲間との学びを授業中に取り入れるべきだとしている。たとえば、ある授業スタンダードでは、まず自分で考える⇒次に仲間と交流する⇒再び自分で考えるという順序で、この3種類の学習活動を1授業時間のなかに取り入れるよう求めている。重要なことは、スタンダードを自分の教育実践に対する課題提起として受けとめ、その根本にある根拠・理由（reason）を吟味したうえで、授業を変えていくことだが、規格化・標準化はそうした深い理解を伴わない表面的な追従を招きかねない。

 授業目標の提示に関する「ICT機器を使ったりするなど、課題をとらえやすくするとともに、意欲がわく課題提示の工夫をしましょう」というスタンダードでも、重要なのは後半部分に記されている「工夫」を促進することだが、学校では、課題提示では必ずICT機器を使用しなくてはならないかのような硬直的運用が行われている可能性がある。スタンダードによる授業の規格化・標準化は、子どものニーズの個別性と多様性への理解と対応が求められている指導の複雑性から教師を解放する一方、教師の授業をデザインする力と目の前で生じている子ども（たち）の学習の過程と質を判断する力を衰弱させ得る。

 このように授業スタンダードへの無批判的な追従や依存は、経験に基づく省

察が教師の実践的知識の基盤を形成する妨げとなり、教職の専門性を劣化させるが、スタンダードの規範性を抑え、授業とともに両方を相対化する自由と機会が保証されれば、逆に専門性向上への寄与を期待できる。近年、自治体が授業スタンダードを策定するようになっている背景には、既に述べたような政策的理由のほかに、先輩世代の教師が保有する知識・技術を若い世代に伝承する必要性が認識されるようになっていることがある。このような理由から自治体授業スタンダードに期待される役割は、教師の集団的研究の媒体（参照基準）として利用されることであり、専門的力量形成の機会（学校内外のフォーマル・インフォーマルな研修）を提供することであろう。その場合、授業スタンダードの策定過程段階から、教師の参加が実質的な時間、人的・予算的措置を伴って保障されてはじめて、教師の世代縦断的、互恵的な学びあいを期待することができる。

4．おわりに

　スタンダードによる授業の規格化・標準化は、強制的な力の作用によってのみ起こるものではない。むしろ、教育委員会や管理職からの指示・命令がなくても、教師たちが「自発的」に授業スタンダードに依存する傾向が強まっているように思われる。この点に関わって、教師の職業的信念やアイデンティティの変化は重要な研究課題である。たとえば、油布佐和子らの研究グループは、教師に対する継続的な調査の分析から、たとえば基礎学力の形成や受験学力の向上という組織目標に精力的に取り組むことを当然の責務として疑わない（すなわち、個人の職業的信念や価値観と組織目標の間に齟齬を感じない）教師が増えているのではないかと指摘している[8]。学校組織の一員であるという自己意識を現在の学校システムの一員としての自己意識にまで敷衍するならば、国の定める教育の目標達成に向けた「継続的な検証改善サイクル」への統合が教師レベルでも進んでいることを示唆する知見であると言える。

　本報告では、授業スタンダードが複層的な両義性を抱えていることについて述べてきた。自治体教育政策として見れば、地方的な教育理念や価値を実現する自律性と国の設定する教育政策を実現するための過程管理を担う他律性、両方の可能性が開かれているが、現状では後者の他律性を具体化するものである傾向が強いと思われる。教育実践と教職の専門性への影響について見れば、研究の対象として利用され、専門的力量形成の機会を提供する可能性とともに、

経験に基づく省察から形成される専門職的知識基盤の劣化をもたらす可能性がある。授業スタンダードが評価基準とされる場合には、子どものニーズの固有性と多様性への配慮を欠き、教育実践の質的劣化と社会的・教育的な不正義の拡大を招く可能性もある。しかし、授業スタンダードは、教師を授業の複雑性から解放する面があり、さらに組織やシステムの一員として統合されることが心理的負荷を軽減し得ることから、教師にとってアンビバレンスの解消は容易ではない。

　今後は、このような両義的可能性の具体化についての実証的研究とともに、地方的な教育理念や価値を実現し、教職の専門性向上に寄与する授業スタンダードの実践的研究を進めていくことが求められるだろう。

　　　注
（１）「学習指導のスタンダード」「授業の手引き」など、具体的な名称は自治体により異なるが、本報告では「授業スタンダード」を総称して用いている。また、授業スタンダードを策定している自治体の数や特徴については、報告者も参加している「ガバナンス改革と教育の質保証」研究プロジェクト（文部科学省科学研究費補助金基盤研究（A）研究代表者：大桃敏行）が2015年度に実施した全国市町村教委対象調査の結果として、後日、報告される予定である。
（２）報告者が聴き取りを行った関東地方A市教育委員会の担当者は、「検証改善サイクル」の確立に向けた文部省からの委託事業を受けた県から同市への要請が、授業スタンダードの策定に着手した「いちばんはっきりした理由」だと述べている。
（３）文部科学省HP（http://www.mext.go.jp/a_menu/shotou/gakuryoku-chousa/1344286.htm）に掲載された情報を基に筆者作成（最終閲覧日　2016年4月25日）。
（４）ここ20年程度に限っても、たとえば金子照基『学習指導要領の定着過程－指導行政と学校経営の連関分析』（風間書房、1995年）、河野和清（編著）『地方分権下における自律的学校経営の構築に関する総合的研究』（多賀出版、2004年）、中留武昭（編著）『カリキュラムマネジメントの定着過程－教育課程行政の裁量とかかわって』（教育開発研究所、2005年）に収められている、教育委員会の教育課程政策及び指導行政の範囲、性質に関する知見との比較が有益である。もちろん、戦後初期の地域教育計画、その後の民間研究運動を主体とする「生活と教育の結合」や「地域に根ざした教育」を目指したローカル・カリキュラムとの比較も必要である。
（５）本報告では、この問題についての立ち入った検討はできないが、仲田康

―『コミュニティ・スクールのポリティクス―学校運営協議会における保護者の位置』（勁草書房、2015年）では、学力向上に動機づけられた家庭教育のスタンダード化を学校運営協議会が進めた事例の批判的検討が行われており、また関連研究が幅広く概観されていて、たいへん参考になる。
（6）関東地方A市では、授業スタンダードの理解・普及を目的とする教育委員会主催の研修会は開催されたが、実際の利用方法は各学校（校長）の裁量に任されている。そのため、年間を通じてほとんど授業スタンダードが話題にならない、「存在そのものが忘れられている」学校もあるという。
（7）Bridges, D. Smeyers, P. & Smith, R.（eds.）(2009). *Evidence-based education policy: What evidence? What basis? Whose policy?* London: Wiley-Blackwell
（8）油布佐和子・紅林伸幸・川村光・長谷川哲也「教職の変容―「第三の教育改革」を経て」早稲田大学大学院教職研究科紀要、第2号、2010年、pp.51-82。勝野正章「学校ガバナンスにおける主体としての教師」『日本教育行政学会年報』第34号、2008年、pp.234-237も、同様の問題を指摘している。

（東京大学）

特集3：自治体教育政策における構造改革と教育的価値の実現

課題研究「自治体教育政策における構造改革と教育的価値の実現」の「まとめ」

武者　一弘

　日本教育政策学会第22回大会は、2015年7月4、5日に福島大学を会場として開催されたが、課題研究は大会第二日目の5日午前に、「自治体教育政策における構造改革と教育的価値の実現」をテーマとして行われた。第七期課題研究（2011年8月－14年7月。研究テーマは「構造改革下の自治体教育政策をめぐる動向－教育政策研究の課題と方法をさぐる－」）の期間満了をうけて、第八期課題研究（2014年8月－18年7月。担当理事は中嶋哲彦会員、勝野正章会員、武者）が発足した。今回の大会課題研究は第八期課題研究として、最初の企画運営であった。大会課題研究の趣旨について、大会プログラムと大会案内に、次のように書いた。

　　前期の到達点を踏まえ、今期は標題による課題研究がスタートしています。自治体教育政策における教育制度を対象にした構造改革は、どのような手法で展開されており、どのような価値を実現しようとするものであるのか、また、それは教育的価値の実現を志向する諸制度・諸実践にどのような課題を提起しているのかを解明します。

　大会課題研究に先だち、3月21日に専修大学（神田キャンパス）にて公開研究会を開催した。公開研究会のテーマは、大会課題研究と同じく「自治体教育政策における構造改革と教育的価値の実現」とし、報告1として「小中一貫校の現状と課題」について山本由美会員（和光大学）から、報告2として「公設民営学校をめぐる政策動向分析」として谷口聡会員（中央学院大学）から報告があった（公開研究会の報告は、学会ニュース2015年春号（2015年4月9日）を参照されたい）。公開研究会終了後に、大会課題研究のイメージを出し合い、具体のテーマや報告者の選定を行った。その結果、上に書いたような大会課題

研究のテーマと趣旨を決定し、報告者には中嶋哲彦会員（名古屋大学）と勝野正章会員（東京大学）がたち、司会は武者がつとめることとした。

【報告の概要】
　報告の詳細は、それぞれの報告者による論稿に譲ることとし、ここでは当日の課題研究の概略について、筆者の大会当日のメモと録音に基づき記す。
　中嶋会員は、「構造改革下の教育的価値と自治体教育政策の展開」と題して報告した。報告の冒頭で、「教育的価値の実現」について、「子ども・若者一人ひとりの状況とニーズに応じた教育を通じて子ども・若者の成長と発達を保障し、その現在と未来におけるしあわせの礎を築くことであると考える。教育を受ける権利・教育への権利は、このことに関する社会的合意であり、法的確認または法的表現であろう」と整理した。他方「構造改革の下で、国は教育的価値を顧みない教育政策を積極的に採用している」として、新自由主義的構造改革の特質、新自由主義的構造改革と教育政策の関係、新自由主義的自治体教育政策の展開の三点から、マクロな視座で論じた。なお、中嶋報告の理解をより深めるにあたっては、同会員の著書である『教育委員会は不要なのか：あるべき教育改革を考える』（岩波ブックレット、2014年）を参照されたい。
　勝野会員からは、「自治体教育政策が教育実践に及ぼす影響—授業スタンダードを事例として」と題して、自治体の学校教育政策に焦点化した報告がなされた。「自治体における授業スタンダード策定の背景」、「授業スタンダードの内容」、「授業スタンダードの開発と普及」、「自治体教育政策としての授業スタンダード」、「授業実践及び教職の専門性に及ぼす影響」を柱とするものであった。授業スタンダードや到達目標などは、露骨な政治的統制とは違ったいわば「柔らかな統治」ともいえるが、勝野報告は、こうした「柔らかな統治」が切り結んでいる教育的価値を、問おうというものであった。
　中嶋報告が教育における構造改革の手法や構造についてマクロ的に示したものであり、勝野報告はその具体を論じたものということができる。

【議論の概要】
　当日は幅広く議論が展開されたが、主な論点は次の四点であった。
　＜論点１＞「公私混合」システムをどう評価するか？
　構造改革のツールとして公共性と市場化の中間形態としての「公私混合」シ

ステムを、どう評価するかの議論があった。これは指定管理者、学校支援地域本部などの形態を、どう評価するのかを問うものであった。

これに対して中嶋会員から、次のような発言があった。教育の世界は、学習・教育の自由の領域であり、権力機関が全部包摂することがよいとは思われず、むしろ抑制的であるべきである。「公私混合型」の登場は、一定程度評価してよかろう。しかし、条件整備や財政的な担保を後退させる可能性があり、また学校運営協議会や学校支援地域本部など特定の親・住民の価値観や課題を強調していく道具になりかねないことから、その価値観を吟味することが必要である。

ここでの議論の核心は、市民社会と自由をどう捉えるのかであった。

<論点2> 授業スタンダードと授業モデル・実践の区分はいかにすべきか？

教育実践の自由と専門性の実現のため、授業モデル・実践事例と授業スタンダードを本質的に区分する概念を解明するという研究の仕方があるのではないか、との質問が寄せられた。質問者によれば、教育実践は子どもの発達や課題に即して、教育目標を再設定するという課題を背負っているが、一方で行政目的はPDCAによって自己規定されるのではなく、首長や政治が決定するのであり、授業スタンダードが行政目的を実現するシステムとなっている、という。

勝野会員はこの発言に同意を示しつつも、次のように述べた。現実にはスタンダードの語が大いに流行っている中でその危うさを指摘するときに、内発的自発的な教育的価値を実現しようとするスタンダードがないわけではないことから、スタンダードが実際に規範性や強制力を持っているのかがポイントとなる。教育的価値を授業の本質と捉えたとき、授業スタンダードであれ授業モデルであれ、授業の規範性、強制性をもつことはおかしい。授業の本質は非常に複雑であり、応答的で文脈的な性格のものである。

これは授業の本質をどう捉えるのかの議論であった。さらに、授業スタンダードに埋め込まれたPDCAを、どう評価するのかの議論であった。

<論点3> 規制改革と地方分権改革がいつ構造改革の両輪となったのか？

規制改革と地方分権改革は構造改革の両輪関係と報告にあったが、これはいつどのように成立したのか、と地方自治の実現の評価をめぐり質問が出された。

中嶋会員から、1990年代後半には規制改革と地方分権改革は、構造改革の両輪となっていたと思われるとの認識が示された。ただ、90年代末の機関委任事務の廃止には両義性があり、自治体の自律性を高めると同時に、国家が担わな

ければならない責任の回避ともなっていることに注意を促した。教育に関しては機関委任事務による統制よりも指導助言による統制の方が大きかった可能性も、合わせて指摘した。また、国の構造改革戦略について、教育は自治事務であるので、中央政府が自治体にそのままさせることは法的には難しいため、国の政策を自治体が実行するように仕掛けをつくっており、その具体の現れ方として、検証改善サイクルあるいはPDCAサイクルがあるとした。さらに、自治体教育政策を分析するにあたっては、国家権力の政治的統治の形態とともに、経済的支配の在り方をみていくことが大事であるとした。

PDCAサイクルは、行政管理システムであるだけでなく、経営管理システムであることが再認識される議論であった。

＜論点4＞ 自治体レベルに教育の自律性を保障するシステムは存在するか？

フロアから次のような質問が出された。自治体レベルに、国レベルで実現している教育の自由を保障するシステムがもともと存在しないとすると、規制緩和が行われたとき、一挙に教育の自律性が保障されない空間に教育が曝されることになる。この問題をどう考えるか。また、理論的にどう再構築するか。

勝野会員は、今後、教育の自治を保障する自治体教育政策のシステムを作っていくことが必要であるとした。既にいくつかの単発的な試みの事例はあったが、ここへきて全ての自治体に、教育の自律性をいかに保障していくかという観点でシステムを構築していかなければならない。このとき、教員の主体的で実質的な参加などが大事になってくると指摘した。

これに対して中嶋会員は、教育の自由・自律性を担保する仕組み・システムが自治体にないという点については、教育理論、とりわけ教育法学に弱点があったのではないかとした。旧教育基本法第十条を、革新自治体が人口の過半に広がっていた、かつての政治状況もあって国による統治・中央統制からの自由と狭く捉えていたことから、今日の状況にうまく合わないのではないかとした。

ここでの議論は本課題研究のテーマに迫るには、学際的研究とともに、現場の取り組みによりそった研究が必要であることを示唆するものであった。

大会日程二日目午前の企画であったが、活発で突っ込んだ議論が交わされた。報告者、参加者の皆さんには、記して感謝したい。

第八期課題研究は、来年度二年目となる。今回の課題研究の報告と議論をうけて、今後は構造改革について、歴史（1990年代の六大改革の一つとしての教

育改革が位置づいた経緯など)、比較（世界の新自由主義改革と教育改革との関連など)、実践現場（改革が押し寄せる現場の状況と現場の構えなど）を切り口に追究することも検討したい。また、課題研究の成果をどのように学校、教育行政、学界に発信していくかも、合わせて考えていきたい。

(中部大学)

IV

投稿論文

[投稿論文]

一部事務組合方式による教育事務の共同実施の拡大可能性の検討
―― 栃木県芳賀地区広域行政事務組合の事例から

牧瀬　翔麻

1．問題の所在と研究目的

　本稿は、小規模自治体の教育委員会が事務処理体制の強化を図る手段として行う教育事務の共同実施に着目し、それが効果的に機能するための条件を明らかにすることを目的とする。そのために、共同実施の形態として多く設置されている一部事務組合に焦点を当て、栃木県芳賀地区広域行政事務組合（以下、芳賀組合）教育委員会の事例を検討する。これにより、職務遂行体制が不十分と指摘されてきた小規模自治体教育委員会が抱える課題の解決に向けて、方途を提示し、教育事務の共同実施の拡大可能性を考究する。

　なお本稿において教育事務は、地方教育行政の組織及び運営に関する法律（以下、地教行法）第21条の規定する、教育委員会が管理、執行する事務をさす。

　2000年代の「平成の大合併」により、多くの大規模自治体が誕生し、スケールメリットを生かした行財政基盤の強化や事務の効率化が図られている。しかし一方で、合併に至らない小規模自治体との規模格差が顕著になり、それにともなった財政力の格差がひろがりをみせている。このような自治体間格差は、教育行政に影響を及ぼしている。たとえば、財政基盤が軟弱な小規模自治体が、十分な数の指導主事を配置できていないこと（押田 2012）、事務処理体制が十分に備わっていないこと（加治佐 2000）、人口減少地域における学校統廃合や学区の問題、施設設備の有効活用の課題などが挙げられる。

　市町村教育委員会の適正設置規模は、教育委員会制度導入当初から議論がなされ、研究知見が蓄積されてきた。教育委員会が十分な職務遂行体制を整備できるだけの財政力を有する自治体規模として人口10万人以上を適正とする加治佐（前掲:205）、5万人以上の人口規模が教育改革進展度と相関があることを経験的データに基づいて示した堀・柳林（2009）は、その一例である。ここからは、それら基準の妥当性は別としても、市町村が充実した教育行政を行うため

には、ある一定の人口規模を有することがひとつの条件であるといってよい。しかし一方で、文部科学省「平成25年度教育行政調査」によると、一部事務組合等教育委員会を除く総数1,737市町村教育委員会のうち、人口5万人未満規模の教育委員会は1,180（構成比67.9％）と過半数を占め、人口8千人未満に限定しても403（同23.2％）にのぼる。ここからは、大半の市町村教育委員会では十分な職務遂行体制が整っていないことが推察される。

　小規模自治体の教育委員会が抱える課題の解決策として、近隣自治体と共同で教育事務を処理する水平的補完が示されている。中央教育審議会（以下、中教審）答申「今後の地方教育行政の在り方について」（2013年）は、小規模市町村教育委員会における教育行政部局の体制強化を図る目的で、指導主事配置に対する上位部局からの財政的支援（垂直的補完）、近隣市町村の連携による教育事務の広域処理（水平的補完）を提言した。しかし、これまでに提言や答申が繰り返し示されているにもかかわらず、その問題状況は大きく変化していない（小松田 2014）。くわえて、2040年には人口8千人未満の自治体が約3割を占めるようになる（本多 2014:35）ことから、小規模自治体を取り巻く課題がさらに顕在化することは容易に推測できる。

　上述の答申の反面で、教育事務の共同実施が中教審の意図する目的を達成する手段として十分に機能しているとはいいがたい。第一に、学校教育や社会教育・生涯学習をみてわかるとおり、教育行政は地域特有の風土や文化、社会環境のもとで実施されている。つまり、一般的な広域行政が対象とする廃棄物処理や介護保険制度、消防・救急のような複数自治体が共同実施できる事務内容とは性質が異なる。共同実施にそぐわない業務も存在し、一概に共同化を推奨できる類のものではない。第二に、堀・柳林（前掲:125）が自身の研究の残された課題として述べているとおり、共同実施等の方策により教育委員会の設置単位の規模拡大が図られたとしても、それによって解決可能な運用側面とそうでない側面の両方がある。小規模自治体の教育長の方が地域住民の教育的ニーズに敏感であり（堀ら 2004）、共同実施の実現によって、市町村および住民から教育委員会が一層遊離するのを促す恐れもある（中嶋 2009:88）。第三に、多くの共同化の目的が、効率的、合理的な事務処理体制の構築による財政負担の軽減であるために、人件費節減を目的とした指導主事配置数の削減といった事態も想定される。これでは、教育行政部局の体制強化へとつながらない。

　したがって本稿では、上記の3点を分析視点として設定し、芳賀組合教育委

員会を一事例として検討する。これによって、教育事務の共同実施の効果ならびに指摘される課題を克服するための条件を明らかにし、一部事務組合の事例分析からその拡大可能性を論じる。

　教育事務の共同実施に関する研究として、共同設置教育委員会事例の追跡調査研究（徳村 1973）、協議会設置事例の研究（岩下ら 1977）、質問紙調査によって理想的な設置規模と性格を示した研究（馬場 1983）が挙げられる。これらでは、共同化によるスケールメリットを生かした教職員人事や研修が可能である点、事務集約による人員削減からくる経費節減が可能である点を評価する一方で、行政区域が広域化することからくる地域性の衰退に懸念を示している（岩下ら 1977）。くわえて、地方分権改革が始動する1990年代半ばに、教育事務の共同実施の複数事例を研究したものがある（松井ら 1997）。個別事例の分析に大小はあるものの、共同実施に対しておおむね肯定的な評価がなされている。しかし、指導主事の配置数が十分でないために行政能力が向上したとはいいがたいとする指摘もある（遠藤 1997）。

　いずれの先行研究でも、教育事務の共同実施へ至るまでの政策形成段階における論点整理（合意形成に至る議論や財政負担のしくみ等）、実施後の成果および課題が実証されている。しかし一方で、松井らの研究は個別事例の実態調査に基づく検討ないし分析に終始している。調査のための共通の概念的枠組みが設定されず、事例間比較が不十分なために、そこから導かれる諸要因、諸条件の連関が明示的ではない。また、それ以外の先行研究では、当該事例を分析対象とする選定の妥当な理由が必ずしも示されていない。したがって、研究知見をどこまで一般化できるのかが不明瞭である。そのために、教育事務の共同処理のしくみが小規模自治体の抱える課題に対して今後いかなる役割をもちうるのかといった問題は十分に検討されたといいがたい。本稿は、先行研究を踏まえつつ、それらの欠落を補うものとして位置づけられる。

2．教育事務の共同実施の展開と現況

　政府は、今日の多様化、高度化する地方自治体の幅広い行政課題に対して、柔軟かつ的確に対応することを目的に、広域的連携のしくみを積極的に活用し、複数自治体が協働して行政を実施するように勧めている。

　事務の共同実施は、地方自治法に基づくものとそれ以外の2つに大別される。前者はさらに、法人格を有する一部事務組合および広域連合、法人格をもたな

い事務の委託、機関等の共同設置、協議会等に区分できる。法人格を有する場合は独立した地方公共団体となるため、議会や執行機関の設置が義務づけられる。そのため、教育事務を処理する場合は、所掌する事務内容の多寡にかかわらず、教育委員会を必ず置かなければならない。

　教育事務の共同実施は、第二次世界大戦終戦直後に教育条件整備の要請の高まりから、市町村区域をまたいだ小中学校の設置を目的として各地でみられた（大桃 1997）。1960年代半ばには、全国総合開発計画や教育委員会統合推進政策による教育委員会の共同設置が積極的に推奨された。しかし結果的には、一部地域の動きにとどまった（徳村 1977）。近年は、地方分権改革や教育委員会制度のあり方の再考を背景として、教育事務の共同実施の必要性が再提起されている。2007年の地教行法一部改正では、教育委員会における事務処理体制が見直され、教育委員会の共同設置の促進やその他の連携による教育行政の体制の整備および充実の規定が設けられた。

　文部科学省前掲調査によると、市町村等教育委員会数は1960年度の総数3,770から2013年度は同1,819へと約半数に減少している。一方で、共同実施方策のいずれかをとる教育委員会数はほぼ一定である（1960年度は構成比5.94％、2013年度は同4.51％）。ここからは、小規模自治体にとって共同処理制度がある程度の役割を担っているといえる。その反面で、幾度の提言にもかかわらず、教育事務の共同実施事例が増加していないことも指摘できる（加治佐 前掲:210）。

　教育事務の共同実施で対象とされる事務は、給食センターの運営、視聴覚ライブラリーの運営、学校教職員の研修にかかる研修センター業務の3つが過半数を占める。戦後設置された複数の学校組合は、のちの合併政策もあいまって減少傾向にある。また、一部事務組合等教育委員会の地域分布をみると、北海道に12事例、長野県に7事例あり、地理的条件により設置に至ったとみられる。それに対して、島根県や大分県にように一部事務組合等教育委員会が一切ない県も複数あり、地理的条件に限定されない要因の存在が推察される。島根県や大分県は、県教育委員会の出先機関である教育事務所を複数設置しており（島根県5事務所、大分県6事務所）、基礎自治体の職務遂行体制の不備に対して、水平的補完ではなく垂直的補完のかたちで充足していると考えられる。

3．芳賀組合教育委員会の概要

　芳賀組合は、栃木県真岡市、益子町、茂木町、市貝町、芳賀町の1市4町

で構成される一部事務組合の特別地方公共団体である。栃木県下における共同設置の教育委員会は、本事例のみである。

　一部事務組合は、2以上の地方公共団体が協議により規約を定め、一部事務を共同実施する。法人格を有する地方公共団体として設置されるために、財産の保有が可能であること、議会や管理者、監査委員等の独自の執行機関をもつために責任の所在が明確なことが特徴として挙げられる。

　事例とする芳賀組合教育委員会は、小規模自治体の職務遂行能力に対して水平的補完の役割を担いつつ、垂直的補完の媒体として機能している。とくに後者については、栃木県教育委員会の出先機関である芳賀教育事務所との連携体制にみてとれる。教育事務所は、人事行政と指導行政の点からみたとき、管内の自治体規模による格差を調整する機能を有している（阿内ら2014）が、2000年代以降の行財政改革によって全国的に統廃合や縮小の傾向にある（小川2012）。本事例は、教育事務所の管轄と共同化教育委員会の範域が重複しており、水平的補完と垂直的補完が両立している。同様の事例は北海道に複数存在するが、所掌する教育事務は教員研修センター等の運営に限られる。双方の補完が両立し、かつ複数の教育事務を所掌する本事例を分析対象とすることが、教育事務の共同実施の拡大可能性を考究するうえで有効であると判断し、選定した。

　組合を構成する1市4町の面積および人口は表1のとおりである。発足当時に参加していた二宮町は2009年に真岡市へ編入合併し、現在では廃止している。行政面積は約564㎢（県内構成比約8.8%）、居住人口は約15万人（同約7.5%）である。管内には小学校が総数32校、中学校が同17校設置されている。

　芳賀組合は1971年に発足した。組合発足以前から衛生行政の共同実施が前史としてあった。1973年に、指導行政等の教育事務を組合所掌事務として規約へ追加すると同時に、芳賀組合教育委員会を設置し、指導主事を配置した（表2）。芳賀地域は真岡市を中心に1市4町が協働で行政を実施したり、産業を形成することが多い（JAはが野など）。このような地域風土のため、住民レベルでも普段から「1市4町の芳賀地域でひとつ」といった意識が県内でも強い（事務局職員の発言から）。

表1　市町別面積と人口（出典：2010年国勢調査統計）

	真岡市	益子町	茂木町	市貝町	芳賀町
面積(㎢)	167.21	89.54	172.71	64.24	70.23
人口(人)	82,279	24,351	15,023	12,090	16,021

表2　発足の経緯とその後のあゆみ（出典：芳賀組合教育委員会『教育の重点』）

1959年10月	圏域内6市町村により芳賀郡市併設伝染病隔離病舎利用組合を設立。その後、芳賀郡市衛生事務組合へ名称変更。
1971年3月	芳賀郡市衛生事務組合を解散。芳賀組合に引き継ぐ。
1971年4月	芳賀組合発足。
1972年7月	教育研修センターにかかる事務を規約に追加
1973年4月	<u>学校における教育課程、学習指導その他学校教育における専門的事項の指導、校長教員その他教育関係職員の研修、視聴覚ライブラリーの事務を規約に追加</u>。芳賀組合教育委員会と指導主事を設置。教育研修センターの事務を規約から削除。
1975年4月	社会教育に関する連絡調整の事務を規約に追加。
2009年4月	教科用図書の選定に関する事務を規約に追加。

　自治体間による事務の共同実施の場合、その業務遂行にかかる経費の拠出元、ここでは構成市町村から支出される分担金の比率が懸案事項となることが多い（徳村 1977）。2014年度の芳賀組合一般会計歳入の決算額は3,282,920千円、主たる財源となる分担金は2,165,545千円であり、全体の約66％を占める。分担金は、事務や事業の内容により基準が異なるものの、原則としては人口割と均等割の併用で算定される。教育事務にかかる分担金は、人口割7、均等割3の比率で構成市町がそれぞれ分担している。

　芳賀組合は、組合長と4名の副組合長をおいており、組合長は構成市町長による互選によって選出される。実際は、組合発足から一貫して、組合長に真岡市長が、副組合長に他4町長がそれぞれ就いている。また、芳賀組合教育委員会は、構成市町教育委員会教育長5名と保護者代表1名で構成される。発足当時から、教育長に真岡市教育長が就き、他の4町教育長が教育委員となっている。なお、保護者代表の教育委員は真岡市在住の保護者である。

　教育委員会の規約では、共同実施する事務に以下の4つの事項が規定されている。（ア）学校における教育課程、学習指導その他学校教育に関する専門的事項の指導に関する事務、（イ）社会教育に関する連絡調整並びに視聴覚ライブラリーの設置及び維持管理に関する事務、（ウ）校長、教員その他の教育関係職員の研修に関する事務、（エ）教科用図書の選定に関する事務である。教育委員会は、庶務課と指導課の2課制をとり、現在8名の事務局職員が在籍している。

　芳賀組合教育委員会は主たる業務に指導行政をすえているため、事務局職

員8名のうち6名が指導主事である（教育次長は充て指導主事）。また、社会教育主事を1名配置している。

4．教育事務の共同実施
（1）指導行政の共同実施
　芳賀組合教育委員会は指導主事を6名配置している。文部科学省の前掲調査によると、類似する「10万人以上30万人未満」規模の市町村教育委員会の平均指導主事配置数は8.5人であり、これと比較すると本事例は標準的といえる。
　本事例の指導行政について特筆すべき点が2つある。
　第一に、芳賀地域で教育事務を持ち寄って指導主事を共同配置する一方で、構成市町の教育委員会にも独自の指導主事が配置されていることである。具体的には、真岡市が2名（充て職1名含む）、益子町、茂木町、芳賀町がそれぞれ充て職1名を配置している。当然ながら、各市町教育委員会指導主事は当該市町内の学校に対する指導が中心職務となる。単純比較はできないものの、芳賀地域では総計11名の指導主事がおり、この体制は15万人規模自治体にしては、指導行政にかかる職務遂行体制が重厚であるといえる。
　第二に、芳賀教育事務所との協働体制がある。栃木県は7教育事務所を設置しており、そのうち芳賀教育事務所が芳賀地域を管轄している。芳賀教育事務所の担当範囲は、芳賀組合教育委員会の1市4町と一致している。芳賀教育事務所では、学習指導課が指導行政に関する事務を担っており、5名の指導主事が在籍している。芳賀教育事務所と芳賀組合教育委員会の双方の指導主事の専門教科が過重複にならないように、また9教科すべてを指導できるように、人事を相互調整したうえで均衡のとれた配置を行なっている。したがって、学校が指導を要請する場合は、指導主事の配置から判断し、どちらか一方に連絡をとっている。たとえば、特別支援教育や人権教育に関する指導、教科であれば国語に関する校内研修の指導は、芳賀教育事務所に対して求める。
　以上から指導主事の配置をみると、芳賀地域はレイヤーを重ねた指導行政体制が構築されている。指導主事の共同配置は、集約式（拠点配置）と分散式（各自治体配置）の2パターンが想定され（押田2007、野本2012）、本事例は両者の混合式である。芳賀教育事務所と芳賀組合教育委員会の各指導主事は、1973年の組合教育委員会発足当初から連携関係にあった。一方で、各市町教育委員会に独自の指導主事が配置されたのは比較的最近である（真岡市：2004年

度、益子町：2006年度、芳賀町：2010年度、茂木町：2013年度）。なお、この動きにあわせた、芳賀教育事務所および芳賀組合教育委員会の指導主事数増減はない。市町独自の指導主事配置の背景には、芳賀教育事務所および芳賀組合教育委員会の両事務局所在地の地理的要因（共同実施の拠点の位置）と、構成市町ごとの個別具体事例対応への要請の表出があると考えられる。前者については、ひし形区域の芳賀地域において両事務局がともに最西端の真岡市に設置され、対角となる遠方の町と物理的距離があったこと、後者については、市町ごとの教育ニーズの高まりによる個別具体的対応の要請が高まったことによる。くわえて、2007年の地教行法一部改正によって、市町村教育委員会の指導主事設置が努力義務とされたことが、市町単独の配置をさらに促進する要因となった。

　以上のように、指導行政事務を共同化しつつもさらに各市町で指導主事を追加で設置するこの動きには、指導主事の共同設置を方法とした指導行政事務の共同処理に対する、一種の限界性が示唆されているようにみてとれる。指導行政業務の細かい内容によっては、指導主事配置に対する集約式と分散式の適否があると考えられる。すなわち、教科教育であれば教科補完によるスケールメリットの観点から集約式が、生徒指導等の地域の教育課題に対する個別対応が求められるものは分散式が、それぞれ有効といえるのではないか。しかし、本事例の限定された知見からは、指導主事の業務内容の性質の異同による配置方式の適否を実証することができなかった。

　双方の指導主事は協働関係のもとで、共催で研修を企画したり、それぞれ主催の研修の講師として指導主事を融通するとともに、毎月1回の定例合同指導主事会議を開催しており、情報交換を密にとる体制を構築している。また、芳賀地域全体（芳賀教育事務所、芳賀組合教育委員会、1市4町教育委員会）の指導主事が年に4回集まり、芳賀地区合同指導主事会議を実施している。

　さらに、芳賀組合教育委員会の指導主事は、専門とする教科と関係なく、1市4町の担当指導主事としてそれぞれ割り振られる。担当指導主事は適宜、当該市町の校長会へ出席するなどして、市町との密な連絡調整を図っている。

（2）教職員研修の共同実施

　芳賀組合教育委員会は各市町の教育目標に鑑みて、教育基本法第17条2項にのっとった「教育の重点」を策定し、目標を定めている。これに基づき、2013

年度は計19回の教職員研修を実施し、延べ1,118名が参加している。通常、単独の小規模自治体であれば、財政的条件により十分な研修機会を提供できない場合が多い。その点で、芳賀組合教育委員会は、県教育委員会や県教育研修センターなどの外部に依存せずに、独自の研修計画を編成することが可能である。また、上記の教職員研修とは別に授業力向上を目的とした講座を開講している。ここでは、芳賀組合教育委員会指導主事が講師を務め、理科の効果的な実験・観察の指導法、図工や音楽等の実技の指導法の研修を実施している。くわえて、県教育委員会（実質的には芳賀教育事務所）との共催事業として、人権教育研修や児童生徒指導推進研修会等を開催している。

（3）社会教育の共同実施ならびに視聴覚ライブラリーの共同運営

　芳賀組合教育委員会は社会教育主事を1名配置しており、芳賀地域の社会教育に関する事務を担当している。主な事業として、青少年教育事業の一環のジュニアリーダー研修会（年3回実施）、社会教育関係行政職員や地域住民対象の生涯学習関係職員スキルアップ研修会、生涯学習まちづくり研修会等を運営している。また、毎年秋に芳賀地方芸術祭を開催し、延べ1万を超える個人・団体が参加、応募している。

　社会教育については、芳賀組合教育委員会と芳賀教育事務所ふれあい学習課の協力体制が構築されている。これは、芳賀地域の社会教育の普及と振興への寄与を目的とする芳賀郡市社会教育運営協議会の設置に制度としてあらわれている。同協議会の事務局は芳賀教育事務所におかれ、事務局長に同事務所長、事務局次長に同事務所補佐および芳賀組合教育委員会次長、事務局員に同事務所と同教育委員会の各社会教育担当者がそれぞれ就いている。

　双方の社会教育主事は担当事業が重複するが、分担のうえで社会教育行政事務を実施している。社会教育の性質上、それ自体は地域性によるところが大きい。広範な行政区域を担当する芳賀組合教育委員会の社会教育主事には相当のコーディネートスキルが求められるとともに、地域の多様性の保障が必要である。既述のとおり、芳賀地域には住民レベルでの結束が強い傾向があり、その点で社会教育行政の共同実施が可能になっているとの見方ができる。

　芳賀組合教育委員会は、生涯学習の振興充実を目的として視聴覚ライブラリーを運営している。購入する教材の選定にあたっては、小中学校や市町教育委員会の要望をくんで対象を絞り、そのうえで各市町社会教育担当職員や学校代

表で構成される教材選定委員会が決定する。また、学校はもちろん地域住民への利用促進を図るため、「視聴覚ライブラリー」や「広域教育委員会だより」などの広報誌を通して、新規購入教材の紹介や利用の推奨を図っている。

　視聴覚ライブラリーは真岡市の芳賀地区広域行政センター内に設置されているため、市外などの遠方からは利用がしづらい。そこで芳賀組合教育委員会では、真岡市外の利用促進を図るため、各町公民館へ教材・機材を配達、回収するなどして、4町からもアクセスしやすいように取り組んでいる。

5．本稿の結論と今後の課題

　研究目的を達成するにあたり、まず、本事例における水平的補完と垂直的補完の内容を整理する。

　水平的補完は、芳賀組合教育委員会の設置にみる事務処理体制である。各市町ではまかないきれない事務（行政職員が困難と認識している事務）を持ち寄り、スケールメリットを生かした教育行政を実施している。一部事務組合の場合は広域連合とは異なり、市町村教育委員会の完全な統廃合とはならないため、学校は要請する内容に応じて市町教育委員会と芳賀組合教育委員会を区別している。また、住民にとっては、既存の市町教育委員会も残置されているため、中嶋（前掲）が懸念する教育委員会と住民との遊離に対する妥協策のひとつになりうる。この点は、視聴覚ライブラリー利用の工夫、各市町の学校や住民の利便性への配慮の取り組みなどからもいえる。くわえて、芳賀組合教育委員会の担当指導主事が、各市町教育委員会ならびに学校と密に連携をとる体制も、共同化で懸念される課題を克服する方法のひとつといえる。

　垂直的補完は、市町教育委員会および芳賀組合教育委員会に対する教育事務所からの業務の補完体制である。本事例は、芳賀教育事務所と芳賀組合教育委員会の管轄範囲が一致していたために補完がより効果的に機能していたとする見方もできる。指導行政および社会教育行政には、地域や学校の特性に応じた実施が求められる。市町教育委員会、芳賀組合教育委員会、芳賀教育事務所のように地方教育行政のレイヤーを重ねることが、小規模自治体の教育行政の補完に有効に機能している。堀内（1995）が提示するように、教育事務所の所管する地域が地方教育行政の地域単位として合理性、効率性を有しているのであれば、今後の人口減少社会と小規模自治体の顕在化が予想されるなかで、それらの職務遂行能力を補完する仕組みとして一部事務組合等教育委員会や教育事

務所の機能を積極的に評価し、さらに実証的研究を蓄積することが求められる。
　先に示した分析視点から本事例を検討すると、教育事務の共同実施が効果的に機能するための条件として以下の2つが挙げられる。
　第一に、芳賀地域住民の結束意識といった地域的風土および共同化実施に至るまでの前史である。栃木県内の他地域よりも住民の共通意識が強いことは、教育事務の共同実施を比較的容易に進めることの促進要因になりうる。また、本事例は、芳賀組合教育委員会発足以前から他分野の事務の共同実施がすでに行われていた。このように一部事務組合教育委員会の設置以前に前史があったことは、教育事務の共同実施が効果的に機能するために作用したと考えられる。
　第二に、共同実施する事務内容の明確化と構成自治体間の共通の課題認識である。本事例は、指導行政を中心業務にすえた一部事務組合教育委員会である。自治体間の水平的補完によって事務を処理する場合、その対象事務および処理手続きが明瞭である介護保険制度、消防・救急などと比較すると、教育事務はその内容が広範であり、煩雑である。したがって、共同実施以前の政策調整段階で、現況の課題を適切に把握し、具体的に何の教育事務を共同実施するのかを明確にすることが必要である。芳賀地域の場合は指導行政がこれにあたる。共同実施する事務内容が明瞭かつ限定されているために、実施以降も大きな障壁なく処理ができている。その一方で、芳賀組合教育委員会は、各市町の教育目標、教育施策をいかにして芳賀組合教育委員会の施策に反映させ落とし込んでいくのか、すなわち市町ごとの方針をどこまで汲むのかといった調整の必要を課題と認識している。そのためには、芳賀組合教育委員会を核として構成市町との連携を強化し、太いパイプをつくることを目下の取り組みとして挙げていた。この点で、広域連合方式の場合は、教育行政事務全般の集約および処理になるため、事務内容が限定される一部事務組合と比較して、さらに意見調整等が困難になること予想される。
　なお、本事例の場合、芳賀組合教育委員会が芳賀組合議会に対して説明等の対応を求められることはある。しかし、構成各市町議会からそれを求められることは皆無という（事務局職員の発言）。これは、共同実施の方策として一部事務組合方式を選択しているためである。構成自治体の集合体である一部事務組合に権限が集約されているため、個々の自治体に対する直接的な対応が求められることはほぼない。それに対して、機関等の共同設置方式であれば、事務処理の権限が構成自治体間で共有されるため、それらすべての議会に対する対

応が求められる。広域連合方式であれば、一部事務組合方式と同様に広域連合議会のみへの対応となるが、こちらの場合は既存教育委員会の完全統廃合となるため、一部事務組合ほど柔軟な制度とはなっていない。実際のところ、教育事務の共同実施は一部事務組合によるものが大半を占めている。

　政府は、求められる行政の高度化、専門化に対応するために広域行政を推奨している。しかし、実際の教育事務の共同実施事例を概観すると、市町村合併にもれた小規模自治体が「生き残り」をかけて戦略的に行っている場合が多い。すなわち、フルセットでの統合ではなく、既存自治体を残しつつ、共同化できる一部事務を共同実施している。この場合、経費節減、人員削減が主眼におかれ、効率化を図った事務処理体制の再編となるために、専門的職員の配置充実といったパフォーマンスの向上ではなく、体制の縮小に至ることも想定される。その点、本事例は共同化する事務が明確であったため、このような事態は生じていない。今後、教育事務の共同実施を地域の特性に応じつつ全国的に拡大して（させて）いくのであれば、中教審が提言する教育事務の共同実施を一律に捉えるのではなく、共同実施に適した教育事務内容の選別およびその効果に対する具体的な分析が要される。本事例からは、指導行政にかかる事務については、スケールメリットを生かした共同実施が可能であることが明らかになった。同様に、視聴覚教材の共同購入ならびに管理と生涯学習事業の共催についても相互調整や事務処理の工夫次第では可能といえる。以上の条件は、今後教育事務の共同実施が全国的に拡大するための必要条件にすぎず、十分条件とまではいえない。より精緻な事例の分析が必要である。

　最後に、教育事務の共同実施の拡大可能性を論じるにあたって本事例の検討過程で明らかとなった制度的不備について指摘する。教育委員会制度の理念から現在の教育事務の共同実施体制をとらえると、教育委員会の構成に対して疑問が生じる。芳賀組合教育委員会は4市町教育委員会教育長の集合体であり、これは教育委員会規則で規定している。保護者代表教育委員が1名選出されているものの、本事例においてレイマンコントロールはいかに担保されているのか。各町教育委員会ではプロファッショナルとして教育長を務める4名が、芳賀組合教育委員会ではレイマンコントロールとしての役割を求められている。保護者代表1名を除けば、それは専門家集団といわざるを得ず、ここに素人統制の制度的保障はない。この指摘は本事例に限定されるものではなく、全国の多くの共同化した教育委員会が類似の選出方法を採用している。中教審は事務

の共同化を推奨するのであれば、教育委員会の理念と共同化の現実との齟齬に対して、何らかの解決策の提示があってしかるべきである。現状においてレイマンコントロールを一定程度担保する方策として、各市町教育委員会教育委員が集まる機会を定期的に設けたり、各市町教育員会が芳賀組合教育委員会の活動をチェックする機会ないし制度をより拡充していくことが考えられよう。

今後の研究課題としては、教育事務の共同実施を学校がいかに評価しているのかを分析すること、一部事務組合以外の共同実施形態でも同様のことが指摘できるのかをさらに実証すること、以上の2つが挙げられる。前者について、教育委員会制度研究の場合、とりわけ指導行政を検討対象とする場合は、学校の受け止め方に関する分析が必要であることは論を俟たない。後者については、前述のとおり共同実施の形態によって性質が異なるため、本稿の知見がどの程度共通するものなのかをさらに追究する必要がある。これらについては引き続き実証的研究が求められる。

本稿は2014年度の聞き取り調査が基になっている。したがって、新教育委員会制度における教育事務の共同実施については、十分な検討まで及んでいない。総合教育会議設置により、構成市町の首長と芳賀組合教育委員会の関係にどのような変容が生じるのかについては、動向を踏まえた分析が今後必要といえる。

参考・引用文献

・阿内春生・押田貴久・小野まどか（2014）「行財政改革・分権改革下の地方教育事務所の役割－人事行政と指導行政における役割変化に焦点を当てて－」『福島大学総合教育研究センター紀要』17号、pp.1-8
・岩下新太郎・松井一麿・小野寺律夫・浅野博夫・水原克敏・斎藤泰雄・佐藤幹男・山本久雄・菅並茂樹・宮崎秀一・牛渡淳（1977）「市町村教育委員会の再編に関する調査研究－鷹巣阿仁郡教育事務協議会事例－」『日本教育行政学会年報』3号
・遠藤孝夫（1997）「複合事務組合方式による教育事務の共同処理」松井一麿編著『地方教育行政の研究－教育委員会の動態分析－』多賀出版
・大桃敏行（1997）「教育事務共同処理の法制と展開」松井一麿編著『地方教育行政の研究－教育委員会の動態分析－』多賀出版
・小川正人（2012）「教育事務所廃止の動向と地方教育行政の課題（1）和歌山県、長崎県、徳島県、滋賀県の訪問調査報告」『放送大学大学院文化科学研究科教育行政研究』2号、pp.85-103
・押田貴久（2007）「市町村教育委員会の指導主事配置パターンに関する研究－類型化と改善方策－」『東京大学大学院教育学研究科紀要』46巻、pp.421-

430

- 押田貴久（2012）「地方分権改革における都道府県と市町村の関係の見直し－教育事務所の統廃合と指導主事の配置－」神奈川大学『神奈川大学心理・教育研究論集』31号、pp.63-71
- 加治佐哲也（2000）「地方教育行政の地域設定と教育委員会の設置単位」堀内孜編集代表『地方分権と教育委員会①　地方分権と教育委員会制度』ぎょうせい、pp.194-220
- 教育委員会制度調査研究会（研究代表、堀和郎）（2004）『教育委員会制度および県費負担教職員制度の運用実態に関する調査』平成16年度文部科学省委嘱研究
- 小松田智菜（2014）「小規模自治体の教育委員会制度に関する研究－『中央教育審議会』答申にみる政策動向の検討を中心にして－」中国四国教育学会『教育学研究紀要（CD-ROM版）』第60巻、pp.392-397
- 徳村烝（1973）「教育行政の広域化に関する実証的研究（2）広域化政策決定過程の分析」佐賀大学『研究論文集』21号
- 徳村烝（1977）「教育行政の広域化に関する研究－統合教委分解要因の分析－」『日本教育行政学会年報』3号
- 中嶋哲彦（2009）「第4章 教育行政の現状と課題」平原春好『概説教育行学』東京大学出版会
- 野本裕二（2012）「指導主事事務の共同処理について」財団法人日本都市センター編『協議会・機関等の共同設置・事務の委託に新しい光を当てて』pp.35-43
- 馬場将光（1983）「市町村教育委員会における教育行政の広域化」『日本教育行政学会年報』9号
- 堀内孜（1995）「教育事務所の組織と機能」『京都教育大学紀要（A）』第87号, pp.15-28
- 堀和郎・柳林信彦（2009）『教育委員会制度再生の条件－運用実態の実証的分析に基づいて－』筑波大学出版会
- 本多正人（2014）「人口減少化の教育行政－条件不利地域の補完－」『教育展望』第60巻第1号、pp.34-38
- 松井一磨編著（1997）『地方教育行政の研究－教育委員会の動態分析－』多賀出版

(筑波大学・大学院生)

[投稿論文]
教育委員会制度移行期の教育長任用
―― 2014年改正地教行法の経過措置に着目して

本田　哲也

1．課題設定と先行研究

　本論文の目的は、2015年4月から施行された新教育委員会制度下での教育長の任用実態について、教育長の任命権者となった首長の関与の観点から明らかにすることである[1]。2014年の地方教育行政の組織及び運営に関する法律の改正（以下、改正法）により、教育長制度との関わりで教育委員会制度は次の2点で大きな変更を余儀なくされた[2]。第1に、教育長任期の4年から3年への短縮化、第2に、教育委員長と教育長を一体化した「新教育長」の制度化である。一方で、2015年4月からの施行に際し、改正法では旧教育長の教育委員としての任期の満了までは在職するという経過措置が設けられた[3]。

　文部科学省の調査は、都道府県・指定都市の約40%程度、市町村の約20%程度が改正法施行後に「新教育長」体制に移行したことを報告している[4]。それでは、なぜ、改正法において経過措置が採られているにもかかわらず、都道府県・指定都市では4割もの自治体が「新教育長」体制へ移行したのだろうか。

　本論文が着目するのは、改正法施行にあわせ、首長が今回限りにおいて教育長の任期を問わず、教育長の任免を新たに行いうる機会を事実上手にした点である。新教育長の任免について改正法は、現状の追認に過ぎず、大きな変更はないという見解がある一方で、首長の教育行政への影響力の増大が不可避であるという見解もある（小川 2015：88）。

　本人としての政治家が、代理人としての教育長との間で生ずるエージェンシー・スラック[5]を最小化する方法としては、事前と事後のコントロールがあり、代理人の選抜は、「事前コントロール」にあたる（曽我 2013：24-26）。今次の制度移行は、通常であれば教育委員としての任期により制限されている教育長の任用機会が、新教育長体制への移行という大義名分のもと、教育長が同意をした場合に、首長による積極的関与が正当化されうる特殊な状況である。

首長は、自らの意を忖度し、代理人となりえる教育長候補者を「新教育長」として任用するインセンティブを持つことが推論できる。結果として、改正法は新教育長体制への移行を決断する首長とそうではない(経過措置により現教育長が引き続き在職する)首長を生み出したと考えられる。このことから、どのような首長が新制度への移行による特例的状況を活用した事前コントロールを志向したのかという問いが生ずる。

　一方で、「新教育長」任用にあたり、引き続き議会による同意が必要であるため、首長の「政治的安定性」(村上 2011)が担保されない場合は、議会が不同意とするリスクも生ずる[6]。そのため、首長は新教育長体制への移行を望む場合、拒否権プレーヤーとしての議会(阿内 2014)の存在、現在教育長の任にある者との関係性を考慮しながら、慎重な検討を行わざるを得ない。そこで、首長は、新教育長体制への移行を望む場合に、現在教育長を交代させるのか、同一人物を再任するのかという選択肢をもつ。人物の選抜にあたり、現在の教育長への評価や当該教育長が行政職出身か教職出身かといった経歴が重要になる。

　この他にも、2015年は統一地方選挙が実施された。首長選挙は、10道県、5指定都市で行われ、議会議員選挙は、41道府県、17指定都市で行われた。選挙直前での新教育長体制への移行を決断したケース、議会構成の変化を見極めて新教育長体制への移行を決断したケースもあるだろう。

　以上から、新教育長体制への移行の判断は、第1に首長自身の意向、第2に教育長との関係性、第3に議会との関係性という3つの要因から規定される。

　次に、先行研究について概観する。本稿が関心を寄せる教育長の任用に関して、その選任制度に着目したものと、任用の実態について着目したものがある。前者は、村上(2002)があり、指定都市への移行前後に、「専任制」から教育長が教育委員を兼ねる「兼任制」へと制度が移行することを踏まえ、指定都市移行前後の教育長の任用にどのような影響があったのかを分析している(村上 2002：440)。村上は、事例分析の結果から、職務内容や組織規模の差異という要因が及ぼす影響を否定しないとしながらも、選任制度の違いが教育長の在職期間と職務経験に影響を与えることを指摘している(村上 2002：446)。

　後者の分析は、雲尾(1995)や村上(2011)が挙げられる[7]。雲尾と村上は中央地方関係の分析視角から、中央官僚の出向に強い関心をもつことに共通

点がある。村上は、中央の出向官僚を地方自治体が受け入れる動機として、首長の経歴に触れているものの、それ自体を分析対象とはしていない[8]。

つまり、これまでの研究では、選任制度の違いや任用実態に着目し、実証的な分析が行われてはいるが、教育長が政治任用職であるという指摘がなされながらも、教育長の任用に最も影響を与える首長の意向や選好という視点が欠落していることが指摘できる。この点、青木（2013）はプリンシパル・エージェント理論を用いて、首長と教育長の関係性に言及するものの、首長の教育行政への「直接的」な影響力行使に主眼があり、上述した「事前コントロール」については主たる関心としていない。

次に、首長の意思決定要因についての分析を概観する。村上（2011：235-273）は、コミットメント・コストとエージェンシー・コストの概念[9]を用い、教育委員会制度の必置規制が緩和された場合の首長による教育委員会存廃という制度選択を分析する。その結果、直前選挙での得票率と議会との協力関係が意思決定を左右すると指摘する。具体的には、得票率が低い場合は、教育委員会の存続を志向し、得票率が高く、議会との関係が良好な場合は、同様に存続を志向するが、議会との関係が悪い場合は、教育委員会の廃止を志向する。

砂原（2012）は、首長の選挙での強さや議会構成が教育委員人事にどのような影響を与えるかを分析する。ポアソン回帰分析の結果、1990～2005年期間では、教育委員会委員長数を従属変数とした分析で与党議席率が高まるほど、当該期間の委員長数が増えること、再任なし委員数を従属変数とした分析で、知事得票率および、当該期間に政権交代を経験したかどうかが正の効果をもつとする。しかし、砂原自身も述べるように、従属変数として、教育委員の再任、交代だけを用いることには限界もあり、さらに言えば教育長の場合、それ以前に誰を任用するのかという点が決定的に重要である点において課題が残る。

以上の先行研究から、教育長の経歴への着目や、首長の選挙での得票率や当選回数が制度選択や教育委員人事に対してそれぞれ影響を及ぼす可能性が高いことが指摘できるものの、教育長人事そのものへの影響力を検討したものが少ないと言える[10]。首長による事後コントロールの手段は限られていることから、事前コントロールをどのように行うのかが重要となる。このことから首長の教育行政への影響力行使の一形態、すなわち事前コントロールとして、いかなる首長が教育長の任期満了を待たずに新教育長体制を採用したのかを分析することは不可欠であるし、今次の制度改正はその絶好の機会であると言える。

2．データの概要と分析手法

以下では、本分析で扱うデータの出典、および新教育長体制への移行の実態を整理し、分析手法について述べる。本分析の対象は、都道府県45自治体および指定都市19自治体の合計64自治体であり、新教育長体制への移行は、2015年10月1日までの間に移行済みの自治体に限定する。後述するように、本稿の関心が新教育長体制への移行を判断する首長に関心があるからである。また、2015年は統一地方選挙が実施され、首長自身の選挙および議会議員選挙の終了後に、新教育長の選任を行った自治体もあることから、上記期間を設定した。都道府県および指定都市を対象とする理由は、先述の文部科学省調査が示す通り、市町村に比べ、新教育長体制へ移行した自治体が多いからである。

データの出典については、2014年4月までの首長に関するデータは、地方自治総合研究所『全国首長名簿2014年版』に依拠し、2014年5月以降に選挙が実施された自治体の首長に関するデータについては、各自治体選挙管理委員会HPを通じて収集し、教育長に関するデータについては、『教育委員会月報』やや当該自治体への問い合わせを通じて収集した。

次に新教育長体制への移行の実態に関するデータを整理する。新教育長体制へ移行した自治体は、都道府県では、18/45自治体（40.0％）であり、指定都市では、6/19自治体（31.5％）である。これは、本稿の目的に即し、2015年4月時点で教育長の任にあったものが、任期満了となり交代、もしくは任期満了となり再任された3自治体を除いた数値である。任期満了の場合は、首長は交代、再任を問わず新教育長体制へ移行させなければならないため、自ら選択することができない。以上の理由から、教育長が任期途中で辞職したうえで教育長が交代、もしくは同一人物が再任された自治体に限定して議論を進める。新教育長体制へ移行した24自治体の内訳は、任期途中で辞職し、交代となった自治体が、都道府県で11/18自治体（61.1％）、指定都市で5/6自治体（83.3％）あり、任期途中で辞職し、再任された自治体が、都道府県で7/18自治体（38.9％）、指定都市で1/6自治体（16.7％）となっている。このことから任期途中で辞職し交代した自治体が、都道府県、指定都市どちらにおいても多いことが分かる。

次に分析手法について述べる。第1に、集計データをもとにして、全体的な傾向について把握する。第2に、個別自治体でどのような条件の下で新教育長体制への移行が行われたのかを事例分析によって明らかにする。とりわけ新教育長体制移行前後での教育長経歴の変化は、集計データの検討よりも個々の事

例に即したデータを分析した方が適切だと考えるからである。つまり、集計データの分析により大まかな傾向を把握したうえで、その結果をミクロレベルのデータによって捕捉する。

3．集計データの分析

以下では、集計データの分析により、全体傾向を把握する。着目点は、先行研究の知見を踏まえ、新教育長体制への移行を決断する主体である首長の要因と、教育長の要因および両者の相互作用をそれぞれ取り上げる。

（1）首長要因の分析

首長要因を構成する変数は、直前選挙での得票率と当選回数である。首長の直前選挙での得票率は、首長の再選可能性や政権の継続性を図る指標とされる[11]。当選回数は、回数を重ねるほど多選批判として、負の影響をもたらすこともあるが、首長の政治的な影響力を図る指標として採用されることが多い[12]。

まず、得票率と新教育長体制の移行の有無の関連について検討する。都道府県、指定都市の両方を母数とした直前選挙での得票率の平均値は、69.3％である。そこで平均値を基準として、得票率の高低により2つに類型化した。表1は、得票率の高低と新教育長体制への移行の有無に関するクロス集計表である。直前選挙での得票率が低い自治体では、過半数が新教育長体制へ移行しているが、得票率が高い自治体では、4分の1程度しか移行していないことが分かる。

次に当選回数と新教育長体制の移行の有無の関連について検討する。表2は、当選回数と新教育長体制への

表1　得票率の高低と移行の有無

	移行した	移行しなかった	合計
低い	15（55.6％）	12（44.4％）	27（100.0％）
高い	9（27.3％）	24（72.7％）	33（100.0％）
合計	24（40.0％）	36（60.0％）	60（100.0％）

（注）無投票当選は、母数から除外して算出している。　　$p<0.05$
出典）筆者作成

移行の有無のクロス集計表である。この表から、首長が当選4回の自治体で新教育長体制への移行が多いこと、当選1回は半数であるが、当選2回や3回と比較すると多いことから、この2つのカテゴリの首長が新教育長体制へより多く移行していることが読み取れる。

また、当選回数毎の得票率の平均を求めると、当選1回は、52.8％であり、

当選 2 回は75.9%であり、当選回数 3 回は、77.9%であり、当選回数 4 回は、65.5%であり、当選回数 6 回は、68.9%である[13]。このことから、当選 1 回および当選 4 回以上

表2 当選回数と移行の有無

	移行した	移行しなかった	合計
1回	7 （50.0%）	7 （50.0%）	14 （100.0%）
2回	8 （32.0%）	17 （68.0%）	25 （100.0%）
3回	4 （26.7%）	11 （73.3%）	15 （100.0%）
4回	5 （55.6%）	4 （44.4%）	9 （100.0%）
6回	0 （0.0%）	1 （100.0%）	1 （100.0%）
合計	24 （37.5%）	40 （62.5%）	64 （100.0%）

出典）筆者作成

の得票率は、平均値よりも低いことが分かる。当選 4 回以上の得票率が低くなることは、多選批判を受けやすいことが背景にあるとされる。当選 1 回の得票率が一段と低い理由は、現職が引退ないしは辞職後の選挙において候補者が複数名出馬し、得票が分散するためだと考えられる[14]。得票率が低い場合には、首長が人事権を梃子として庁内組織を把握する誘因があり、当選回数に関係なく、新教育長体制への移行に積極的であると考えられる。

（2）教育長要因の分析

次に新教育長体制移行前後で教育長の経歴に変化があったのかを整理する。今回の教育委員会制度改革は、教育の政策共同体への不信が根底にあったともいえ、また任期が短縮されたことで人事が短期化しやすくなるため、教職出身教育長は新教育長体制移行にあたって、行政職出身教育長へ置き換えられる可能性も考えられる。なお、以下の類型化にあたっては、教育長の採用時の区分に従った。具体的には、公立学校教諭として採用されている場合は、「教職出身」教育長として扱い、行政職（教育行政職採用を含む）として採用されている場合は、「行政職出身」教育長とした。この他にも、民間出身や学者出身の教育長がいるため、それらは「その他」として処理した。

移行前教育長の経歴が教職出身である場合に、移行した自治体は6/26（23.1%）、移行しなかった自治体は20/26（76.9%）、行政職出身である場合に、移行した自治体は16/36（44.4%）、移行しなかった自治体は、20/36（55.6%）、その他は移行した自治体が2/2（100.0%）であった。表 3 は、その他を母数から除外した、移行前の教育長経歴と新教育長体制への移行の有無のクロス集計表である。移行前の教育長の経歴が教職出身、行政職出身のどちらにおいても移行していない自治体の方が多いが、移行前の教育長の経歴が行政職出身である方が、新

表3 移行前教育長の経歴と移行の有無

	移行した	移行しなかった	合計
教職出身	6 (23.1%)	20 (76.9%)	26 (100.0%)
行政職出身	16 (44.4%)	20 (55.6%)	36 (100.0%)
合計	22 (37.5%)	40 (62.5%)	62 (100.0%)

出典）筆者作成　　　　　　　　　　　　　　　　　　$p<0.10$

教育長体制へ移行した割合が高い。

次に、新教育長体制移行前後の教育長の経歴を比較すると、都道府県では教職出身教育長が19から18へ、行政職出身教育長が24から25へ変化しており、指定都市では、教職が7から8へ、行政職が12から11へと変化しているが、全体の構成に大きな変化はない。そのため、教育委員会制度改革の底流にあるとされた「教育行政の専門性に対する不信や信頼の低下」（村上2015：71）は、教育長の経歴の変化からは現時点では確認できないことを示す[15]。

（3）首長要因および教育長要因の相互作用の分析

（1）および（2）の議論から、直前選挙での得票率と移行前教育長の経歴が新教育長体制への移行に影響を与えることが推論される。そこで、直前選挙での得票率と移行前教育長の経歴と新教育長体制への移行の有無に関連があるのかを確認する。表4は、その三重クロス集計表である。得票率が低い場合、新教育長体制へ移行する確率が高いことが分かり、それは、移行前教育長の経歴が行政職出身である場合に、顕著に高いことが分かる。つまり、この表から、直前選挙得票率が低いという条件下において、移行前教育長経歴が移行の有無の規定要因となる可能性が高い。

表4 移行前教育長の経歴と得票率の高低と移行の有無

経歴	得票率	移行した	移行しなかった	合計
教職	低い	4 (36.4%)	7 (63.6%)	11 (100.0%)
	高い	2 (14.3%)	12 (85.7%)	14 (100.0%)
教職の合計		6 (24.0%)	19 (76.0%)	25 (100.0%)
行政職	低い	10 (66.7%)	5 (33.3%)	15 (100.0%)
	高い	6 (33.3%)	12 (66.7%)	18 (100.0%)
行政職の合計		16 (48.5%)	17 (51.5%)	33 (100.0%)
合計		22 (37.9%)	36 (62.1%)	58 (100.0%)

出典）筆者作成

4. 事例分析

以上の集計データによる全体傾向の把握を踏まえて個別事例の分析を行う。事例分析にあたり教育長の経歴カテゴリの変化を整理する。

表5は、新教育長体制へ移行した自治体の教育長の経歴の変化を整理したものである。第1に、新教育長体制へ移行し、教育長が交代した場合、その半数が、行政職出身から行政職出身へと交代している（12/24人）。この内訳は、都道府県が、8/17人（47.1％）であり、指定都市では、4/7人（57.1％）である。第2に、教職出身者教育長で新教育長体制へ移行した場合には、静岡県を除き、

表5 新教育長移行に伴う教育長の経歴の変化

	行政→行政	行政→教職	教職→教職	その他	備考
北海道	○				
千葉県				○	文科省→文科省
東京都	○				
富山県	○				
福井県	○				
長野県				●	文科省
岐阜県				●	学者
静岡県				○	教職→学者
京都府			●		
大阪府				○	民間→行政
奈良県			●		
岡山県			●		
広島県			●		
山口県			●		
愛媛県	○				
佐賀県	○				
大分県	○				
鹿児島県	○				
札幌市	○				
仙台市	○				
新潟市	○				
京都市	○				
堺市		○			
神戸市	●				

（注）「行政」は行政職出身、「教職」は教職出身、「文科省」は文部科学省からの出向、「民間」は民間人出身、「学者」は学者出身であることを表す。また、○は、教育長の交代を表し、●は、再任を表す。
出典）筆者作成

全て同一人物が再任されている[16]。また、指定都市では教職出身教育長を抱える自治体では、新教育長体制へ移行していない。第3に、行政職出身から教職出身へと変化した自治体として唯一堺市がある。その他には、文部科学省からの出向者が2自治体（それぞれ再任と交代）あるほか、教職出身から学者出身、民間出身から行政職出身へと交代した自治体が存在する。

　以上から、行政職出身教育長である場合に、新教育長体制が選択されることが多く、ほぼ全ての自治体で同じく行政職出身へ交代したことが分かる。このことから、庁内での人事異動により新教育長体制への移行が選択された可能性が示唆される。例えば、佐賀県[17]や札幌市[18]では、副知事、副市長の体制一新に伴い、移行前教育長がそれぞれ副知事、副市長として登用され、新教育長を任命した。また、愛媛県[19]では、総務省から出向していた副知事が本省へ帰任し、移行前教育長が副知事に登用され、新教育長を任命した。この他に、千葉県[20]では、文部科学省からの出向官僚が本省へと帰任し、文部科学省から新しく出向者を教育長へ受け入れたことから新教育長を任命した。これらの事例は、庁内（外）人事異動の結果として新教育長体制へ移行したことを示す傍証となる。

　一方で、新教育長体制へ移行した自治体の移行前教育長の経歴が教職であった場合、静岡県を除いて移行前と同一の教職出身者が再任されており、行政職出身教育長の交代とは異なるメカニズムがあることが推論される。一つには、以下の事例が示すように、移行前教育長への肯定的評価や教育行政の継続性への思慮という要因が働くことが考えられる。岡山県では、知事、教育長の両者が新教育長体制への移行が望ましいことを県議会で明言していたが、記者会見において、新教育長を交代させて教育改革をより進めるという選択肢をなぜ採らなかったのかという記者の問いかけに対して、「2年4ヶ月一緒に仕事」をしてきた中で、現教育長への評価が高いことが、再任の決め手になったとしている[21]。山梨県では、知事が記者会見で「1日から法律の下での教育委員会と私の立ち位置が変化しました。教育長については、<u>暫定</u>の部分で1年間、安部教育長に引き続きお願いをしてあります」（下線部引用者）と答えている[22]。岡山県、山梨県では新教育長体制への移行の有無という帰結は異なったものの、両事例からは、首長が教職出身教育長のこれまでの実績に加え、教育行政の継続性をより重視していることが分かる。

5. 結論

　本論文は、改正法の施行に際し、今回限りにおいて首長が教育長を新たに任免する機会を得たことに着目し、首長要因と教育長要因が新教育長体制への移行にどのような影響を与えるのかを分析した。その結果、集計データの分析から、第1に、直前選挙での得票率が低い首長は、新教育長体制へ移行する確率が高いことが分かった。第2に、移行前教育長の経歴が行政職出身である自治体の首長は、新教育長体制へ移行する確率が高いことが確認できた。これらのことを総合すると、新教育長体制の移行の有無は、首長の直前選挙での得票率と移行前の教育長経歴により規定される可能性が高い。具体的には、直前選挙での得票率が低く、移行前教育長の経歴が行政職であれば新教育長体制へ移行し、移行前の教育長経歴が教職であれば移行しない可能性が高い。

　新教育長体制へ移行した自治体では、教育長の経歴の変化を整理すると、行政職出身者が行政職出身者へと交代しており、教職出身者は、一例を除きそのまま再任されていることが分かった。この背後にあるメカニズムを推論すると、今回の新教育長体制への移行は、庁内人事異動の結果であるとも考えられる。新教育長体制への移行の分析の知見から、第1に、直前選挙での得票率と事前コントロールの関係について次の示唆が得られる。得票率が高い場合は、教育長の任用という事前コントロールを控えがちであり、低い場合は、事前コントロールの志向が高まる。特に移行前教育長の経歴が行政職出身である場合に、その傾向が顕著に見られた。従来の知見と異なる結果になった理由として、村上（2011）は、教育委員会存廃という行政組織の制度選択を対象としているが、本論文は、教育委員会制度の維持が前提であるために、本人である首長は、意思決定の際に、コミットメント・コストを勘案する必要はなく、エージェンシー・コストのみ、つまり現状適切な代理人（教育長）へ委任できているかが重要となる。得票率が高く再選を重ねている首長にとって、教育長を交代させることは、自らが一度任命した経緯から、「自己否定」（青木 2014：113）にもなりかねない。しかし、再選を重ねていたとしても得票率が低い首長には教育長人事の刷新により、政権への求心力を高める誘因がある。一方、人事の刷新は庁内での人事異動にとどまった側面があることに留意が必要である。

　従来の研究（村上 2011、砂原 2012）[23]では、任命権者としての本人（首長）の選好に焦点化される傾向にあったが、教育委員会制度の下では教育長が大きな権限を有するため、任用に関する事前コントロールは、本人（首長）がどの

ような代理人（教育長）に委任するのかという観点が重要である。例えば、中央省庁からの出向か否か、教職出身か行政職出身かといったような代理人の属性への着目が必要である。

　第2に、教育長の経歴が教育行政の継続性に影響を及ぼす可能性が高いことが示唆される。教職出身教育長を任用する自治体の首長は、新教育長体制へ移行したとしても再任するケースがほとんどであった。一方で、改正法においては教育長が特別職となったために、首長からすれば、教育長ポストは政治任用職としての運用が行いやすくなる。首長は、学校現場での人的ネットワークに加え、教育行政を知悉する教職出身教育長か、エージェンシー・スラックを最小化するために、豊富な（一般）行政経験をもつ行政職出身教育長（多くの場合局長級職員）かのどちらか一方を選択せざるを得ない。教職出身教育長は、首長との間に生ずる情報の非対称性が行政職出身教育長に比べて大きいがゆえに一定の独立性を保有すると考えられ、行政職出身教育長は、より本人たる首長の意に沿うよう行動すると考えられる。このことが、教育行政の継続性に及ぼす影響は大きいと考えられる。

　第3に、大規模自治体では教育行政の継続性を担保するための条件整備が必要なことが示唆される。2015年以前の旧教育委員会制度下においては、都道府県教育長に行政職出身教育長が多く、その任期の短縮化傾向が明らかであった（村上2002）ことからも分かるように、行政職出身教育長では、教育長交代が頻繁に起こりやすくなるという意味で教育行政の継続性が担保される可能性が低くなると考えられる。そのため、行政職出身教育長が多い大都市における教育行政の継続性を担保するためには、教育次長級の人事で教職出身者を登用する等運用上の配慮が求められる。

　本稿の限界としては、次の2点である。第1に、本論文の知見はあくまでも、都道府県・指定都市に限られる。新教育長体制へ移行済みの割合が都道府県・指定都市の約半分である市町村でも同様の結論が導き出されるのか、さらなる分析が必要である。第2に、首長の教育行政への関与を分析する視点としての総合教育会議の分析が欠けていることが挙げられる。本稿では事前コントロールとしての教育長の任用についてのみ取り扱ったが、総合教育会議の設計、具体的には所管課の決定、協議議題の設定、その後の政策のアウトプットなどについても分析が必要である。仮説的ではあるが、新教育長体制へ移行し、かつ新任の教育長を登用した自治体では、政策転換が起こりやすいことも考えら

れる。この点については、現時点ではデータが少ないため今後の継続的なデータ収集、分析が必要である。

注
（1）旧法と比較し、引き続き議会の同意を得ることは必要なものの、首長が教育長を直接任免できるようになったことは、今回の新教育委員会制度の大きな変更点である（辻村 2014：78）。
（2）この他にも、大綱の策定や、総合教育会議の設置などがその大きな制度変更だが、ここでは本稿の問題関心に沿い変更点を挙げている。今次の教育委員会制度改革研究に関する包括的なレビューは、髙橋（2015）を参照されたい。
（3）「地方教育行政の組織及び運営に関する法律の一部を改正する法律について（通知）」（26文科初第490号、平成26年 7 月17日）http://www.mext.go.jp/b_menu/hakusho/nc/1350135.htm　2015年11月28日閲覧
（4）「新教育委員会制度への移行（総合教育会議、大綱、新教育長）に関する調査」（2015年 6 月実施）文部科学省HP：http://www.mext.go.jp/b_menu/houdou/27/07/1360313.htm　2015年11月28日閲覧
（5）エージェンシー・スラックとは、「本人よりも情報面で勝る代理人が、本人の利益にならない行動をとること」（曽我 2013：22）である。
（6）首長の「政治的安定性」が担保されても、候補者個人の資質について疑義が呈されると、議会が不同意とするリスクも当然生ずる。
（7）主たる関心は、教育長のリーダーシップであるが、教育長の経歴の違いに着目した分析として、河野（2007）も挙げられる。
（8）もちろん、堀・柳林（2009）のように、首長の教育行政へのスタンスを分析する一つの指標として、教育委員の選任に着目したものはあるが、主たる関心とはされていない。また、砂原（2012）のように、教育委員の人事に着目した分析はあっても、教育長のそれを扱った研究は少ない。
（9）コミットメント・コストは、「政治的権力の不確実性を反映したコストで、特定政策に深入りしすぎること」から発生しうるもの、エージェンシー・コストは、「本人が表舞台に出ず代理人に任せてしまうこと」から発生しうるものを指す。両者は、「トレード・オフの関係」にある（村上 2011：78-79）。
（10）理論的には議会の影響力も考慮する必要があるが、今次の新教育長任用にあたっては例外を除き、議会での新教育長候補者から所信の聴取や同意人事に関する質疑・討論の実績を鑑みるに、議会の影響力は限定的であると考えられる。そのため本稿では分析の対象外とする。
（11）以下の分析において、無投票当選は母数から除外している。
（12）例えば、村上は、首長の当選回数を 2 回〜 4 回のダミー変数として、「政治的な安定度」（村上 2011：249）を測る指標として分析に用いている。

(13) いずれも、無投票当選の自治体を母数から除外して計算している。なお、当選回数6回は、母数が1であることに留意が必要である。
(14) 一方で、国会議員経験者や当該自治体議会議員経験者の転身により、中には得票率が高い首長も存在することに留意が必要である（砂原2011）。
(15) 一例として、上田清司埼玉県知事が、記者会見で記者から新教育長には、教育現場経験がある人物が望ましいかと尋ねられ、「全く畑違いの人で教育委員会の全ての人事を見るまでには、2年やそこら位掛かるかと思います」と述べ、即戦力をとるか、長期間教育長をすることを前提に指導力ある人物を民間等から選ぶのかは一長一短だとし、自らは教職出身教育長を評価していることを述べていることは、注目に値する。
埼玉県HP「知事記者会見テキスト版平成26年6月16日」
http://www.pref.saitama.lg.jp/a0001/room-kaiken/kaiken260616.html 2015年11月28日閲覧
(16) 静岡県は、知事の意向で教職出身者から行政職出身者へと交代しようとしたが、議会の不同意により学者出身者へ交代したという経緯がある。
(17) 佐賀県議会HP「平成27年5月臨時県議会 知事提案事項説明要旨」
https://www.pref.saga.lg.jp/web/at-contents/gikai/singikekka/gijiroku/_89147/_89223.html 2015年11月28日閲覧
(18) 「人事：札幌市副市長に3氏／北海道」（毎日新聞2015年5月12日地方版）
http://mainichi.jp/area/hokkaido/news/20150512ddlk01010195000c.html 2015年11月28日閲覧
(19) 愛媛県HP「6月定例県議会提出予定人事案件に関する記者発表の要旨について」 https://www.pref.ehime.jp/h10700/tijikisyakaikenn270702.html 2015年11月28日閲覧
(20) 文部科学省『教育委員会月報』（2015年6月号）、p.75
(21) 岡山県HP「2015年3月19日知事記者会見」
http://www.pref.okayama.jp/site/chijikaiken/415959.html 2015年11月28日閲覧
(22) 山梨県HP「知事記者会見（平成27年4月3日）」
http://www.pref.yamanashi.jp/smartphone/chiji/kaiken/2704/03.html 2015年11月28日閲覧
(23) 村上は、合理的選択制度論の観点からどのような選好をもつ首長が教育行政へ関与志向を持つのかを明らかにしており、砂原は、政権交代前後の首長の選好の違いが教育委員の再任ではなく、交代を促すことを明らかにしている。

参考文献
・阿内春生（2014）「市町村教育政策形成における議会の影響力」『日本教育行

政学会年報』第40号、pp.38-54.
・青木栄一（2013）『地方分権と教育行政』勁草書房
・青木栄一（2014）「行政改革による地方教育行政の変動」日本教育行政学会研究推進委員会編『首長主導改革と教育委員会制度』福村出版、pp.97-115.
・小川正人（2015）「2014年地教行法改正と「新」教育委員会をめぐる課題」坪井由実・渡部昭男編『地方教育行政法の改定と教育ガバナンス』三学出版、pp.88-103.
・雲尾周（1995）「都道府県・政令指定都市教育長の属性にみる中央－地方関係」白石裕編『地方政府における教育政策形成・実施過程の総合的研究』多賀出版、pp.72-87.
・河野和清（2007）『市町村教育長のリーダーシップに関する研究』多賀出版
・砂原庸介（2011）「地方への道」『年報政治学』2011-Ⅱ号、pp.98-121.
・砂原庸介（2012）「地方政治と教育委員会」日本教育行政学会研究推進委員会編『地方政治と教育財政改革』福村出版、pp.49-70.
・曽我謙悟（2013）『行政学』有斐閣
・高橋哲（2015）「新教育委員会制度の研究動向」『教育制度学研究』第22号、東信堂、pp.246-252.
・辻村貴洋（2014）「新『教育長』はこれまでとどう変わるのか？」村上祐介編『教育委員会改革 5つのポイント』学事出版、pp.76-83.
・堀和郎・柳林信彦（2009）『教育委員会制度再生の条件』筑波大学出版会
・村上祐介（2002）「地教行法下における教育長の選任方法に関する実証的研究」『東京大学大学院教育学研究科紀要』第42巻、pp.439-447.
・村上祐介（2011）『教育行政の政治学』木鐸社
・村上祐介（2015）「教育委員会制度改革と教育行政の専門性」『日本教育行政学会年報』第41号、pp.70-86.

＜付記＞

本研究は、JSPS科研費15J12286, 15H03476の助成を受けたものです。

（東京大学・大学院生／日本学術振興会特別研究員）

[投稿論文]
高等学校設置基準の形成過程

福嶋　尚子

序論

　本稿の目的は、戦後初期に制定された高等学校設置基準の諸草案を検討することで、当時としては高水準の学級規模基準がいかに生まれたのか、またその基準を達成するための方法がいかに構想されたのかを明らかにすることである。1948年に制定された高等学校設置基準（以下、設置基準）は、「同時に授業を受ける一学級の生徒数は、四十人以下」とする学級規模規定（以下、40人学級規定）を備えていたが、こうした規定は高水準であるがゆえに、終戦から間もない当時はもちろん、その後しばらく達成されない時期が続いた。例えば、1961年に制定された「公立高等学校の設置、適正配置及び教職員定数の標準等に関する法律」においてすら学級編成標準が50人とされ（世取山 2012：81頁）、1972年時点で東京などでは学級編成基準が45人とされる（小川 1980：183頁）など、設置基準が形骸化していた実態が先行研究で指摘されている。

　なぜ高水準の学級編成基準は画餅と化したのか。そもそも高校の学級編成基準についての先行研究は高校標準法（上記）を主に対象とするもの（例えば桑原編 2002）が多く、設置基準そのものの検討をあまり行っていない。そんな中、小川正人は、設置基準の形骸化の要因として、当時及びその後に及ぶ国の教育財政政策の不十分さの他、「設置基準の『弾力的』性格」を挙げている（小川 1980：181頁）。特に後者の内在的要因については天城勲の著作を引用しつつ、設置基準違反に対する罰則規定の不備などにより「設置基準の最低基準的性格のもつ精神と内容とが空洞化」されてきたと指摘している（小川1980：181頁）。このことから、設置基準の弾力的性格が後の形骸化を招いたとの仮説が成り立ちうる。しかし小川も天城も、設置基準がどのような政策判断のもとで高水準の学級編成基準を擁し、他方でそうした基準の達成を担保する仕組みを備えなかったのかについては説明をしていない。

本稿は、設置基準の形成過程を検討することにより、40人学級規定やこれらの基準を達成するための仕組みがどのように構想されていたのか、そしてこれらがどのような力関係の下で維持され、あるいは変容してきたのかを明らかにすることを作業課題としている。こうした問いに答えることで、本稿は、設置基準の形骸化の要因を説明するのみならず、基準政策には基準達成を担保する仕組みを備える必要があることを指摘する。

　三羽光彦はGHQ文書（国立国会図書館蔵）に収められた民間情報教育局（Civil Information & Education section. 以下、CIE）中等教育班の週例報告（Weekly Report）や同班のオズボーン（Monta L. Osborne）による会議報告（Report of Conference）を用いることにより、新制高等学校に求められる学力水準や修業要件等に着目して設置基準の形成過程を分析している（三羽1999：237-316頁）。本稿は、三羽が参照した一次資料に加えて、大田周夫旧蔵資料（国立教育政策研究所蔵）に収められた設置基準の諸草案について、特に40人学級規定と「総則」規定に着目して検討を行い、上述の問いに答える。

1．新制高等学校設置基準設定委員会による学校の水準担保の仕組みの確立
（1）設置基準の形成過程初期

　1947年3月、文部省は、近く制定される学校教育法案3条に規定された「学校設置基準」を策定するため、旧制高等学校・中学校等における管理職17人で構成される新制高等学校設置基準設定委員会（以下、設置基準委員会）を設置した[1]。文部省からは高等教育課の大照完が事務整理の任につき、CIEからは中等教育官のオズボーンが担当官となった。オズボーンは設置基準委員会の会合への参加、大照との個別的会合等を通して設置基準の制定に積極的に関わった。こうした指導体制の下、設置基準委員会は1947年3月25日に第1回会合を開いた後、週1回程度の頻度で会合を開いてきた。

　設置基準委員会が最初に立案したのが、1947年4月23日付の「〔新制高等学校設置基準〕編成、設備、経費及び維持の方法」[2]（【1案】）である。前文等はなく、生徒や教員の「編制」、「設備」、「経費及び維持の方法」という3部構成である。学級編成について学科や課程の区別はなく、1学級の生徒数は「五十人以下」とされている（「編制」第2条）。学級対教師比に関しては、3学級以下の小規模校の場合は1学級につき教諭「三人以上」、4学級以上は1学級を増す毎に教諭「二人以上」増加させる。更に多学科編成の学校の場合は、1

学科増す毎に教諭「二人以上」を増加させるものとされている(「編制」第4条)。
　当時の状況を考慮してか抑制的な水準にとどめられていた【1案】の提案を受け、オズボーンは意見を述べている。以下に、日本側がまとめたオズボーンの談話の一部を引用する。

【表1】第5回委員会(昭22.4.23)におけるCIEオズボーンの談話要点[3]

> 一　高等學校の基準は大學に制約されないで独立に考究しなければならない。
> 二　恒久的な基準は現状に関する十分な資料をもって完全に検討した後に立てることが必要である。
> 三　基準を設定するには理想的なものよりも、現実の経済状態を考慮に入れた実際的なものを作らねばならない。
> 四　基準として學校の大きさの上限と下限とを定める方がよい。小さい學校では体育館・図書館等の設備が困難であり、大きすぎると管理が困難になる。
> 五　基準が定まれば、その「ハンドブック」を出すのがよい。
> 六　「ハンドブック」に記載したいと思ふ事項は次の通りである。
> 　〔略〕
> 　　7．生徒の自治がよくなされているかどうかは、高等學校の基準として大切なことである。
> 　〔略〕
> 　　8．校長、教師の資格の問題。(恒久的基準と臨時的基準)
> 　〔略〕
> 　　18．父兄の関心や教師の研究について。
> 　〔略〕
> 七　恒久的な基準が実施されるのは〇年後と定めておくこと。

　このオズボーンの談話によれば、高等学校設置基準は、大学基準のような基準設定とはひとまず別個に考えられるべきで、「現実の経済状態を考慮に入れた実際的」な、すなわち低い水準で立てられるべきである。また、設置基準の内容のみならず、「生徒の自治」や「父兄の関心」等法令で基準化するにはふさわしくない質的な基準も含めて、「ハンドブック」で説明される必要がある。さらに、「現状に関する十分な資料をもって完全に検討した後に」恒久的基準が立てられるべきである、と。
　オズボーンの談話を受け、「高等学校の暫定的な目標と現在の最低要件」[4]を基準として示すという役割を得た設置基準委員会は、基準修正案[5]を6月4日付で作成した(【2案】)。驚くべきことに、設置基準委員会はこの【2案】で、4月23日のオズボーンの談話に対して全く逆の対応をとっている。以下で、6月4日付の【2案】を検討する。
　【2案】は、【1案】と全体的な構成は全く変わらず、「編制」「設備」「経費及び維持の方法」という3部構成である。【1案】からの修正点は、「編制」にのみ見られる。第1に、【2案】は、学級編成基準を「五十人以下」から

「四十人以下」とした（「編制」2条）。40人学級規定の誕生である。第2に、学級対教員比については、3学級以下の小規模校の場合、1学級につき教諭「三人以上」配置となっていたところを、【2案】は「四人以上」とした（「編制」4条）。【2案】が【1案】よりも大幅に水準を高めているのは明らかである。

（2）設置基準委員会による最終原案形成過程

およそ20人の委員・文部省担当者の下で学科に共通する基準案を検討してきた設置基準委員会は、各学科別の詳細な基準策定の必要を感じ、6月4日、学科別議題に対応する分科会を置き、分科会委員を新たに委嘱することとした[6]。設置基準委員会は33名の委員を新たに加え、普通科、農業科、工業科、商業科、家庭科、夜間課程の6分科会を設置した[7]。分科会に分かれて以後の設置基準案は、分科会ごとのものを除く全体的なものを見ると、まず、7月9日のものと7月16日のもの（【3案】）がある[8]。その後、分科会による学科ごとの設置基準の編成作業は、7月23日に完了した[9]。翌週（同月30日）、設置基準委員会委員長（菊地龍道）より文部省学校教育局長（日高第四郎）宛に「高等学校設置基準案（別紙一）」と「昭和二十二年度高等学校設置暫定基準案（別紙二）」が提出されている[10]（【4案】）。2つの原案の全体的構成は、【2案】までとはかなり異なる。以下に、【1案】から【制定版】までの「趣旨（総則）」と「編制」、「附則」に関する構成について一覧表で示した。

【表2】高等学校設置基準諸草案の「趣旨」「編制」に関する構成の変化[11]

		1案	2案	3案	4案	5案	6案	7案	制定版
恒久基準	趣旨（総則）			3	3	3	4	5	4
	編制	7	7	11	12	10	12	10	9
	附則					10	8	6	7
暫定基準	趣旨（総則）			4	4	(2)		(2)	(2)
	編制			1	1	(3)	(4)	(2)	(2)

※各草案及び制定版の条文数を示している。但し、（ ）は、「附則」の中の内訳であり、数字は「附則」に重複している。

①設置基準の性質

【3案】以降において新しく基準案冒頭に示された「第一、趣旨」では、学校教育法の条文の文言を用いながら[12]高等学校教育の目的を述べるとともに、

その目的を達成するため、高等学校は「こゝに示す基準に基づき設置され、充實されることが必要」とされている（「趣旨」1条）。次に、この基準は「全國を通じ共通に定めたもの」であるので、都道府県の監督庁には、「これに基き、その地方の實情にそうように適切な運用」をすることを求めている（「趣旨」2条）。基準が全国画一的な性質を有することをふまえ、地方の多様性に合わせて運用する余地を認めるものである。特に、設置基準に規定された学科（普通科、農業・工業・商業・家庭に関係する学科(13)）以外の学科や、複数の学科をおく学校については、各都道府県監督庁において設置「基準を参酌」しながら運用することを求めている（「趣旨」3条）。

　続いて、暫定基準の「第一、趣旨」ではまず、暫定基準を従前の制度による学校が高等学校となる場合の「最低の基準を示したもの」と自己定義する（「趣旨」1条）。ここに示された暫定基準の最低基準性は、この基準に達していない学校をも都道府県監督庁が新制高等学校とすることは認められないことを示している。次に暫定基準を満たした学校は「さらに恒久基準に適合するよう…〔中略〕…不断の努力を拂はなければならない。」とされている（「趣旨」3条）。その「努力」を払う主体は、「都道府県監督廳及び学校當事者」である。そして最後に、「特に戦災等の止むを得ない事情にある学校」については、現在暫定基準を満たしていない状態であっても、「五年以内にこの暫定基準に達することを條件」として新制高等学校とすることを認める、とも規定している（「趣旨」4条）。基準を満たさない学校を新制学校と認めるのは例外であることが、この規定からも明らかである(14)。しかも、この4条の規定に当てはまる場合は、「毎年度の終りに施設改善の進度を都道府県監督廳に報告しなければならない」とされている。しかし、この条項が設置基準の制定まで残されたことが、暫定基準すら満たさない新制高等学校の乱立状況を招いたものともいえる。

　以上の恒久基準と暫定基準の「趣旨」の各条文から、設置基準委員会の抱いている二層構造の設置基準による学校の水準保障構想の全体像が明らかとなる。暫定基準は、新制高等学校であることを認める最低の基準である。この暫定基準は「昭和二十二年度において」(15)と適用期間が限られており、また暫定基準を満たした学校を恒久基準に適合させるよう都道府県監督庁と学校当事者に努力義務が課されている。暫定基準を満たさない学校が新制高等学校として認可されるのは例外であり、その場合も5年以内に暫定基準を満たすことが条件と

されている。このように、二層構造の設置基準を設定することにより、学校の水準を担保し向上させていくのが、設置基準委員会の構想であった。

②編成基準の内容と水準

　【3案】における「編制」の恒久基準は、【2案】からの多くの修正・加筆点がみられるがここでは2点のみを挙げる。

　第1に、4月のオズボーンの談話（「四」）に対応する形で、各学校の規模の上限を生徒「千二百人」とする規定が設けられている（「編制」1条）。第2に、【3案】では、学科ごとに教員配置に幅をもたせる発想が出てきている。まず、4学級以上の比較的大規模な学校では、1学級増すごとに、「農業に関する学科にあっては二.五人以上、その他の学科にあっては二人以上」という割合で教員を配置することが規定されている（「編制」5条）。農業関係学科では、授業時間外にもかなりの時間を実習準備や農作業等に費やすためと考えられる。また、農業のみならず工業、商業、家庭等の職業教育関係学科では、実習を担当する教諭や助教諭、実習助手が必要となるため、それらの配置に関する規定も新設されている（「編制」7条）。【4案】では、農業以上に工業に手厚く教諭又は助教諭が配置され（「編制」5条）、また水産学科や普通科に関しても関連規定が置かれた（「編制」5条、7条）。これらは、各学科の特殊性・固有性に基づく分科会の審議内容が生かされているものと思われる。

　設置基準委員会から出された最終基準案を、大照はすぐに通知で発出することを主張したが、オズボーンは、基準案は「完成したとはみなされない」としてその主張を退けた[16]。オズボーンが談話（「五」「六」）で述べていた、法令での基準化がふさわしくない質的内容を含む「ハンドブック」についても、実際の執筆活動が設置基準委員会の下で当時進められていたため[17]、オズボーンはこの「ハンドブック」に暫定的に提案された基準案を共に掲載して発表することを提案し、大照はこれに同意した[18]。これが同年12月27日の文部省学校教育局長通牒「新制高等学校実施準備に関する件」（発学534号）に添付された「新制高等学校実施の手引」となる[19]。

2．文部省主導下での学校の水準担保の仕組みの変容

　設置基準委員会の提出した基準案はまだ完成とはみなされなかったため、設置基準委員会はすぐに解散をせず、しばらく設置基準の検討を続けていたよう

である[20]。しかし、設置基準を掲載する予定のハンドブック、すなわち後の「新制高等学校実施の手引」の実際の執筆を担ったのが大照と石川好郎（文部省高等教育課）であったこともあり[21]、1947年8月以降の設置基準をめぐる実質的な修正やCIEとの交渉は文部省が主導したとみられる。

　文部省の手による最初の原案である「高等学校設置基準（案）」[22]（【5案】）は、立案日は正確には不明であるが、7月30日に報告された【4案】からの修正が比較的多くないことと、9月1日に提出された定時制高等学校設立委員会による答申「〔高等学校設置基準設定〕委員会答申　定時制高等学校設置基準（昭22.9.1)」[23]の内容を反映していないとみられることから、おそらく8月中に立案されたものと考えられる。続いて10月21日付の「高等学校設置基準要綱案（案）」[24]（【6案】）と、日付不明ながら制定版により近い「高等学校設置基準規程案〔及び〕附表」[25]（【7案】）がある。

（1）設置基準の性質をめぐる変化

　設置基準の性格・原則を説明する「趣旨」部分は、【5案】では、見出しが「趣旨」から「総則」に変わった程度であったが、暫定基準部分の「趣旨」は全て削除され、代わって暫定基準の適用に関わる規定が「附則」の冒頭に示された。

　「附則」の筆頭条文では、省令の適用日を「公布の日から」と規定している（30条）。そうすると、多くの設置基準（恒久基準）に満たない学校が現われてきてしまうため、「昭和二十三年度においては」暫定基準を適用するものとしている（31条）[26]。そしてこの暫定基準は上記の期間、全ての学校に適用される。すなわち、恒久基準のうち、暫定基準に代替される規定は、その期間中実質的には施行されないことになる。

　加えて、【4案】にあった暫定基準の「趣旨」が全て削除されているため、そこに規定されていた、暫定基準を満たした学校も恒久基準を満たすよう「不断の努力」（「趣旨」3条）を払う学校設置者らの義務も課されていない。よって、暫定基準に代替される恒久基準[27]は、【5案】にあっては1年間、【6案】にあっては3年間、訓示的な規定にとどまり続けるという致命的な欠陥があった。

　この欠陥は、【7案】において一応解消される。「定時制の課程のみをおく高等學校を設置する場合又はこの省令施行の際、現に存する従前の規定による學

校が高等學校となる場合においては、」(30条) という文言が追加されたことで、設置基準の施行と同時に恒久基準が適用される学校が理論的には明示されたのである。しかし、上記文言によれば、恒久基準が適用される学校は、新設の全日制課程及び夜間課程を置く高等学校のみということになる[28]。当時は、それまであった中等教育機関その他の学校（旧制中学校、高等女学校、実業学校、旧制高等学校、青年学校等）を新制高等学校に転換させることにより経費の増加なく新学制を実施することが前提とされていたので[29]、それらの多くの学校にはやはり暫定基準が適用されることとなる。

このように、文部省による修正案は、暫定基準と恒久基準との二層の関係性を失い、暫定基準の適用期間中はそれが恒久基準に代替するものとしてしまった。その結果、適用期間が過ぎても暫定基準に達しない新制高等学校が多く生まれ、その適用期間もなし崩しに延長されてきた（小川1980：182頁）。このような恒久基準の形骸化は、【5案】にその契機があったのだと言えよう。

他方で文部省は、都道府県知事が地方の実情に基づき基準設定をする権限を行使する際に、「文部大臣の承認を經なければならない」との条文を新たに追加しようとした（【6案】4条）。しかし、この点についてもオズボーンからの猛反対を受け、12月の最終盤で削除されることとなる。オズボーンは、基準草案において文部大臣の権限が多すぎると考え、また、近く施行される予定であった教育委員会法の趣旨に沿うよう、その条文の削除を求めたのであった[30]。この点については文部省側が譲歩し、当該条文は削除されて制定に至っている。この削除は、設置基準の「弾力的性格」を決定づけ、学校が満たすべき基準の設定を多様な経済的・社会的・政治的事情を抱える地方に委ねることとなった。これによって、将来地方が設定する基準の水準を保障するものも、その基準の達成を担保するものもなくなった。

（2）学級編成基準の堅持とその他の編成基準の変化

文部省に主導権が移った【5案】において、学校規模、学級規模等生徒の編成に関わる側面に2つの対照的な動きが生じた。第1に、設置基準委員会の恒久基準案に含まれていた学校規模の規定（【4案】「編制」1条）が、【5案】で削除されたことである。この学校規模規定に関して大照は、「總生徒數の最大限を規定するのは意味のないことではなく、一學校の生徒數が適當數以上に増大すれば、教育の實施と學校管理の上に甚だしい不都合が生ずる」（大照

1948：146頁）と述べて、上限を設定することの意義を認めており、学校規模の条文案の削除は日本側にとって不本意なことであったものと思われる。

この動きとは対照的に、40人学級規定（【5案】8条）は、この後ずっと維持される。これが第2の動きである。さらに、40人学級堅持をめぐる文部省の苦闘は、暫定基準に「一学級の生徒数は、工業に関する学科をのぞきこれを五十人以下とする。」（【5案】32条）という条文を新設したことに表れている[31]。CIEに学級規模の拡大（つまり基準の引下げ）を迫られた文部省は、学校規模規定の削除と同時に暫定基準案の新設で譲歩の姿勢を見せることで、何とか恒久基準案の学級規模規定を守り抜こうとしたと考えられる。

11月29日には、大照から設置基準の別表案3点が提出されているが[32]、ここでオズボーンが再度問題視したのが、高すぎる教員―生徒比率である。翌週も同様のことが問題とされており、オズボーンは高等教育課の大田周夫課長に対して、教員配置、教員養成・研修、そのための財政措置という3側面に亘る実現可能性を証明するよう強く求めている[33]。そして、このような旧制高等学校並みの高い水準の基準設定となるのは、「新制高等学校の数を規制し、高度に選び抜かれ、独占された組織にそれらを転換」しようとする文部省の意図に要因があるとCIEは指摘した[34]。すなわち、新制高等学校の校数を少なくし、選ばれた生徒のみが進学できるようにするため、教師をその少数の学校に振り向けて高い水準を達成することを文部省は意図していると見られたのである。CIE中等教育班は、その地域社会において中学校よりも高等学校が必要とされているならば、「あらゆる良い旧制中等学校が新制高等学校になることを許容するべきだ」と主張し[35]、希望者全入制の原則に立っていた。この原則の下では、豊かではない人的・物的資源を多くの学校に割り振ることにならざるを得ず、設置基準は「基本的で最低限の基準」とならざるを得ないと考えられた[36]。

それでは、財政的にも困難な状況下で、文部省側はなぜそこまでして40人学級規定を維持しようとしたのだろうか。大照によれば、その理由は「新しい教育方法は個性に即した指導を中心とする。そのためには、一學級の生徒数は三十人程度までが最も望ましいが多くとも四十人をこえては個別指導は不可能に近い。」（大照1948：147頁）ということである。つまりは、新教育にふさわしい学級規模は「多くとも」40人学級だ、ということなのだ。新教育を進めようとした点においてCIEは日本側と方向性を同じくしているはずであるが、CIE

側は大照に、アメリカでは教師―生徒比率や週当たり担当時間数のいずれにおいても日本よりも教師負担が重い点を挙げ、教師の数を増やそうとするのではなく、教育方法の変革を目指すべきだと主張した(37)。

　主に生徒―教師比率をめぐる対立は、その後ようやく決着したようである。12月18日付の週例報告では、こうした論点についての議論の結論について、「理想的目的との関係についての長く徹底的な議論の後、そのいくつかの問題は解消された」とある(38)。しかし、この問題はCIEの望む形で解消されたわけではない。当該条文は「残される」が、この条文は「望ましい目標」と解することで、何とか折り合いが付けられたのである(39)。そしてさらに、CIEは「生徒―教師比率や学校事務職員の理想的人数に関する基準」の設定をする前に、教師の勤務時間やよく訓練された教師の不足などに関する研究が必要であり、こうした研究を暫定基準の実施と同時に進めることを要求した(40)。学級編成基準の水準の高さをめぐる文部省とCIEとの間の対立は、先に述べたように選抜された少数の生徒のための学校か、あるいは希望者が全て入学できる大衆のための学校かという高等学校観の対立を背景としていた。この根本的な対立は設置基準の形成過程では解消されず、ひとまず恒久基準を訓示規定と解することでその解消は先送りされたのである。このように文部省は、一方では教師に教育方法の刷新と工夫を求め(41)、他の規定については譲歩策を練りつつ、他方では学級定員水準の引き上げを訴え続け、40人学級規定を守り抜いた(42)。

　このようにして、設置基準をめぐる最後の会議が終了し、出来上がった基準案は、1947年末、CIE教育課の最終的な承認を得た(43)。年が明けた1948年1月27日、文部省令第1号として「高等学校設置基準」が制定された。

結論

　以上の検討から以下のことが明らかになった。第1に、高等学校設置基準の40人学級規定は、形成過程の序盤（1947年6月）にCIE・オズボーンの指示に反する形で設置基準委員会が立案した。8月以降立案を引き継いだ文部省は、オズボーンの強力な指導に対し、他の基準の規定・修正・削除で譲歩する姿勢を見せながら、この40人学級規定を堅持した。ただし、同規定は絶対的な最低基準ではなく「望ましい目標」と解されていた。第2に、質的基準はハンドブックに譲り、恒久的基準を先送りして、暫定的な設置基準の設定を主張したオズボーンに対し、設置基準委員会が恒久基準と暫定基準の二層構造を提起した。

この二層構造は暫定基準の最低基準性を強調し、暫定基準を満たした学校も恒久基準を目指すべきことを求めるものであったが、文部省はそれらの規定を全て削除した[44]。その上恒久基準が適用される場面はほとんどなく、「附則」であるはずの暫定基準が恒久基準に代わって全面展開した。同時に、形成過程の最終盤では地方自治の観点から、地方における設置基準の弾力的運用を抑制する文部大臣承認規定が削除された。これらの各規定の削除・追加・修正は、結果的に、恒久基準の形骸化を招く要因となったのではないかと考えられる。

　以上の形成過程から、文部省とCIE両者がどのような政策判断を行ったのかが推論できる。当時の文部省は、設置基準委員会が提起した40人学級規定を、新教育にふさわしい学級規模の観点から、あるいは文部予算確保の観点から維持することに固執したのかもしれない。これに対し当時のCIEは、40人学級規定について実現可能性の観点と選抜された少数の生徒のための高等学校観の観点から疑問を呈し、他方で、文部大臣に強力な権限を与え、省令である設置基準に強力な拘束力をかけることを問題視した。この両者の間では、基準を達成する仕組みを整備することにはそれほど関心が払われなかった、あるいはむしろ戦後の民主的な高等学校実施に逆行するものと捉えられたとも考えられる。

　いずれにしろ、設置基準委員会によって形成過程の中盤まで構想されていた水準達成の仕組みの削除は、設置基準の基準政策としての欠陥を生んだものといえる。その後の政策展開を考えると、この歴史的事実は、学校基準政策は学校が満たすべき基準の範囲と水準を規定するだけでは十分でなく、これを充たすための仕組みを備えていなければ機能し得ないことを示唆している。翌年以降、文部省とCIEとの間で高等学校段階のみならず全学校段階を包含する学校基準に関わる諸法案（学校基準法案、1949年2月など）が作られた際、同時にその基準遵守を担保する財政移転制度（学校財政法要綱案、1949年3月）も準備されていたこと（小川1991：171頁、世取山2012：39頁）は、設置基準に内在していた上記の欠陥を踏まえ、基準政策をより実質化・実体化していくための試みとも考えられる。本稿では、設置基準と後の基準政策との関係性は明らかにできなかった。これについては他稿を期したい。

　注
（1）1947年3月17日会議報告（オズボーン）（CIE Records Box no.5363（3））
（2）大田文書SS180-5-3-106。
（3）大田文書SS180-5-2-107。〔〕内は引用者。○は原文ママ。

（ 4 ）1947年 5 月30日週例報告（中等教育班）（CIE Records Box no.5753 (1)）
（ 5 ）「〔新制高等学校設置基準案〕編成、設備、経費及び維持の方法」（大田文書SS180-5-3-106）。
（ 6 ）「高等学校設置基準設定審議促進要項案（昭二二・六・四）」、「新制高等學校設置基準設定委員会分科会について」（大田文書SS180-5-2-106）、1947年 6 月 5 日週例報告（中等教育班）（CIE Records Box no.5753 (1)）
（ 7 ）1947年 6 月13日会議報告（オズボーン）（CIE Records Box no.5363 (3)）
（ 8 ）「（高等学校設置基準設定委員会）高等学校設置基準（昭22.7.9決定）」、「昭和23年度高等学校暫定基準案（昭22.7.16）」（大田文書SS180-5-2-110）。
（ 9 ）1947年 7 月24日週例報告（中等教育班）（CIE Records Box no.5753 (1)）。
(10) 大田文書SS180-5-2-107。
(11) 各草案に基づいて筆者が作成した。
(12) 該当箇所は、以下の 2 つの条文である。学校教育法41条「高等學校は、中學校における教育の基礎の上に、心身の發達に應じて、高等普通教育及び專門教育を施すことを目的とする。」42条「高等學校における教育については、前條の目的を實現するために、左の各號に掲げる目標の達成に努めなければならない。　一　中學校における教育の成果をさらに發展擴充させて、國家及び社會の有爲な形成者として必要な資質を養うこと。」
(13)【 4 案】にはこれに加えて、「水産に関する学科」が付け加えられている。これは、「第二、学科」の規定内容に対応させる修正である。
(14) 大照も、「この規定は特別の非常措置とも稱すべきものであつて、これを御都合主義に濫用し、又は事後の施設充實及びこれに對する監督を怠ることは共に嚴につつしまなければならない。」としている（大照 1948：171頁）。
(15)【 4 案】では「昭和二十三年度において」である。
(16) 1947年 8 月 1 日会議報告（オズボーン）（CIE Records Box no.5363 (3)）
(17) 1947年 7 月17日週例報告（中等教育班）（CIE Records Box no.5753 (1)）
(18) 1947年 8 月 1 日会議報告（オズボーン）（CIE Records Box no.5363 (3)）
(19) ただし、この「新制高等学校実施の手引」においては、通知や基準化がふさわしくないと考えられた質的な基準については準備が間に合わず、発表を先送りされ、後に、文部省学校教育局編『新制中学校・新制高等学校 望ましい運営の指針』（教育問題調査所、1949年 4 月）として発表された。以上の「ハンドブック」がたどった経緯については、三羽 1999が詳しい。
(20) 例えば、 8 月29日付のレポートでオズボーンは、設置基準委員会が、農業、水産、工業科の「学級編成や設備」についての最終的な報告書を提出したことを伝えている。1947年 8 月29日会議報告（オズボーン）（CIE Records Box no.5363 (3)）
(21) 1947年 9 月24日会議報告（オズボーン）（CIE Records Box no.5752 (13)）
(22) 大田文書SS180-5-3-107。
(23) 大田文書SS180-5-3-107。大村 1989：25-28頁参照。

(24) 大田文書SS180-5-3-107。
(25) 大田文書SS180-5-3-119。11月下旬の省議に基づく修正（学校教育法に規定のある別科・専攻科等の卒業年限が4年以上の高等学校について規定すること）がなされているので、その執筆時期は11月下旬から12月中旬の間と思われる。1947年11月21日大田周夫によるオズボーンへの報告（CIE Records Box no.5752 (13)）。
(26) 【5案】段階では、暫定基準の適用期間はわずか1年間だけとされていた。これが短すぎると考えられたためか、【6案】でこの期間は「昭和二十六年三月三十一日まで」（30条）と3年間に延長される。
(27) 【5案】では、学級規模（8条）、教諭の数（10条）、教諭を助教諭で代替する範囲（11条）、実習助手の数（12条）、事務職員の数（13条）、担当教科の免許状所持義務（14条）、専用の校地・校舎・運動場・校具の整備義務（17条）、施設の設置義務（21条）、夜間課程における給食設備設置義務（27条）である。
(28) 文部省学校教育局長通知「高等学校設置基準について」（1948年1月15日発学12号（『戦後日本教育史料集成』2巻188-189頁所収））。
(29) 文部省学校教育局長通達「新学制の実施について」（1947年9月5日発学375号（『近代日本教育制度史料』23巻322-323頁所収））。
(30) 1947年12月24日会議報告（オズボーン）（CIE Records Box no.5752 (13)）。
(31) 【5案】では除外されていた「工業に関する学科」についても、後に「但し、工業に関する学科においては、これを四十人以下とする。」（【6案】31条）との文言を追加することを試みている。しかし、これもCIEに反対されたと見え、【制定版】になって削除されることとなり、結局、どの学科も区別なく、暫定基準では一律に「五十人以下」（29条）となっている。
(32) 1947年11月29日会議報告（オズボーン）（CIE Records Box no.5752 (13)）
(33) 1947年12月2日会議報告（オズボーン）（CIE Records Box no.5752 (13)）
(34) 1947年12月11日週例報告（中等教育班）（CIE Records Box no.5753 (1)）
(35) 同上
(36) 同上
こうした高等学校の性格をめぐる対立は、以前からCIEと文部省の間に存在していた。例えば、1947年5月時点でオズボーンは、「新制高等学校は選ばれた学校ではなく、大衆教育のための中等学校となる」べきことを主張していた（1947年5月16日会議報告（オズボーン）（CIE Records Box no.5363 (3)））。三羽 1999：290頁も同旨。
(37) オズボーン曰く「日本の教師はしゃべり過ぎる。あれでは教師の疲労も大きく、生徒の自発活動に基づく授業にはならない」（大照1948：149頁）。
(38) 1947年12月18日週例報告（中等教育班）（CIE Records Box no.5753 (1)）
(39) 1947年12月24日会議報告（オズボーン）（CIE Records Box no.5752 (13)）

(40) 1947年12月18日週例報告（中等教育班）（CIE Records Box no.5753 (1)）
(41) 大照は「圖書や機械器具及び模型が充分でなくても、舊制中等學校の教師の側における努力と工夫の餘地がないとは思えない」と述べる（大照1948：150頁）。
(42) この40人学級規定は、現行高等学校設置基準でも水準は変わっていない（7条）。当時としては途方もなく高い基準であったことがうかがえる。
(43) 1947年12月30日週例報告（中等教育班）（CIE Records Box no.5753 (1)）
(44) 制定された設置基準には、「恒久基準」「暫定基準」「最低基準」「不断の努力」、いずれの文言も存在しない。設置基準制定の際に発出された通知において前二者が登場するだけである（前掲通知「高等学校設置基準について」）。

引用文献一覧

・大照完『新制高等学校の制度と教育』旺文社、1948年（再掲：平原春好編『教育基本法制コンメンタール 27』日本図書センター、2002年）
・大村恵「戦後改革における統一的青年期教育像の成立」『教育学研究』56巻4号、1989年12月、22-31頁
・小川正人「『高等学校設置基準』と教育条件整備問題」『季刊教育法』36号、1980年7月、180-189頁
・―――『戦後日本教育財政制度の研究』九州大学出版会、1991年
・桑原敏明編『学級編制に関する総合的研究』多賀出版、2002年
・三羽光彦『六・三・三制の成立』法律文化社、1999年
・山内太郎編『学校制度 5 戦後日本の教育改革』東京大学出版会、1972年
・世取山洋介「教育条件整備基準立法なき教育財政移転法制」世取山・福祉国家構想研究会編『公教育の無償性を実現する』大月書店、2012年、30-128頁

附記

本稿は、平成27年度科学研究費補助金（研究活動スタート支援、15H06572）の研究成果の一部である。なお、本稿で分析した高等学校設置基準の諸草案は、「資料及び解題 高等学校設置基準の諸草案」として『東京大学大学院教育学研究科 教育行政学論叢』（35号、91-118頁、2015年）に所収してある。

（千葉工業大学）

[投稿論文]
米国シカゴにおける「地域教育計画」の現代的萌芽とその意義
―― 教育行政における住民自治原理の再検討

榎　景子

1. はじめに

周知の通り近年の日米両国では、教育行政と住民との関係が改めて問い直されている。従来のような教育行政の固有性を尊重した形ではなく、例えば首長の影響力強化等にみられるように、現行の一般政治・行政に依拠した民主性で覆うかのような形での制度改編が進んできた（日本教育行政学会研究推進委員会 2014、坪井・渡部 2015、小松 2015等）。

だが、こうした公的な制度改編等の「官」の動きから「民」へ目を転じると、特に米国では、市民自らが教育行政への参加を自生的に希求し、そのあり方自体を問い直すとともに住民自治へと展開させるような動向も同時並行で生じており、大いに注目に値する。教育行政における民主性・住民自治の現代的なあり方や意義を見通す際、このような動向の意味の解明はきわめて重要になると思われるが、管見の限り十分に検討されているとはいえない。

本稿が念頭に置くのは、シカゴにおける最近の動向である。同市は米国でもいち早く教育行政の首長直轄管理を導入し、教育委員会制度における民主性を無力化・形骸化したと批判されてきた。その影響を最も強く受けた政策領域の一つが学校設置であり、成績低迷校の閉鎖や民営化等が進んでいる（篠原 2008）。グローバル経済下での都市間競争の激化を背景に、首長部局の主導で学校設置は都市再開発と連動して進められ、中上流層の都市部回帰を促す重要な役割を担わされたものと捉えられる（榎 2015）。

上記の市民による自生的動向は、これら地域と学校が大きな変貌を余儀なくされる中、まさに学校設置を起点に生じている。しかも、それを地域のあり方全体に位置づけながら、すなわち地域の実情から学校への期待、教育の理念や目的、子どもの発達支援の方向性等と併せながら論じるという、いわば不十分ながらも総合的な地域の教育像を住民参加の下で扱う「地域教育計画」の策定

（大田 1949）の萌芽とも呼ぶべき動きが見受けられるのである。

　こう捉えると、たとえ首長直轄型で教育委員会を抑制し、教育とは別の意図から作用を強めても、学校設置が子どもたちの成育と地域の将来像に深くかかわる以上、絶えず生活の土台からその是非やあり方を問い直す動きが湧き出てくるのではないか。そして、そこから発する地域教育計画の策定・組織化の過程と人々の動き（藤岡 1977）にこそ、教育行政における住民自治原理を再検討する手がかりが浮かぶのではないだろうか。

　こうした仮説的把握に基づき、以下では、シカゴ市都心南部のブロンズビル地区（Bronzeville）における住民主導の教育計画策定の試みに焦点をあて、策定過程と内容を分析し、その特質と意義を明らかにする。その際、米国固有の文脈を注視しつつも、わが国への有効な示唆を得るために、「地域教育計画」の概念（藤岡 1988）を端緒として検討を進める。この作業を通じて、教育行政における住民自治の今日的意義の解明を目指したい。

　分析には、地域教育計画策定に尽力した中心人物ブラウン（Brown, J.）とリー（Lee, J.）へのヒアリング調査（2014/12/3実施）の結果[1]、現地で収集した一次資料、関連する米国研究論文・報告書・新聞記事等を用いる。両氏は、地域NPO「Kenwood Oakland Community Organization（以下KOCO）」の教育担当職員である。KOCOは住宅・雇用を含む地域の諸課題解決に幅広く取り組む組織であり、そこで両氏は学校改善や若者のリーダーシップ育成等に携わってきた。さらにブラウンは、2003年から現在まで同計画の主要対象校であるディエット高校（Dyett High School）で学校評議会（Local School Council: LSC）の委員も務めており、地域や学校の現状に最も詳しい人物の一人といえる。

2．住民の教育意思の組織化過程——ブロンズビル地区を事例に

　本章では考察の前提として、シカゴ学校再編政策の影響を、ブロンズビル地区の学校現場の実態と親・住民の反応に焦点を当てて概括する。その上で、地域教育計画策定の土台となった人々の教育意思の組織化の過程を明らかにする。

（1）地域教育計画策定の背景

　ブロンズビル地区は、米国で最も貧困率が高いアフリカ系アメリカ人居住地区の一つとして知られる。2001年以降、都市再開発と学校再編の中心地となってきた。公営住宅は取り壊されて階層混合住宅や高級住宅街等へ、また公立学

校は約 8 割が閉鎖されてチャータースクール等へ、それぞれ転換されている。

同地区の動向については、シカゴ学校再編の調査を続けるイリノイ州立大学の研究チーム「Collaborative for Equity and Justice in Education（以下CEJE）」も注目してきた（Lipman, et al. 2007, Lipman, et al. 2012）。シカゴにおいて学校再編政策の影響を受けた公立学校の典型例として、CEJEは同地区のディエット高校の問題状況に触れている（Gutierrez & Lipman 2012）。

彼らによれば典型としての特徴は次の三点にある。第一に、学校が不安定化させられてきたことである（Destabilization）。地区内で統廃合が繰り返され、児童生徒は学校間をたらい回しにされている。その影響で同校は校内暴力の激化や教職員の転出率上昇等を余儀なくされてきた。にもかかわらず第二に、学校は学区から十分な資源を投資されてきていない（Disinvestment）。そのため児童生徒は必要な教育や支援を享受できずにいる。そして第三に、学校再編をめぐる学区の診断・決定過程において、親・住民らの発言権・参加権限が剥奪されてきたことである（Disenfranchisement：原義は「公民権剥奪」）。

本稿が注目するブロンズビル地区の地域教育計画は、こうした公立学校をめぐる困難な状況を背景に生起したものである[2]。後に詳しく検討するように、住民・教師らは、児童生徒の学習権・発達権不保障への危機感と、学区の成績低迷校介入政策（公立学校の閉鎖・民営化や、教職員の大幅入替等）への不満から、自らの手で学校転換手法の"代替案"を検討・作成し、学区に提案・支援を求める道を模索していく。この点で先述の仮説検証にふさわしい。

以上から同地区は、学校再編による影響をつかみうる典型であり、かつ、教育行政と市民社会の諸力がせめぎ合い、新たな教育行政実践・教育実践が生み出されつつある場といえる。教育行政における住民自治原理の再検討という本稿の目的からすれば、この動きの中に、人々の教育意思の生成から組織化に至る過程を見出し、その特質を分析・考察することが重要となる。

（2）学校再編政策による"空間操作"の作用

計画策定以前も、ディエット高校では、学校評議会を中心に学校改善への努力を重ねてはいた。表1に示すように、施設整備、人事、教育プログラムまで多岐に渡る。2008年にはシカゴ学区（Chicago Public Schools）の前最高経営責任者（Chief Executive Officer）ダンカン（Duncan, A.）や前市長デーリー（Daley, R.）から模範的な努力と称賛されたという。同年、大学進学者数41％

増、逮捕者・停学者の大幅減少等、一定の成果を挙げることもできた。

だが、前掲の不安定化等の現実の中では、こうした努力は無力化されがちであった。まず学業成績は、若干改善の兆しはあったものの、依然として介入政策の基準を下回っていた(3)。さらに、導入された様々な教育プログラムも、資金・人材不足により継続的な実施が困難になっていった（表1）。これらから、同校は再編対象になることへの危機感を常に持つことになる。

そして学校評議会が最も深刻に捉えていたのは、「学校」への向き合い方をめぐって、地区全体で親・住民の反応が二つに分岐し始めていたことであった（ヒアリング調査より）。一つは学校再編への抗議もしくは学校改善活動に参画する動きであり、もう一つは子どものためにより安定した教育環境を求めてチャータースクール等への進学・転学を模索・選択する動きである。

マクロな観点から捉え直せば、ここには、学校再編・再配置という"空間操作を伴う"政策が、人々の意識や行為に対して、意図的・無意図的に大きな作用を及ぼす様相が浮かび上がる（ルフェーヴル 2000）。次章以降で詳細に論じる同地区での住民らによる地域教育計画の策定は、こうした政策の性質に照応した対抗軸として生み出されたものといえる。同地区の実践の分析・考察に際しては、空間操作的な側面への着眼を持っておくことが有効となる。

表 1　学校評議会による計画策定以前の主要な学校改善努力

	学校改善に向けた取り組み	取り組み前後の状況
施設整備	・図書館整備	←2003年まで図書館なく書籍7冊
	・スポンサーを獲得して体育館新設（ESPN主催コンテストで賞金＄400万獲得）	←2011年まで整備不全の体育館
人事	・有能な新校長のリクルート	
教育プログラム	・生徒の情緒的社会的支援プログラム「正義回復（Restorative Justice）」導入・実施	△実施2年後、学区事務局がプログラムへの資金助成を打切
	・隣接する大規模公園の自然資源を活用して学校農園開発。複数の教育プログラム実施（Chicago Botanical Gardenと共同開発）	→インターンシップを実施　放課後プログラムの提供　社会貢献活動にも活用
	・職業・大学準備プログラムの開発・導入	△実施2年後、資金不足で停止

出典：Gutierrez & Lipman（2012）より筆者作成

(3) 教育意思の組織化の要点

　先述の親・住民の「分岐」については、通常であれば、後者の"脱出"は"消費者的"と教条的に批判され、場合によっては「分裂」を導きかねない。

　だが、地域教育計画の策定を主導したKOCOは、学校評議員でもあるブラウンを中心に、そうならないよう次のような重要な意識転換と努力を重ねていた。まず①不透明な世相の中での親の心情を共感的に理解し、その上で②「分岐」の根底に横たわる、子どもや地域への感性・感覚という「共通性」を掘り起こし、③それら「共通性」を発展させていく取り組みを行ったのである。

　彼らは敢えて、同校の枠を越える地域全体を対象とした集会を開き、あらゆる親・住民と教師で「地域の子どもたちにどう育って欲しいか、そのためにいかなる教育が必要か」を語り合うことから始めた（ヒアリング調査より）。

　ここでKOCOが注視したものこそ、学校への向き合い方が異なる親・住民らの根底に「子どもにより良い教育を受けさせたい」という共通の思いがあることであった（ヒアリング調査より）。ゆえに集会は、住民らに対して同校への支援を直接喚起するというより、その「共通の思いを"誰でも通学可能な公立学校で"実現しうる」ような具体的方法の模索・計画へと向かっていく。こうしたKOCOの働きかけは、市民社会に渦巻くエネルギーに着眼し、それを、公立学校を変える教育意思として組織化するための時空間を作り出すものであったといえる。ここに、地域組織の役割の重要性を看取できる。

　集会は学習会や教育計画策定会議へと発展しながら、2010年より5年間続けられた。小学校等のアクセスしやすい公共施設を活用したことで、数百人もの親・住民・教師が参加したという（Belsha 2015、ヒアリング調査より）。

　ブラウンとリーは、むろん先述の「分岐」がすべてなくなったのではないとしつつも、集会や学習会等に参加した多くの親や住民の変化を次のように把握していた（ヒアリング調査より）

　　「…親や住民は、子どもが自分の未来に希望を持てるような学校を協力して創ることができる、ということを少しずつ知っていった。…私たちの声が何かに結び付いていくという確信が芽生えたこと、それが一番の変化だった（リー）。…そう。私たちは"閉校しないで！"と言うだけではなかった。私たちには教育のビジョンと計画があった（ブラウン）」。

　彼らの言葉に基づけば、既存校からの脱出を模索する人々だけでなく、そこに留まりつつも行政批判に終始してきた人々も変化したことを示している。既

存校の中身を不問に付して、統廃合からの存置を訴えるばかりではなく、住民や教師自身が学校を変える方策を改めて模索することで、子どもたちの豊かな育ちを保障する意識と希望が生まれてきたと指摘するのである。

やや理念的に述べるならば、地域の大人たちは、サービスとして教育を消費し批判するだけでなく、まさに次世代育成に責任と権利を持つ当事者として教育の創造に携わり始めたといえる。

3．本事例にみる地域教育計画の特質

上でみた住民らの教育意思は、具体的にはいかなる形を取ったのか。それこそ本稿の注目する同地区での地域教育計画であった。本章では、住民らの"共通の思い"がどのように結実したかという観点から、同計画の特質を解明する。

（1）学校ネットワークの形成

地域での協議の成果は、まず「Bronzeville Global Achievers Village（以下BGAV）」と呼ばれる、計画の大枠を定めた文書としてまとめられた。

その骨子は、地区内の複数の学校でネットワークを築く点にある。対象校は、地区内唯一の入学選抜・抽選のない公立高校となっていたディエット高校と、同校に卒業生を進学させる小中学校（feeder schools）5校である[4]。これら学校段階を超えた6校が、ひとつの「ビレッジ（village）」としての教育環境を持つことがビジョンとして掲げられたのである。「ビレッジ」という概念には、「児童生徒を丸ごとの人間としてケアし、発達に必要な支援と、やりがいある挑戦課題（challenge）の両方で彼らを包むような学校群」をつくるという意図が込められているという。その実現に向けて、6校で共有する「タテのカリキュラム（K-12 vertical curriculum）」と「支援サービス」を開発・実施し、施設や資源も共同で活用することが示された。

このような学校ネットワークの形成は、ブロンズビル地区の公立学校をめぐる困難な現状への対応として、次の二つの今日的意義がある。

第一に、地区内の"すべて"の児童生徒に、高校卒業段階まで"切れ目ない"発達保障を目指す取り組みといえる。既に述べたように、同地区では繰り返される学校再編により児童生徒が学校をたらい回しにされてきた。この現状においては、学校間でカリキュラムや支援サービスに連続性を持たせることは喫緊の課題であったと考えられる。その際、教師はタテのつながりを意識したカリ

キュラムを自ら策定していくことになるため、児童生徒の長期的な育ちを見通した教授活動の再構築っが期待できる点も重要である。

　第二に、ビレッジ内の学校間で教育・地域資源を開拓・共有することで、学校単位での保有資源の限界に対応することが重視されていたといえる。学区の財政難にも起因し、各校は十分な教育資源を供給されてきていない。同計画では、学校ネットワークを築くことで、児童生徒が放課後にビレッジ内の教育施設（例えば表1の新設体育館や「学校農園」等）を自由に利用できるようにし、地域全体を豊かな学びの場にすることが意図されていた（Cohen 2014）。

　以上から、同計画は個別学校に留まらず、階梯を超えた複数校で、教授と資源の"競合"ではなく"共有"を徹底する点で、財政制約下での児童生徒の学習権・発達権の包括的保障を目指すものと評価できる。先述の"空間操作"との関連では、地域全体を、いわば発達保障の制度空間にするものといえる。

　また、ここで学校評議会との関係も明瞭になる。従来の学校単位の参加は、人々が教育に向き合うきっかけとなり、そして、きめ細かいニーズを汲み取れる点で重要な意義を持っていた。だが、それらニーズの本格的な実現を目指すとき、本事例のように、児童生徒の長期的な成長発達を見通せる位置での計画策定・住民自治が重要かつ必然なものとして生起したといえる。

（2）対抗的教育政策の立案

　他方で、BGAV計画は、「学校ネットワークの形成」という組織運営上の工夫を通じて各校での成績向上を実現し、従来通り行政からの評価・承認を待つという個別学校改善の側面があるだけではない。住民の中にある共通の感性の発展を目指し、それによってこそ学校改善を促進・評価するという、「政策スキーム」自体の転換にまで踏み込んでいった側面にも注目する必要がある。

　住民らは、民営化を強く推進する学区や連邦の改善スキームには不満を抱くが、決して学校教育の抜本的改善の必要性自体は否定しない。むしろ行政主導の現行政策の限界を超えた新たな枠組の必要性を提起している。そして、その枠組に基づく改善計画が行政側に代替案として承認されることを目指しているのである。この点で、敵対的ではないが、しかし現行政策を批判的に捉えた代替案、いわば"実行可能かつ対抗的な"教育政策の立案という性質を見出せる。

　この枠組の構築にあたっては、同計画で明示的には述べられていないが、参考となるモデルが存在したと推定しうる。KOCOも加盟する全米レベルの教育

連盟「Communities for Excellent Public Schools（以下CEPS）」が「持続可能な学校転換モデル」を提案しており、これが同計画を方向づけたと思われる[5]。このモデルは、オバマ政権が成績低迷校再建に向けて打ち出した「ターンアラウンド（turnaround）」政策[6]を批判的に乗り越える"代替案"として提起されている。ターンアラウンド政策は、シカゴ学区も連邦に先立って実施してきたものだが、校長・教職員の入替、学校運営主体の転換、閉校等を通じて、公立学校の劇的な改革を志向するものである。

　CEPSは、抜本的改善の必要性には同意しつつも、同政策が「学校を誰が運営し誰がそこで働くかに過度に焦点を当てすぎて」いるために「持続可能な」学校改善を導くことが難しいと批判する（CEPS 2010, p.5）。なぜなら、こうした「どの学校にでも当てはめうる性質」の政策は「公立学校の成功や失敗が、地域全体の成功や失敗と密接に結びついている」ことを見逃しかねないからである。ゆえにCEPSは、学校改善を持続可能なものにするには、各地域がそれぞれの文脈に照らして「教室や学校でどのように変化を起こすか」を考えていけるモデルこそ必要と主張するのである（ibid, pp.5-6）。

　ブロンズビル地区の計画は、こうしたCEPSの理念を共有し、学区・連邦の介入政策に替わる学校転換の新たな枠組として、次の三点を掲げた。第一に、質の高い教授学習につながる学校文化と、全児童生徒が高い期待を持ち、やりがいある学習プログラムを打ち立てること。第二に、学業成績向上のためにも、児童生徒の心身両面の健康上のニーズを診断し包括的支援をコーディネートすること。第三に、学校をアカウンタブルにするため、それらを親・住民・生徒・教職員による協働的包摂的な過程の下で実践することである。

　この枠組に即して、住民らはまず、ビレッジ内の学校で共通に持つべきと考える教育プログラム、方針、活動を具体化していった（表2）。そして、続いて策定する個別学校の教育計画では、これらを組み込みつつ細部まで練り上げた計画（full plan）を目指すことで、改善への実効性を高めることとした。

　以上、同地区の計画は、住民の中にある子どもへの共通の感性から出発することで、学校改善の実行可能性・持続可能性が強く意識され、組織運営上の工夫に加えて学校転換手法の根本的見直しへと展開していったことがわかる。

表2　ビレッジ内の学校が持つ教育プログラム、方針、活動

①学校文化とカリキュラムへの焦点化	②児童生徒への包括的支援	③コミュニティとの真正の協働
・カリキュラムのタテ方向での調整 ・8年生までに代数学習得 ・グローバルリーダーシッププログラム設置 ・4-12年生は大学体験 ・正義回復プログラム設置 ・余暇の時間の設置 ・すべての児童にPre-K	・ビレッジ内に常勤のソーシャルワーカーと看護師の配置 ・地域安全パトロール ・夕方7時まで開校するコミュニティスクール ・メンタープログラム ・人格形成支援／社会的情緒的プログラムの導入	・効果的でよく訓練されたLSCと保護者諮問委員会 ・親主導の文化活動委員会 ・強いコミュニティパートナーシップ（教育内容と学校特色の結合を重視） ・保護者とコミュニティの活動がよく統一されていること

出典：Bronzeville Global Achievers Villageより筆者作成

(3) 個別学校の教育計画への展開

　続いて同地区では、全6校のハブ的位置づけにあるディエット高校の学校転換計画「Dyett Global Leadership and Green Technology Community High School」（以下、ディエット高校転換計画）の策定が進められた。これは個別学校の教育計画でありながらも、BGAV計画全体の中に位置づけられるものであり、策定の際にもそのことを重視する必要があった。

　このことから計画策定では、他校との接続・調整や教育の専門知識も重視したデザインチームが作られ、そこに学校評議員の一部を含む形となった。メンバーは、学校評議会代表（同校から2名、他校から1名）、生徒、教職員、地域NPO職員、教員組合や大学の研究者等、計18名で構成された。

　計画内容は全57頁に渡って、ビジョン、使命、カリキュラム、支援サービス、ガバナンス、教員評価と職能開発、学校評価等を含む、総合的・包括的なものとなっている（表3）。前章でみた学校評議会による従来の改善努力も、改めて地域の教育像や他校との接続・調整の上で、総合的な計画の中に効果的に位置づけることが意識された。ここに地域単位での取り組みの意義がある。

　これらの内容には実務的・手続き的なことも多く含まれていることから、本稿ではすべては取り上げない。しかしながら、地域に根ざす教育計画が住民主導で自生的に策定されていったことを重視する本稿の立場からすれば、そして計画全体を貫く軸となった点では、上記の中でも「学校のビジョン」と「使命」はきわめて重要である。最後に、これらの特質について検討を加える。

表3　ディエット高校転換計画の目次

【目次】	
1. 概要：ビジョン、使命、地域特性、グローバルリーダーシップとグリーンテクノロジー	11. 教員評価
	12. 学校スケジュール
2. カリキュラム・教授理論・評価方法	13. 学校カレンダー
3. コミュニティイマージョン（community immersion）学習とリーダーシップ育成	14. 親と地域の参加
	15. フィーダー校との協力・調整
4. 生徒のリクルートメント	16. 中等教育後に向けた準備
5. 共同カリキュラムに関する活動	17. 学校パフォーマンスに関する内部評価
6. 教職員の職能開発	
7. 学業的支援と社会的支援	18. 施設
8. 学校ガバナンス	19. 外部パートナー
9. 学校マネジメント	20. 改革のタイムライン
10. 人事	21. 予算

出典：ディエット高校転換計画より筆者作成

4．ディエット高校転換計画にみる教育と地域の展望

　冒頭で述べたように、「地域教育計画」をめぐる議論では、地域の将来との密接な関連の下に教育・学校を位置づけていく。ここに本義を見出しうる。本章ではこうした観点から、ディエット高校転換計画における「学校のビジョン」と「使命」について考察を深め、その特質と意義の解明に迫りたい。

（1）新しい「学校のビジョン」にみる住民の意思

　ディエット高校の新しい「学校のビジョン」は、「生徒、学校、地域、そして社会全体がより良い方向に発達」するよう、生徒を「自信と能力と思いやりを持った"コミュニティを中核とした学習者（community centered scholars）"に育てる学校」と定義された。ここでは、とりわけ、「生徒・学校の発達」と「地域・社会の発展」が並列して述べられていることに重要な意味がある。

　というのも、既に触れた通り、シカゴがグローバルシティ化を目指す中、同地区では特に急速な都市再開発が進められてきた。だが、その利益を富裕層が享受する一方、貧困層は、質の高い公教育、住宅、健康的な食品等へのアクセスを失い、一部住民は他の貧困地域への移動を余儀なくされてきた（榎 2015）。つまり同地区は、再開発で貧困層の子どもの成育環境が改善されるというより、むしろ彼らへのしわ寄せを伴いながら経済発展が進められるという、「生徒の発達」と「地域の発展」の間の矛盾が表出しつつある地域といえる。

上記ビジョンは、住民らがこの矛盾に直面する中で、決して「生徒の発達」と「地域の発展」とを切り離して前者のみに注力する道を選ばなかったことを図らずも示している。次節でも詳述するように、むしろすべての子どもの発達保障のためにこそ、再開発への従属を甘受するでもなく地域の発展を度外視するでもなく、教育と社会の関係に正面から向き合い、両者が相反せず、共に良くなっていくあり方を探ることこそ、同地区の最重要課題と考えられたといえる。同校の新しい「学校のビジョン」には、いわば個人の発達と社会の発展との矛盾の最小化、とでも言うべき方向性が住民の意思として表れている。

(2) 次世代社会のデザインと主体形成の方向

　では、この意思がいかなる教育の展望へつながったのか。その手がかりとなるのが「学校のビジョン」を受けて新たに自覚された「使命」である。それは「グローバルリーダーシップ（global leadership）とグリーンテクノロジー（green technology）の二焦点を持つ優れた教育を提供する…こと」であった。

表4　「グローバルリーダーシップ」と「グリーンテクノロジー」

	グローバルリーダーシップ	グリーンテクノロジー
目的と学びの方向	・生徒を、学校、地域、都市、国、世界のリーダーへと発達させる ・自身の生活やコミュニティに関係あるものとして、地方・国・国際的な問題の相互関連性と政治的社会的構造を理解する ・市民・市民社会の意味をつかみ、世界市民に発達するよう、グローバルとローカルの相互関連性を理解する	・生徒を、実践的な研究者・創造者となるように発達させる ・コミュニティでの生活状況を改善できるツールとして自然資源を利用できるよう生徒を発達させる ・農業科学やクリーンテクノロジーと、地域発展とのつながりを学ぶ ※「学校農園（表1）」等を積極的に活用した学びを想定
到達目標	・近隣改善のために能力を使うような"コミュニティを中核とした学習者"となり、世界を知り、世界市民としての自身の役割の感覚を持つこと ・深く洞察力のある考えを持つ人、そして問題解決者となること ・自己決定と多様性を尊重し価値づけることができる ・経済的、政治的、社会的、文化的、科学技術的、環境的な観点から、世界がどのように機能しているかを批判的に理解できる ・全居住者の人間としての権利―地球における自然の権利や全生命の権利も同様―に敏感で、その保障のために社会で意見表明（advocate）ができる ・世界を持続可能にするために行動しようとし、またそれができる	

出典：ディエット高校転換計画より筆者作成

ここに挙げられた同校の教育活動全体を貫く二焦点について、「目的と学びの方向」「到達目標」にあたる部分を抽出・整理したのが表 4 である。その内容をみると、グローバルリーダーシップとは「グローバルとローカルの問題の相互関連性と…地域や国の…政治的社会的な構造を理解すること」、グリーンテクノロジーとは「同地区の豊かな自然資源を活かして、農業科学や太陽光・風力等のクリーンテクノロジー (clean technologies) と、地域発展とのつながりを学ぶこと」とされている。こうした学びを通じて、生徒が自身の生活や地域の実状と結びつけて「社会」と「自然」の本質と構造を探究・理解し、世界を変革する主体（リーダー・研究者・創造者）になることが目指される。

この二つに焦点化されたのは、同地区が「持続可能な地域発展」（表 4）を今後の社会変革の方向性として支持し、その地域像の中に教育を位置づけたからである。グリーンテクノロジーは、地域が自律的に活力・安定性・継続性を取り戻すための理論的実践的な探究の核として、グローバルリーダーシップは、その地域像の実現に向けて、現在の政治的社会的構造を批判的に洞察し主体的に行動できる力を育む学びの核として、それぞれ重視されたのである。

換言すれば、同地区の試みは、都市間競争に応じたシカゴの開発型経済政策に対峙するものとして、地域資源を活用し持続的な循環型社会経済発展と福祉・教育等の拡充を求める「内発的発展」（森 2015；宮本 2007）の考え方を基軸にした次世代社会像を提起し、その創造を担う主体形成を目指すものといえる。先の"矛盾"との関係では、内発的発展は、一部住民の排除を伴いうる再開発とは異なり、住民を「主体」に地域改善を図るものであるため、少なくとも理論的には、その追求こそ「すべての」児童生徒の発達権保障と両立可能で、ひいては、両者は互いに強めあう関係にもなりうると考えられるのである。

また、こうした文脈に照らし合わせれば、先の「学校ネットワークの形成」における教育・地域資源の開拓・活用と学校間共有も、現状の打開策というだけでなく、「内発的発展」を教育現場から実践していく積極的なアイディアとして深めて捉えることが重要であろう。

以上、ディエット高校転換計画には、地域空間と学校を連動させた大胆な再編により生活基盤が切り崩されてきた住民らの切迫した危機感から、「内発的発展」を中核に、地域の再建と教育の再建とを一つのものとしてつかもうとする意識とアイディアが生起していた。これは同地区の住民らが、「すべての児童生徒の育ち」から接近した際にたどり着いた、彼らなりの正しさの模索に基

づく教育と次世代社会とを再創造する方法であったといえる。

5．むすびにかえて

　本稿では、シカゴ・ブロンズビル地区における「地域教育計画」策定の試みについて検討・考察してきた。そこからは、教育行政における住民自治原理に対する少なからぬ理論的・実践的示唆を読み取れる。

　第一に、シカゴでは、首長直轄管理の下で教育委員会制度における民主性が無力化・形骸化する中、本稿の分析・考察に基づけば、地域に根ざす学校設置・制度整備という教育行政の本来のしごとが、生活の土台から自生的に復権するような様相を呈していた。歴史的な相で捉えたとき、これは、教育行政における住民自治の必然性を示しているように思われる。

　だが、本事例は教育委員会制度の民主性に全面的に置き換われるものとは言えない。というのも本事例にみる住民自治は、学校単位ではないが市全域でもない、その中間的な位置で生じていた。これを市全域に拡大実現するのは、複雑な現代都市部の情勢において容易ではない。その証左として、同地区の計画は未だシカゴ学区からの承認・支援を獲得できていない。

　しかし第二に、こうした中間的な位置での住民自治にこそ今日的意義を見出せるのではないか。本事例を改めて評価すれば、住民らは単なる意見の開陳に終わらず、計画策定への主体的関与の姿勢を見せていた。すべての子どもの長期的な発達保障のためには、必然的に地域での学校間接続を視野に入れた意思決定が重要となる。他方で、過度に広域になると住民の主体的関与は難しい。ここに、市全域でも学校単位でもない中間的な位置での住民自治の潜在力が浮かび上がる。改めて、こうした中間的な位置や、学校単位あるいは市全域での自治について、単に教育行政における住民自治として一括して論じるのみならず、複層的に捉え、例えば制度設置の単位や人口規模・範域設定のあり方と具体的な教育上の効果・意義の関係性について、さらなる事例研究を重ねて教育行政における住民自治原理を究明することが求められる。

　第三に、本事例では、住民らが教育の現実に向き合う中で、地域の内発的発展と主体形成の連動という、彼らなりの「教育と地域の展望」が表出・展開する様相を見て取れた。シカゴ市全域では中上流層回帰だけを求める動きも見られる中、同地区では、児童生徒の発達を重要焦点として視野に入れたからこそ個人―社会間の矛盾の最小化が意識され、経済効率優先の発想を多少なりとも

緩和し、排除的ではなく包摂的な地域の発展を目指すことになった。わが国の教育政策も、貧困問題への対応や地域づくりとの有機的な連関等、自治体での総合的な政策連携が必要になっている。その際、他領域の政策に従属するだけではなく、教育＝次世代育成の観点から基本的方向性の反省・見直しを提案することも有効・必要となる。それを付け焼刃ではなく実質化するためにも、教育行政における住民自治の理論を、現代的に再構築していくことが重要となる。

なお本稿では、同計画策定への教師の関わりや、彼らが中核を担うカリキュラムの詳細については十分に触れられなかった。今後、教職員らへのヒアリングを含めた追跡調査を行い、教師の活動に焦点を当てた分析を進めていきたい。

【付記】本稿は、平成25～26年度日本学術振興会科学研究費補助金・特別研究員奨励賞（課題番号25・3586）の研究成果の一部である。

注
（1）両氏の事務所にて二名同席の上、半構造化形式で約1時間半実施した。
（2）わが国でも、山本由美の近著にて、シカゴの動向が取り上げられているが、抵抗運動的側面にのみ照射され、肝心の住民による自生的な教育計画作成や学校設置計画立案等の建設的かつ政策提言的な側面には触れられず、学術的分析・考察を深める余地が残されている（山本2015、123-128頁）。
（3）シカゴでは1995年以降、成績低迷校には、校長の解任や教職員の交替も含めた干渉措置がとられている。制度の詳細は山下（2002）を参照。
（4）シカゴ学区では8年制初等学校が基本だが、同地区にはK-8学年対象校3校、K-3学年対象校1校、4-8学年対象校1校が設置されているため、小中学校と記している。
（5）CEPSは連邦政府のターンアラウンドモデルを批判し代替モデルを模索・普及することを目的に組織されたNPOや研究者らの連合体である（CEPS 2010）。
（6）ターンアラウンド政策は、2010年の「初等中等教育法（Elementary and Secondary Education Act of 1965）」の再改定案（A Blueprint for Reform）において打ち出された（USDE 2010）。詳細は黒田（2012）を参照。

引用文献
・Belsha, K.（2015）"Two school board members press for resolution of Dyett High controversy", *Catalyst Chicago*.
・*Bronzeville Global Achievers Village*.（現地収集資料）
・CEPS（2010）*A Proposal for Sustainable School Transformation*.

- Cohen, B.（2014）"Grass Roots: A Community Mobilizes to Keep a Bronzeville High School Open", *South Side Weekly*.
- 榎景子（2015）「米国における学校再編への都市再開発政策の影響と課題」『日本教育行政学会年報』第41号。
- 藤岡貞彦（1977）『教育の計画化』総合労働研究所。
- 藤岡貞彦（1988）「地域教育計画」青木一他編『現代教育学事典』労働旬報社。
- Gutierrez, R.R. & Lipman, P.（2012）*Dyett High School & The 3Ds of Chicago School Reform*, University of Illinois-Chicago.
- ルフェーヴル, H.（2000）『空間の生産（斎藤日出治訳）』青木書店。
- 小松茂久（2015）「首長と教育委員会」『日本教育政策学会年報』第22号。
- 黒田友紀（2012）「全米のテスト政策の概要とマサチューセッツ州におけるテスト政策の展開」北野秋男・吉良直・大桃敏行編『アメリカ教育改革の最前線』学術出版会。
- Lipman, P. et al.（2007）*Students as Collateral Damage?*, University of Illinois-Chicago.
- Lipman, P. et al.（2012）*Examining CPS' plan to close, consolidate, turn-around 17schools*, University of Illinois-Chicago.
- 宮本憲一（2007）『環境経済学（新版）』岩波書店。
- 森裕之（2015）「内発的発展と学校教育」『日本教育政策学会年報』第22号。
- 日本教育行政学会研究推進委員会編（2014）『首長主導改革と教育委員会制度』福村出版。
- 大田堯（1949）『地域教育計画』福村出版。
- 篠原岳司（2008）「現代シカゴ学区における学力向上政策と学校改善計画」『日本教育政策学会年報』第15号。
- The Coalition to Revitalize Dyett High School, *Dyett Global Leadership and Green Technology Community High School*.（現地収集資料）
- 坪井由実・渡部昭男編著・日本教育行政学会研究推進委員会企画（2015）『地方教育行政法の改定と教育ガバナンス』三学出版。
- U.S. Department of Education（2010）*A Blueprint for Reform*.
- 山本由美（2015）『教育改革はアメリカの失敗を追いかける』花伝社。
- 山下晃一（2002）『学校評議会制度における政策決定』多賀出版。

（神戸大学・大学院生）

[投稿論文]
1990年代以降のニューオーリンズ市における教育ガバナンス改革
―― 市場原理に基づく学校管理のしくみとその特徴

服部　壮一郎

1．研究の背景と課題設定

　近年、アメリカの都市部を中心に、学校と学区を基盤とした教育のローカル・コントロールのしくみが転換されつつある。これに替わって、州や市長の直轄する新たな管理機関の下、分権化や教育供給主体の多様化を促す教育ガバナンス改革が進行している。日本でも1990年代以降、教育行政における規制緩和と地方分権改革が同時進行している。しかし、従来の制度原理の転換を伴う新たな教育ガバナンスの正統性や、それに基づく教育行政の理念は必ずしも明確化されていない。そのため、これらを理論的に解明することが今日的な課題と言える。

　教育ガバナンス改革に関する先行研究は多くあるが[1]、代表的なものとして大桃が挙げられる[2]。大桃は教育ガバナンスモデルを4つに整理したうえで、「政府による統治を相対化してより広く統治現象をとらえようとするガバナンス論の観点」から、「市場・選択型モデル」と「パートナーシップ型モデル」に焦点を当てている。大桃の特徴は、「市場の自動調整機能やパートナーシップにおける『見えざる手』の調整機能を絶対視できない限り、何らかの品質保証の仕組みが別途に立ち上がらざるを得ない」ことを指摘し、アウトプット規制を基軸とする新たな統制システムの立ち上がりの契機を見出している点にある。本稿の視点はこれに近いが、教育の質と達成を担保することを目的とし、これらのモデルが複合的に組み合わさって構成される制度として捉えている点で異なる。

　そこで本稿では、教育ガバナンス改革によって公立学校の9割以上がチャータースクールとなったルイジアナ州ニューオーリンズ市を対象とし、学区の果たす機能と役割の変化、およびその理論的土台となる教育ガバナンスモデルに着目することで、教育の質と達成の担保を目的とする新たな教育ガバナンスの

しくみと、それに基づく教育行政が成果主義を理念とすることを明らかにする。第一に、現在の教育ガバナンスが教育の質と達成を担保することを目的として、教育アカウンタビリティ制度、チャータースクール制度、および教育委員会が一体となって構成されていることを示す。第二に、ニューオーリンズ市の提言した教育ネットワークモデルと、チャータースクールの導入を特徴とする現在の教育ガバナンス構造に着目し、学区の機能と役割が教育アカウンタビリティの確保とチャータースクールの監視に縮小され、分権化と教育供給主体の多様化が促進されたことを示す。第三に、ニューオーリンズ市の導入した教育ネットワークモデルの理論的検討を行い、このモデルの内包する市場的要素と、それに基づく教育行政の競争主義的特徴を示す。

2．ルイジアナ州における教育アカウンタビリティ政策の展開
(1) 州教育アカウンタビリティ制度の成立

ルイジアナ州は、1994年に成立した連邦法「2000年の目標：アメリカ教育法（Goals 2000: Educate America Act）」の補助金を受け、「2000年の目標委員会（Goals 2000 committee）」を設置した[3]。1996年3月には、同委員会の後継として「LEARN委員会（Louisiana Education Achievement and Results Now Commission）」が州知事フォスター（Mike Foster）により設置された[4]。同委員会は11の教育目標と改革努力を柱とする総合的な教育計画（Louisiana LEARN for the 21st Century）を発表し、州によるスタンダードの確立、アセスメントの実施、アカウンタビリティの制定などをその中に含めた[5]。

その後、ルイジアナ州は1997年に「ルイジアナ州学校及び学区アカウンタビリティ制度（Louisiana School and District Accountability System）」を成立させた。同制度は「各公立学校の教育の質が、各生徒が最低限の基礎教育を受けるのに不可欠なレベルで監視され維持されることを市民に保証する」こと、および「学校と学校制度の効果性が理解されるように、明確な基準と期待を規定する」ことを目的とし[6]、教育の質を保証するためのアカウンタビリティ制度の構築を州教育委員会の責務として明確化した[7]。同時に、学校は州テスト得点、出席率、退学率などの学力指標（academic achievement）の向上計画を作成することが義務付けられ、学区はその支援を行うことが責務とされた[8]。

ルイジアナ州では当時オーリンズ郡を含む4つの大規模学区において低学力の学校の割合が高いことが認識されており[9]、実質的には不利な立場にある

子どもを多く抱えるこれらの学区に対して教育改革を促すものであった。州教育アカウンタビリティ制度の成立は、州の定める基準に基づいて学校と学区に何らかの介入的措置を行うことを認めた点で、従来のローカル・コントロールを基調とする教育行政からの転換点であったと言える[10]。

(2) チャータースクール法の成立

ルイジアナ州は1995年に、チャータースクール創設のためのパイロットプログラムを成立させ、限定的に8つの市・郡の教育委員会に同プログラムへの参加を募集した[11]。しかし、8つの教育委員会がプログラムに参加したにもかかわらず、1996年の秋にはわずか3校のチャータースクールが開校するにとどまり、その全てが学習・行動障害をもつ生徒のための学校であった[12]。また、オーリンズ郡教育委員会は人種や社会階層間の不信と分裂を増大させることを危惧し、プログラムには参加しなかった[13]。そのため州主導により同法は1997年に改正された。この改正により全ての学区においてチャータースクールの設置を可能とし、チャータースクールを新設することが地方教育委員会によって拒否された場合に、州教育委員会へ上告することを可能とした[14]。

同法のチャータースクールの定義は「生徒の達成度を向上させる学習環境を提供するため」の「独立した公立学校」である[15]。また、チャーター（契約書）に含める必須要件として「達成される特定の学力及び教育的結果、その達成のタイムライン、結果の測定とアセスメント方法」、「教員と学校のその他の被雇用者の評価方法」、「懲戒の方針や手続きを含めた、生徒に適用する学校の規則と規制」[16]などの管理的な規定が含まれており、スタンダードの達成のための学習環境の整備を前提としている。

ルイジアナ州のチャータースクール制度は、1994年以降の州教育アカウンタビリティ制度の制定に向けた動きと同時期に成立したこと、およびチャータースクールの定義や設置認可要件が教育の質と基準の達成を担保することを目的としていることから、州教育アカウンタビリティ制度と連動するものであった。

(3) ニューオーリンズ市における教育ガバナンス改革

ルイジアナ州は、2001年に成立した連邦法「どの子も落ちこぼさない法（No Child Left Behind Act）」を受け、2003年に「リカバリー学区法（Recovery School District Act）」を成立させた。リカバリー学区法は、州教育アカウンタ

ビリティ制度の定める基準に基づき、「学力的に容認できない学校（Academically Unacceptable Schools）」[17]を「失敗校（failed school）」として指定し、地方教育委員会が失敗校の再生プランを州教育委員会に提出することができなかった場合や、4年連続で失敗校に認定された場合は、失敗校を当該学区の管轄から、州教育委員会直轄の「リカバリー学区（Recovery School District）」の管轄に編入することを定めた[18]。なお、一般の学区が地理的範囲を基盤とする行政区域であるのに対し、リカバリー学区は失敗校を州教育委員会が管理するために作られた行政上の概念であって、特定の地域的行政区域を意味するものではない。

　これらの法改正により、州教育アカウンタビリティ制度に基づき、州教育委員会が失敗校をテイクオーバーし、州教育委員会直轄のリカバリー学区に編入し、公立学校をチャータースクールに転換することが可能となった。実際に、2004-05年度の終わりにはオーリンズ郡の公立学校118校中72校が「学力的に容認できない学校」に指定され[19]、州教育委員会はそのうちの4校をリカバリー学区の管轄に編入することを決定し、2005-06年度にそれぞれ異なる運営主体によってチャータースクールとして再開校させた。

　さらに、2005年8月29日にハリケーン・カトリーナがニューオーリンズ市を襲い、同市の8割が水没し、壊滅的な被害を受けた。これを受けて、ルイジアナ州議会は11月に2005年法律第35号を可決した。同法は、2009年11月15日を期限として、「学力的に危機にある（academically in crisis）」と州によって宣言された学区の学校と、州平均を下回る成果得点（school performance score）の学校は、リカバリー学区に編入されることを定めた[20]。学校がテイクオーバーされる基準が州平均に引き上げられた結果、ニューオーリンズ市内の公立学校のうち107校がリカバリー学区に編入された[21]。

　このように、ニューオーリンズ市の新たな教育ガバナンスは、教育の質と達成を担保することを目的として、教育アカウンタビリティ制度、チャータースクール制度、および教育委員会が一体となって構成されている。

3．ニューオーリンズ市における教育行政・組織改革
（1）ニューオーリンズ市の提言した教育ネットワークモデル

　ハリケーンによる被災後の10月に、当時のニューオーリンズ市長ネイギン（Ray Nagin）は「ニューオーリンズ市復興委員会（Bring New Orleans Back

Commission)」(以下、復興委員会) を設置した。復興委員会の教育分科会は2006年に教育改革の計画書「再建と転換:ニューオーリンズ市公教育改善計画 (Rebuilding and Transforming: A Plan for Improving Public Education in New Orleans)」(以下、「計画書」)[22] を作成した。なお、市の大半の学校はリカバリー学区に属し、州教育委員会が管理しているため、同地域の教育改革を担うのは州教育委員会である。しかし、「リカバリー学区諮問委員会 (RSD Advisory Committee)」の作成した計画には、2006-07年度以降の長期的な計画の作成にあたっては復興委員会の提言も参考にすると記されていることや[23]、復興委員会の教育分科会構成員には当時の連邦教育局教育次官補や州教育長が加わっていること[24]、および教育ガバナンスに関する記述が詳細であることから、「計画書」の教育ガバナンスに関する提言が現在の教育政策に反映されていると考えられる。

「計画書」の教育ガバナンス改革構想は、誰が学校運営を行うべきか、中央管理機関の役割とは何かという教育行政に関する根本的な問いから始まる。続けて、「計画書」はこれまでの教育行政のしくみとされる「命令・統制モデル (command-and-control model)」と、すべての学校をチャータースクールとする「単一チャータースクールモデル (all-single-charter model)」と比較する形で、それらの折衷的なモデルである「教育ネットワークモデル (education network model)」を導入することを提言している (図1)。

教育ネットワークモデルは以下の4つの層によって構成される。第一に、知事および市長による任命制教育委員会を設置する。任命制教育委員会は安定したリーダーシップにより全ての公立学校を監督し、生徒の達成度と計画の遂行に焦点をあてることを役割とする。第二に、教育委員会事務局に戦略グループを設置する。戦略グループは学区規模の戦略的な意思決定、政策やスタンダードの作成、目標達成の進捗状況の監視を役割とする。戦略グループの役割はあくまで政策形成であり、教育方法や予算編成などの学校の運営面の決定はネットワークや学校レベルで行われる。第三に、8~15校のグループによって形成されるネットワークを統括するネットワークマネージャーを設置する。ネットワークマネージャーは学区職員やチャーター経営団体 (charter management organizations) や契約者が務め、学校の種類別に構成される各ネットワークの支援とアカウンタビリティの確保を役割とする。具体的には、生徒・家族・校長・教員の様々なニーズを満たすための選択肢の提供や、学校の教育成果の監

視などを行う。第四に、各学校にはその運営に関する多くの権限が認められる。例えば、学校は高い教育成果をあげるために登校日数を増やすことが可能であり、校長は教員の雇用と解雇に係る人事権や予算編成権を有する。

図1. 教育ネットワークモデル

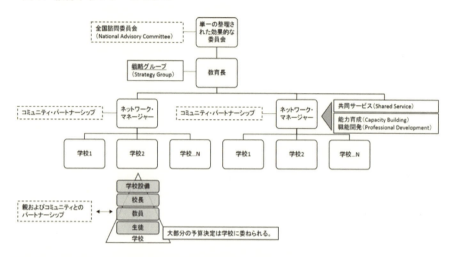

Note. Adapted from *Rebuilding and Transforming: A Plan for Improving Public Education in New Orleans*, p. 26, by Bring New Orleans Back Commission Education Committee, 2006. Retrieved January 10, 2016, from http://www.nola.com/katrina/pdf/bnob_edu_report.pdf

　このように、ニューオーリンズ市の提言した教育ネットワークモデルは、教育委員会の監督の下、従来の学区の有した学校の管理運営に係る権限を分権化し、複数の層からなる管理的な機関による監視と支援の下に、学校に多くの権限を委譲する構造となっている。この点で、教育ネットワークモデルは分権的である一方で、学区による成果管理を通じた中央統制的なしくみをもつ。

（2）**教育ネットワークモデルの教育ガバナンス構造**
　州教育委員会は失敗校をテイクオーバーした後、統廃合を伴って最終的にその全てをチャータースクールに転換した（表1）。これによりリカバリー学区の役割はチャータースクールの監視に限定され、分権化と教育供給主体の多様化を推奨する「計画書」のガバナンスモデルが反映された形となっている。しかし、州知事および市長による任命制教育委員会は実現せず、オーリンズ郡教

育委員会とリカバリー学区が並置される形となった。リカバリー学区教育長は州教育長によって任命され、2007年当時の州教育長パストレック（Paul Pastorek）はリカバリー学区教育長にフィラデルフィアとシカゴにおいて教育CEOとして改革を実行したことで有名なバラス（Paul Vallas）を任命した。

また、ニューオーリンズ市の教育改革は災害復興を伴うため、連邦緊急事態管理庁の援助を受けて進行している。オーリンズ郡教育委員会とリカバリー学区は2008年に学校の修復・再建計画（School Facilities Master Plan）を作成し、建物の損壊状況や2016-17年度までの地域別の入学者予測に基づき、学校の存廃に関する計画を定めている。

表1. 学校種別のニューオーリンズ市の公立学校数の推移

	リカバリー学区		オーリンズ郡		州教育委員会	全CS	合計
	CS	NS	CS	NS	CS		
2004-05	1	n/a	2	120	2	5	125
2006-07	17	22	12	5	2	31	58
2007-08	28	34	12	7	2	42	83
2009-10	37	34	12	4	2	51	89
2010-11	46	23	11	5	3	60	88
2011-12	50	16	11	6	5	66	88
2012-13	56	12	12	6	4	72	90
2013-14	57	5	14	6	4	75	86
2014-15	57	0	14	6	4	75	81

※CS＝チャータースクール、NS＝従来型の公立学校。
Note. Adapted from The State of Public Education in New Orleans, by Scott S. Cowen Institute for Public Education Initiatives. Retrieved November 28, 2015, from http://www.coweninstitute.com/our-work/applied-research/state-of-public-education-report-in-new-orleans/

成立当初のルイジアナ州のチャータースクール法は、チャータースクールの上限数が設定され、設置認可者が学区と州教育委員会に限定されていたため、必ずしもチャータースクールの拡充を促すような内容ではなかった。しかし、2005年のハリケーンによる被災により、結果的に急進的な改革を進めるために法改正を行う機運が高まった。2009年にはチャータースクールの上限数が撤廃され[25]、2012年には新たなチャーター認可機関の設置を認める法改正が行われ[26]、チャータースクールの設置を強く促進する法律となった。

チャータースクールは教育委員会から独立して設置されるため、その管理を行うための委員会（Board of Directors）が設置されることが定められている。

したがって、チャータースクールの導入を特徴とする教育ガバナンスは、州および地方教育委員会による監督の下、チャーター認可機関との契約を通じて、チャーター経営団体や単一のチャータースクールの委員会に、教育成果を向上するように学校を経営させる構造となっている（図２）。改革の結果、オーリンズ郡教育委員会が直接運営する学校はわずか６校となり、当該地域における合議制独立行政委員会としての役割は極めて限定的なものとなった。

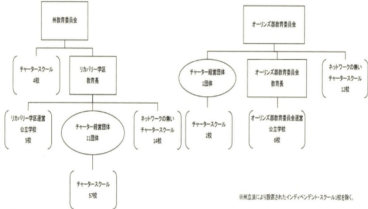

図２．2013-14年度のニューオーリンズ市におけるガバナンス構造

Note. Adapted from The State of Public Education in New Orleans 2014 Report, p. 6, by Scott S. Cowen Institute for Public Education Initiatives, 2014, Tulane University.

４．ニューオーリンズ市の導入した教育ネットワークモデルの分析
（１）教育ネットワークモデルに基づく教育行政の特徴

　教育ネットワークモデルにおける教育委員会の役割は成果管理と政策形成にあるが、その内容は失敗校のチャータースクールへの転換である。表２はニューオーリンズ市の公立学校の成果得点の推移を学校種別に示したものである。オーリンズ郡教育委員会の管轄する学校はテイクオーバーを免れた学校のため、成果得点の平均値は高い。一方、リカバリー学区では2007-08年度から一貫してリカバリー学区の平均よりもリカバリー学区の直接運営する公立学校の成果得点が低いことが分かる。そのため、結果的に従来型の公立学校の閉校とチャータースクールの開校が促進された。

　失敗校のチャータースクールへの転換が促進されるとともに、チャーター経営団体の経営する学校数も増加傾向にあり、ネットワークを通じた学校管理の

表2. 学校種別のニューオーリンズ市の公立学校の成果得点の推移

	オーリンズ郡	リカバリー学区		オーリンズ郡及びリカバリー学区	州平均
		全学校	NS		
2004-05	56.9	-	-	-	87.4
2007-08	96.1	51.4	42.8	66.4	86.3
2008-09	104.3	54.4	42.0	70.1	91.0
2009-10	110.3	60.6	48.2	75.4	89.3
2010-11	118.0	69.2	52.0	83.2	93.9
2011-12	133.8	76.7	64.4	93.7	100.5
2012-13	108.2	71.9	62.6	83.4	88.5
2013-14	109.2	71.2	-	83.4	89.2

※NS=従来型の公立学校。年度末に閉校となった学校の成果得点は反映されない。
2012-13年度から成果得点の指標が200点満点から150点満点に変更された。
Note. Adapted from *Performance Scores*, by Louisiana Department of Education, 2005 and 2008-14. Retrieved January 10, 2016, from https://www.louisianabelieves.com/resources/library/performance-scores

しくみが構築されつつある（表3）。これと同時に、代替的な教員養成団体が進出し、教育的ニーズを満たすための選択肢も増えつつある。チャータースクールの支援団体であるNew Schools for New Orleansによれば、2006年には代替的な教員養成団体であるThe New Teacher Projectと提携するteachNOLAがニューオーリンズに設置され、2011年には市内の30％の教員がTeach For

表3. 2013-14年度のチャーター経営団体が占める生徒数の割合

チャーター経営団体	学校数	入学者数	割合
Algiers Charter School Assoc. (ACSA)	6	4,107	9%
Knowledge is Power Program (KIPP) N.O.	6	3,755	8%
ReNEW-Reinventing Education, Inc.	6	3,307	7%
FirstLine Schools, Inc.	5	2,800	6%
New Beginnings School Foundation	4	2,019	5%
Choice Foundation	3	1,872	4%
Inspire NOLA	2	1,743	4%
Crescent City Schools	3	1,396	3%
Friends of King	2	1,202	3%
New Orleans College Preparatory Academies	3	1,173	3%
ARISE Schools	2	900	2%
Collegiate Academies	3	854	2%
全チャーター経営団体	45	25,128	56%

Note. Adapted from *The State of Public Education in New Orleans 2014 Report*, p. 8, by Scott S. Cowen Institute for Public Education Initiatives, 2014, Tulane University.

AmericaまたはThe New Teacher Projectの出身となっている[27]。

　ニューオーリンズ市では現在、公立学校の9割以上がチャータースクールであることから、地理的な制約や一部の学校の入学要件を除けば、完全な学校選択制となっている。教育行政の分権化と教育供給主体の多様化により、住所によって通学先が指定される公立学校の近隣学校（neighborhood school）としての性格は失われ、保護者と生徒は通学する学校を自ら選ぶ教育サービスの消費者として位置づけられる。

　このように、ニューオーリンズ市における教育ネットワークモデルに基づく教育行政は、既存の公立学校をチャータースクールに転換し、チャーター経営団体を中心とする教育ネットワークを形成し、保護者と生徒を教育サービスの消費者として位置づけることを特徴とする。すなわち、同市の教育ガバナンス改革は、公選制教育委員会の有する正統性に基づく教育行政を転換し、民間部門の教育行政への参画を促し、保護者と生徒を教育サービスの消費者として位置づけることで、公教育に市場原理を導入していると捉えられる。

（2）理論的土台としてのポートフォリオ・マネジメント・モデルの検討

　ニューオーリンズ市の導入した教育ネットワークモデルのしくみを理論的に解明するために、ここではその理論的土台として捉えられる、ヒル（Paul Hill）[28]を所長とするワシントン大学に属する研究機関Center on Reinventing Public Education（以下、CRPE）[29]の提唱するポートフォリオ・マネジメント・モデル（Portfolio Management Model、以下、PMM）の検討を行う。州教育委員会の作成する政策文書の中にPMMの用語は用いられていないが、その導入を示唆する以下の背景がある。第一に、ヒルらの作成した報告書によれば、「ニューヨークとニューオーリンズは市全体にこのアイディア（PMM）を適用することに傾倒した」（括弧内、引用者）[30]とされる。第二に、復興委員会の教育分科会の議長コーウェン（Scot Cowen）は、ニューオーリンズ市の教育ガバナンスとPMMとの関連性を認めている。コーウェンが学長を務めるトゥレイン大学（Tulane University）に属する研究機関Cowen Institute of Public Education Initiativeの作成したニューオーリンズ市の教育改革に関する報告書は、ヒルの作成した報告書を引用し、「ニューオーリンズは、パフォーマンス・コントラクトの下に運営される独立した学校のシステムを行政機関が監督する、ポートフォリオ学区とみなされる」[31]としている。第三に、2012年に州教育長に任命

されたホワイト（John White）のPMMに対する認識の高さが認められる。ホワイトはルイジアナ州教育長を務める以前に、「ニューヨーク市教育局ポートフォリオ部のCEOを務め、100校以上の失敗校をターンアラウンド[32]し、新たに500校を開設するニューヨーク市の取り組みを主導」した経歴を持つ[33]。加えて、ホワイトは2012年1月にニューオーリンズ市で開かれたCRPE主催のシンポジウムにも参加している。

　教育ネットワークモデルにおける学区の役割は成果管理と政策形成に限定されるが、PMMも同様に学区の役割を「すべての学校の成果を測ること、最も成績の低い学校を閉校すること、最も非生産的な学校に在籍する生徒に代替となる選択肢を生み出すことで、継続的な改善を求める」[34]こととする。さらに、ニューオーリンズ市における教育行政は、近隣学校のチャータースクールへの転換と、民間部門を含めた教育ネットワークの形成を促進したが、PMMも同様に以下の7つの前提となる認識に立つことを学区に求めている。第一に、成果をすべてに優先すること。第二に、いくつかの閉校は必要であり、望ましいものであると期待し、成果の低い学校は容赦なく閉校すること。第三に、誰が学校を運営するかについて中立であり、教育供給主体の多様化を促進すること。第四に、選択の余地があるなかで決断しなければならず、そのために新たな教育供給主体のインキュベーションを行うことが求められること。第五に、新たな学校供給者と、時間と資金のより良い活用方法について継続的に探求し、投資すること。第六に、学校への支援は学区による直接的なものではなく、あくまでネットワークやパートナーシップを通じたものであり、第三者機関との協力的な関係を構築すること。第七に、ネットワークの透明性を確保し、明確な期待を設定することにより、学区と学校の指導者との信頼関係を構築することである。

　PMMはスタンダード、アセスメント、分権化、教育供給主体の多様化などのこれまでの教育政策を組み合わせたモデルであるが、学区が戦略的な役割を担い、公教育に市場原理を導入することで、問題解決の手段を見出していく点に特徴がある。加えて、通常の「市場・選択型モデル」では、親や生徒の学校選択によって生ずる市場の自動調整機能によって学校のパフォーマンスが向上することが期待されるが、PMMの場合は行政機関の戦略的な学校の閉校と開校措置によって学校と学区全体の質の向上を目指すところに特徴がある[35]。このモデルを踏まえれば、ニューオーリンズ市における教育ネットワークモデ

ルに基づく教育行政は、学区による戦略的な閉校・開校措置により、教育成果を基軸とした学校間競争を促進させ、教育の質保証に向けた継続的な改善サイクルを機能させることを特徴とする。

5．まとめと残された課題

　これまで検討したように、ニューオーリンズ市における教育ネットワークモデルは、学区の役割を成果管理と政策形成に限定し、教育ネットワークを通じた公立学校の監視と支援を行うしくみをもち、それに基づく教育行政は教育の質保証に向けた継続的な改善サイクルを機能させることを特徴とする。以上のことから、同市における教育ガバナンス改革は、従来の民衆統制と専門職主義の調和を基調とする教育のローカル・コントロールを転換し、教育の質と達成を担保することを目的として、公教育に市場原理を導入し、成果主義を理念とする教育行政を正当化していることが分かる。

　本稿は教育ガバナンスのしくみとそれに基づく教育行政の理念を解明することを課題としたが、この改革によってニューオーリンズ市の教育が向上したかどうかについて考察するには至っていない。また、同市の教育改革の予算は多額の連邦補助金によって計上されているにもかかわらず、その点について検討されていない。そこで、今後は地域の教育的ニーズが教育行政に反映されているかどうかや、連邦補助金の内容に着目することで、教育ガバナンス改革の実態や、連邦の教育政策との関係について解明しなければならない。

注
（1）例えば、小松茂久「教育ネットワーク支援のための教育行政システムの構築」(『日本教育行政学会年報』第30号、2004年、2-16頁)、世取山洋介「新自由主義教育改革、教育三法、そして教育振興基本計画」(『日本教育法学会年報』第38号、2009年、6-24頁)、篠原岳司「分散型リーダーシップに基づく教育ガバナンスの理論的再構築」(『教育学研究』第80号、第2巻、2013年、185-196頁)。
（2）大桃敏行「教育のガバナンス改革と新たな統制システム」『日本教育行政学会年報』第30号、2004年、17-32頁。
（3）Finley, S. J. (1999). *The Progress of Education in Louisiana*. Austin, TX: Southwest Educational Development Laboratory. Retrieved January 10, 2016, from http://www.sedl.org
（4）Ramos, D. & Shipley, S. (1996, May 27). Schools That Fail Face Fines.

Times-Picayune, p. A1.
(5) Finley, S. J. (1999). *The Progress of Education in Louisiana*. Austin, TX: Southwest Educational Development Laboratory. Retrieved January 10, 2016, from http://www.sedl.org
(6) 1997 La. Acts No. 478. § 10.1(A)(2)-(3).
(7) Id. § 10.1(B).
(8) Id. § 10.2(A).
(9) BESE member defends accountability stance. (1997, December 10). Times-Picayune, p. B6.
(10) Saiger, A. J. (2006). The Last Wave: The Rise of the Contingent School District, *North Carolina Law Review*, vol. 84, p. 857.
(11) 1995 La. Acts No. 192. § 3973.
(12) Scott S. Cowen Institute for Public Education Initiatives. (2009). Creating a *Governing Framework for Public Education in New Orleans: Charter School Authorizers and Charter School Governance*, p.6. New Orleans, LA: Tulane University. Retrieved January 10, 2016, from http://www.coweninstitute.com/wp-content/uploads/2009/11/gov.report3.final.revised.pdf
(13) Ibid.
(14) 1997 La. Acts No. 477. § 3984.
(15) Id. § 3973(2)(a).
(16) Id. § 3991(B)(8)(13)(14).
(17) 年度毎に定められる一定の成果得点（School Performance Score）を下回った学校。成果得点は州テスト得点、退学率、卒業率などから計算される。
(18) 2003 La. Acts No. 9 § 10.5(A)(1).
(19) Louisiana Department of Education. (2005). *School Performance Scores*.
(20) 2005 La. Acts No. 35 § 10.7(A)(1)-(2).
(21) Weil, D. (2009). *Charter School Movement: History, Politics, Policies, Economics and Effectiveness* (2nd ed.), pp.111-112. Amenia, NY: Grey House Publishing.
(22) Bring New Orleans Back Commission Education Committee. (2006). *Rebuilding and Transforming: A Plan for Improving Public Education in New Orleans*. Retrieved January 10, 2016, from http://www.nola.com/katrina/pdf/bnob_edu_report.pdf
(23) Recovery School District Advisory Committee. (2006). *Recovery School District Advisory Committee - Powerpoint Presentation*. Retrieved January 10, 2016, from https://repository.library.brown.edu/studio/item/bdr:65436/
(24) 教育分科会は、トゥレイン大学（Tulane University）の学長コーウェン（Scott Cowen）を議長とし、構成員には連邦教育局教育次官補のルース（Tom Luce）や、州教育長のピカード（Cecil Picard）、州教育委員のジェイ

コブズ (Leslie Jacobs)、オーリンズ郡教育委員長ランドリーズ (Phyllis Landries) の他、財団や大学関係者などが含まれていた。
(25) 2009 La. Acts No. 292.
(26) 2012 La. Acts No. 2.
(27) Brinson, D., Boast, L., Hassel, B. C., & Kingsland, N. (2011). *New Orleans-Style Education Reform: A Guide for Cities Lessons Learned 2004-2010*, p.25. New Orleans, LA: New Schools for New Orleans.
(28) ヒルはCRPEの設立者であり、ワシントン大学ボセル校の研究教授である。全国チャータースクール研究プロジェクト (National Charter School Research Project) の議長を務めた。
(29) CRPEは1993年にワシントン大学に設立された。公教育改革の争点（選択とチャーター、財政と生産性、教員、都市学区改革、リーダーシップ、州・連邦改革）に関する独自調査と政策分析を行う。
(30) Hill, P., Campbell, C., Menefee-Libey, D., Dusseault, B., DeArmond, M., & Gross, B. (2009). *Portfolio School Districts for Big Cities: An Interim Report*, p.16. Seattle, WA: Center on Reinventing Public Education, University of Washington.
(31) Scott S. Cowen Institute for Public Education Initiatives. (2014). *The State of Public Education in New Orleans 2014 Report*, p.2. New Orleans, LA: Tulane University.
(32) ターンアラウンドの明確な定義はないが、教育アカウンタビリティを果たすよう失敗校を改善させるためのプログラムを指す。現在の教育長官ダンカン (Arne Duncan) が2001年から2009年にかけてシカゴの教育CEOを務めていた時に行われた教育施策がその原型であるとされる。
(33) Louisiana Department of Education. (April 6, 2011). State Superintendent Announces Choice for RSD. Retrieved January 10, 2016, from https://www.louisianabelieves.com/newsroom/news-releases/2011/04/06/state-superintendent-announces-choice-for-rsd-superintendent
(34) Hill, P., Campbell, C., Menefee-Libey, D., Dusseault, B., DeArmond, M., & Gross, B. (2009). *Portfolio School Districts for Big Cities: An Interim Report*, pp.16-18. Seattle, WA: Center on Reinventing Public Education, University of Washington.
(35) Levin, H. M. (2010). *A Framework for Designing Governance in Choice and Portfolio Districts: Three Economic Criteria*. In K. E. Bulkley., J. R. Henig., & H. M. Levin (Ed.), *Between Public and Private: Politics, Governance, and the New Portfolio Models for Urban School Reform* (pp. 217-250). Cambridge, MA: Harvard Education Press.

（名古屋大学・大学院生）

V

内外の教育政策・研究動向

[内外の教育政策研究動向 2015]
国内の教育政策研究動向

久保田　貢

1．はじめに

　2015年は歴史に残る年となった。もしも日本が再び他国民と戦火を交えることがあれば、「2015年成立の安保関連法（戦争法）が」、と顧みられるだろうし、「戦後」が続くとすれば「2015年の運動が」と振りかえられよう。高校生・大学生を含む多くの人びとが国会前で声を挙げる姿を「いつか教科書に載る景色」と報じたメディアもあった（『朝日新聞』2015.8.31）。

　渡辺治は、この歴史の中核にいた安倍内閣の政治には「自衛隊の海外での戦争加担体制、大企業の競争力を付けるための社会保障の削減、教育の国家統制や格差・選別の教育」の3つの柱があるという（渡辺）。渡辺は前者二つを「大国主義」と「新自由主義」という枠組でも論じている。2015年の日本の教育政策研究動向をみることが課題の本稿は、この関わりあう3つを意識しながら、とりわけ「教育の国家統制や格差・選別の教育」に着目してまとめる。旺盛なこの分野の研究の一部しか紹介できないことを御容赦願いたい。

　なお、紙幅の関係から、著書・論文のページ数については表記しない。副題の一部も割愛する。また、すべてが2015年の刊行なので、本稿では例外的に「(2015)」といった発表年の表記もしないこともお断りしておきたい。

2．国家統制のすすむ教育政策

　「国家統制」を総論的に論じたものに、藤田がある。藤田は、18歳選挙権を論じながら、それ自体は好ましいこととしながら、教育政策上のいくつかの問題を指摘する。たとえば、「安倍『教育改革』」のなかでも、とりわけ教科書検定強化と教育内容への政治権力の不当な介入は、政府見解を教育内容で強要することになった。これは理知的に考え判断する能力や他者・他集団を配慮する能力の形成を困難にする。また、国立大・人文社会系軽視の動きや「国旗掲

揚・国歌斉唱」の要請が、政治的教養や自由な批判的精神の形成を阻害しかねないという。

　高橋哲は、これを「教育政策の私事化」と述べる。高橋哲は「私事化」進行の過程と問題点を分析しながら、教育の公共性形成のため国家はどのように関与すべきか、検討している。そこでは、「新たな福祉国家」構想の視点から、「国家権力に対する教育制度の強制」が教育の公共性を実現する制度的条件になると高橋は考える。一方、小野は教育政策における「エビデンス」の語の変遷に注目しながらこの過程を分析する。もともと教育政策の批判的検証の意味で用いられていたこの語が、政策形成に影響力のあるアクターが設定した達成すべき「条件」の意味で用いられるようになる。ここにアクターによる政治性がみられるという。小野の述べるように、「教育や教育制度は将来どうあるべきか」という問題に対応できなくなっているとしたら、事態は相当に深刻である。

　具体的な個別の統制政策についての研究も多い。鈴木は、高校日本史教科書採択妨害問題と2015年中学校教科書採択に向けた教科書統制の強化について、現状をまとめている。俵 (a) は、中学校教科書検定の結果を受けて、検定制度が「改悪」された教科書行政のもと、「政府広報」化しつつある教科書の問題を指摘している。さらに、俵 (b) では、育鵬社・自由社の採択結果を中心に分析し、次の道徳教科書採択（小学校18年、中学校19年）への警鐘を鳴らしている。

　教育科学研究会の各地の実態報告は、国家権力が「教育をも支配する」状況として見てとれる。「政治的中立」の名のもとに、学問研究の成果を伝える教育や、子どもたちと論争を課題化した教育が、「偏向」と攻撃されているのである。福島は、国立大学への日の丸・君が代要請や教科書検定の実情にもふれながら、宗像誠也の「真理の代理人」説を現代にどう引き取るべきか、考察している。これに関わって、勝野は、教育の質保証が重要な政策課題として掲げられ、スタンダードや達成目標が重用される構造を分析している。新自由主義の統制手法が、中立性の名のもとに新保守主義の側面でも発揮されているとみるべきだろうか。

　道徳の教科化についても喫緊の研究課題となっている。たとえば佐貫 (a) (b) は、道徳をどのようにすすめるべきか、教育内容論・教育課程論も含んだ研究だが、道徳「教科化」に至る背景や力学など、教育政策についても詳細に論じ

ている。山本由美は、これら「安倍教育改革」を新自由主義教育改革という視点で分析している。一斉学力テスト、小中一貫校開設、学校統廃合などの改革の全体像を検証すると、20年来のアメリカの教育改革と酷似している面が多いという。そして地域社会が崩壊していったアメリカに追随しないために、住民本位の教育改革を構想している。「格差・選別の教育」への対抗軸といっていい。

　教育方法の統制もすすんでいる。高橋英児は「スタンダード」化がどのような教育政策のもとですすめられたのか、政策文書をもとに展開している。さらに、その特徴を分析しつつ、新自由主義的な社会統治の手法としてスタンダードが進行していると喝破している。また、山本宏樹は、アメリカでの「ゼロ・トレランス」の政策化を追いつつ、日本の教育政策にとりいれられる過程を追っている。船木は、そのアメリカでゼロ・トレランスが見直しをされていることを詳述しながら、日本での政策を対比させている。木村はこの政策を推進する全体主義的状況を「ゼロ・トレランス国家」と命名しつつ、政策の全体像の把握に努めている。

3．地方教育行政法改定と社会教育

　2015年4月に施行された改定「地方教育行政の組織及び運営に関する法律」も、「国家統制」の一つといっていい。坪井他、日本教育行政学会年報編集委員会の諸論稿をはじめ、この改定について考察した研究は数多い。

　荒井の分析にあるように、社会教育に及ぼす影響も大きい。述べられているように、地方自治の実現のためにも、「基本的人権としての住民の学ぶ権利」保障が求められる。

　そもそも新自由主義・構造改革で地域の崩壊が急進化するなかで、地域における学びの場をどう再建するのか、社会教育の真価が問われる。さいたま市の九条俳句訴訟に典型的にみられるように、表現の自由をはじめとして憲法破壊の動きもこの領域ですすんでいて、これは「大国主義」と一体化して進む新保守主義の影響でもある。『経済』編集部は、「特集　地域と社会教育：公民館、図書館、博物館・美術館」でこの問題に正面から取り組み、日本の現状を分析した片野、武居、イギリスの成人教育と対比させながら論じた姉崎（b）など、貴重な論稿を掲載している。また、先の荒井も載せた『月刊社会教育』は「特集　新教育委員会制度と社会教育の自由」を組むなど、この領域で重要な研究

媒体となっている。

　学童保育は2015年4月スタートの「子ども・子育て支援新制度」が大きな影響を与えている。増山は、学童保育の歴史をていねいに追いながら、「全児童対策事業」や新制度で学童保育はどう変わるのか、政策についての論証をすすめている。韓国・中国との政策比較、ヨーロッパの「余暇教育学」などにも言及しながら、あるべき学童保育について論じている。

4．高等教育政策

　管理統制が強化される高等教育政策は、新自由主義・構造改革に適合的な大学づくりが基本にある。財界主導のイノベーションや軍産学複合体に大学を動員するための政策である。光本（a）は大学改革全体を視野に入れて論じ、光本（b）は特に国立大学改革の全体像をまとめている。

　大学生の学びにとってこれらの政策がどのような意味を持つのか、に力点を置きながらの研究も求められる。川口はその一つである。また、「非効率」と判断される教育・研究は縮小を余儀なくされる。姉崎（a）のように、大学改革が弱者に対してどのような影響を及ぼすのか、考察した研究もある。日本科学者会議もまた、「「大学改革」の対抗軸は何か」の特集を組み、たとえば中嶋（a）はこの問題についての国民的合意をどのように創り上げていくのか、模索をしている。あるいは、日永のような大学政策についての歴史的研究もある。

　教育学の専門外からの研究に貴重なものもある。日比は、国立大学内部にいながら大学改革の現状を問い、批判的に分析した書である。近代文学研究者の立場から大学教育政策の矛盾をリアルな視点で検証している。同様に鵜飼哲他も大学改革政策の現状分析として重要な報告集である。

5．教師教育政策

　教師教育政策も「教育の国家統制や格差・選別の教育」がストレートに現れているといっていい。佐藤は、教師不信のシステムが完成段階に入ったとして、この20年ほどの教師教育政策を追っている。そこでは「学校スタンダード」によって教育管理体制がすすんだ政策状況にもふれながら、「教育実践」が「有名無実化」していった現場を分析している。教育科学研究会は教師教育政策領域で、とりわけ「教師の困難」に注目して研究活動を続けてきたが、久冨はその15年余の総括をしている。新採教師自殺事件とその裁判支援にも積極的に関

与しながら、新採教師の困難の改善という課題を引き取って共同研究をすすめてきた様子がよくわかる。

　教師の労働条件を守るという意味においても、教育負担をいかに負担するのか、それを法的にどう確立するか、といった研究は欠かせない。井深はこの視点から戦後初期の動向について、詳述したものである。一方で、市川のように研修のありようを総括する研究もある。

　統制的な教師教育政策の対抗軸をつくる意味でも、大学生をはじめ教育学を学ぼうとする者に教育政策・教育行政をわかりやすく解説したテキストが求められる。井深他、勝野他は、どちらも学びやすい編集が施されている。児美川は、教育政策の変容をていねいに内容も説明しながら、わかりやすくまとめている。佐貫（c）も戦後教育史、とりわけこの20年間の新自由主義教育改革を学ぶ基本テキストといえる。もっとも、佐貫の時期区分は論争的でもある。教育学では新自由主義の影響を臨教審から見る論者が多く、ここを一つの画期とする。佐貫は1993年、すなわち90年代からの変容を重視する。これは、そもそも新自由主義・構造改革がどの時期に始まったのか、政治学はじめとする社会科学領域で論争があることと関係している。

6．18歳選挙制

　2015年6月17日の参議院本会議で公職選挙法が改正され、選挙権年齢が18歳に引き下げられた。総務省・文科省は、副教材「私たちが拓く日本の未来─有権者として求められる力を身に付けるために」と教師用指導書を作成し、普及している。これらに関わる政策動向を批判的に分析する論稿も多い。中嶋（b）は、政府は投票行動などの「制度的政治参加」に囲い込もうとしているのであり、集会・デモをはじめとした「非制度的政治参加」が脱落しているという。そして、教育基本法に定める政治教育の歴史を紐解きながら、政府は政治的教養教育の抑圧を続けてきたと批判している。宮下は、他国の生徒の政治的権利保障の実態を論じながら、日本の高校生の政治活動の禁止政策の歴史と一部容認の動きについて、詳述している。新自由主義との関連で若者の投票率低下を分析しながら、「すべての生徒に政治教育、主権者教育を保障していく」課題について論じている。

＊引用・参考文献（紙幅の都合上、副題の一部は割愛した）
・荒井文昭「新教育委員会制度と学ぶ権利」『月刊社会教育』第59巻第2号、2015年2月号
・姉崎洋一ａ「近年の大学政策・大学教育の動向と課題：特別な支援を必要とする学生への大学教育の課題」『障害者問題研究』第43巻第2号
・姉崎洋一ｂ「転換期の英国成人教育と新たな課題－リーズ地域を中心に」『経済』№241、2015年10月号
・市川昭午『教職研修の理論と構造』教育開発研究所
・井深雄二「戦後初期における公立学校教員給与の全額国庫負担論－学校教育法案と地方教育行政法案」日本教育制度学会『教育制度学研究』№22、東信堂
・井深雄二他『テキスト教育と教育行政』勁草書房
・鵜飼哲他『現代思想　特集＝大学の終焉－人文学の消滅』2015年11月号、青土社
・小野方資「教育政策形成における『エビデンス』と政治」『教育学研究』第82巻第2号
・勝野正章他編『教育行政学　改訂新版』学文社
・勝野正章「教育の『質保証』と教育行政の中立性」『教育』№836、2015年9月号
・片野親義「公民館の役割と現代的課題：実践と研究と運動の基軸をどこに置くか」『経済』№241、2015年10月号
・川口洋誉「問われる『大学の社会的意義』－大学は『刀鍛冶』を育てるのか『野鍛冶』を育てるのか」『教育』№838、2015年11月号
・木村浩則「パフォーマンスの統治とゼロ・トレランス国家」『人間と教育』85、2015年春号
・教育科学研究会編『教育』№836、2015年9月号（特集「政治的中立」と教育の公正）－（各地の実態報告 教育内容と価値に介入する権力－政治的中立性を侵す教育行政）
・久冨善之「教科研は『教師の困難』にどうとり組んだのか－教科研『教師部会』『教師の危機と希望分科会』の歩み」『教育』№828、2015年1月号
・児美川孝一郎『まず教育論から変えよう』太郎次郎社エディタス
・佐貫浩ａ『道徳性の教育をどう進めるか－道徳の「教科化」批判－』新日本出版社

・佐貫浩 b「道徳の『教科化』批判－その背景とわたしたちの課題」『人間と教育』No.86、2015年夏号
・佐貫浩 c「戦後70年と日本の教育の行方：『戦後社会』の根本的改変と新自由主義教育改革」『経済』No.242、2015年11月号
・鈴木敏夫「教科書統制の新段階　広がる採択妨害と強まる検定基準」『教育』No.833、2015年6月号
・高橋英児「『スタンダード』化の背景を探る」『生活指導』2015年6／7月号
・高橋哲「現代教育政策の公共的分析－教育における福祉国家論の再考－」『教育学研究』第82巻第4号
・武居利史「博物館、美術館の状況と課題」『経済』No.241、2015年10月号
・俵義文「教科書は政府広報ではない」『世界』No.870、2015年6月号
・俵義文「中学『歴史』『公民』教科書採択をめぐって」『生活教育』No.805、2015年12月号
・坪井由実、渡部昭男編集『地方教育行政法の改定と教育ガバナンス―教育委員会制度のあり方と「共同統治」』三学出版
・中嶋哲彦 a「大学・学問の現代的存在形態と大衆的高等教育の創造」『日本の科学者』Vol.50 No.7、通巻570号、2015年7月号
・中嶋哲彦 b「主体的政治参加のための政治的教養と内発的参加要求－解釈改憲政権による主権者教育の危険性」『世界』No.876、2015年12月号
・日本教育行政学会年報編集委員会『日本教育行政学会年報』第40号
・日永龍彦「戦後大学改革に影響を与えた米国のアクレディテーションの実態－1940年前後の動向に焦点をあてて－」大学評価学会年報『現代社会と大学評価』No.11、晃陽書房
・日比嘉高『いま、大学で何が起こっているのか』羊書房
・藤田英典「一八歳選挙権と教育政策の矛盾－教科書検定強化と国立大・人文社会系軽視のゆくえ」『世界』No.872、2015年8月号
・福島賢二「『真理の代理人』としての教師の役割と使命教育」『教育』No.836、2015年9月号
・船木正文「アメリカ合衆国のゼロ・トレランスの見直し政策－生徒の学力保障と修復的司法の実践」『人間と教育』85、2015年春
・増山均『学童保育と子どもの放課後』新日本出版社

・宮下与兵衛「18歳選挙権と政治教育をめぐって－すべての生徒に政治教育・主権者教育を」『人間と教育』88、2015冬
・光本滋a『危機に立つ国立大学』クロスカルチャー出版
・光本滋b「学校教育法・国立大学法人法改正に伴う『大学ガバナンス改革』」大学評価学会年報『現代社会と大学評価』No.11
・山本由美『教育改革はアメリカの失敗を追いかける　学力テスト、小中一貫、学校統廃合の全体像』花伝社
・山本宏樹「なぜ今、ゼロ・トレランスが波及するのか：後期近代における教育的信念のポリティクス」『教育』No.831、2015年4月号
・渡辺治「憲法の平和と民主主義をめぐる攻防の70年」教育科学研究会他編『教育をつくる－民主主義の可能性－』旬報社

（愛知県立大学）

[内外の教育政策研究動向 2015]
中国における教育政策の展開とその研究動向

日暮　トモ子

1．はじめに——教育改革プランにみられる重点課題

　中国は、改革・開放政策の下で計画経済から市場経済への移行を図り、年率10％前後の経済成長率を維持しながら、目覚ましい経済発展を遂げてきたことは周知のとおりである。経済発展を目指す国家建設において、教育改革は、科学技術の発展とともに、経済発展戦略の重要課題として認識されている。経済発展を支える戦略の一つとして位置づいている中国の教育改革は、改革を着実に遂行するために国の中・長期的な計画に基づいて教育政策が立案され、実行に移されるところにその特徴がある。

　近年発表された教育計画の中でも最も注目される計画は、2010年に2020年までの包括的な教育改革の方向性を示した「国家中長期教育改革・発展計画要綱（2010-2020）」である。改革・開放政策路線が示された1978年以降1998年までの間に中国共産党や国務院（内閣）が教育改革の方向性について発表した政策文書には、中国共産党中央「教育体制改革に関する決定」（1985）、中国共産党中央・国務院「中国の教育の改革及び発展についての要綱」（1993）がある。2010年発表の要綱はこれらに続く3度目のものであり、中国の教育政策にとって極めて重要な意味を持つ。

　今回の要綱は22章、70条、2万7,000字からなる。2020年までに「いくらかゆとりのある社会」（原語：小康社会）を実現するために、「科学と教育による国家振興」（原語：科教興国）戦略と人的資源の開発と人材養成の強化を目指す「人材資源強国」（原語同）戦略の実施を通じて人材資源強国を作り上げることを目指した総合的な教育改革プランとなっている[1]。改革の基本方針としては、「教育を優先的に発展させ、人材育成を根本とし、創造・刷新による改革を進め、教育の公平性を実現し、質を向上させる」ことを掲げている。要綱に示された具体的な数値目標は表のとおりである。教育部公表数値によると、

2014年現在、幼稚園在園児数4,051万人、義務教育卒業時在籍率92.6％、高等教育機関在学者の全体規模3,559万人、総在学率37.5％であり、そのほとんどが2015年までの数値目標を前倒しで達成していることがわかる[2]。

表：「国家中長期教育改革・発展計画要綱（2010-2020）」における教育事業の目標

指　標		2009年	2015年	2020年
就学前教育	幼稚園在園児数（万人）	2,658	3,400	4,000
	就学前1年間の就園率（％）	74.0	85.0	95.0
	就学前2年間の就園率（％）	65.0	70.0	80.0
	就学前3年間の就園率（％）	50.9	60.0	70.0
九年制義務教育	在学者数（万人）	15,772	16,100	16,500
	卒業時在籍率（％）	90.8	93.0	95.0
後期中等教育	在学者数（万人）	4,624	4,500	4,700
	(内数)中等職業教育在学者数(万人)	2,179	2,250	2,350
	総在学率（％）	79.2	87.0	90.0
高等教育 ※高等職業教育機関在籍者を含む。	全体規模（万人）	2,979	3,350	3,550
	在学者数（万人）	2,826	3,080	3,300
	(内数) 大学院在学者数（万人）	140	170	200
	総在学率（％）	24.2	36.0	40.0
継続教育	就業者の継続教育在学者数(万人)	16,600	29,000	35,000

出所：中国共産党中央・国務院「国家中長期教育改革和発展規劃綱要（2010-2020）」2010年に基づき作成。

たしかに中国は長年の課題であった義務教育の普及が2010年に100％に達し、量的には確実に発展した。しかし一方で、経済発展によって都市と農村、沿海部と内陸部の経済格差が拡大したことが教育の発展に影響を及ぼし[3]、結果、地域間・学校間の教育格差の是正、経済的に恵まれていない家庭の子どもへの修学支援など機会均等の問題が解決すべき課題として新たに浮上している。上述の要綱で「教育の公平性の実現」を改革の基本方針の一つに掲げられていることからも看取できるとおり、政府も教育格差の拡大や不平等な教育機会を問題として認識し、公平性の実現に向けた様々な施策を近年打ち出している。中国国内の論文検索サイトCNKIでタイトルに「教育の公平性」（原語：教育公平）の語がある論文を検索してみると、2006年以降にその数は急増し、近年は800件以上を超える。また、王・蔡（2013）や張（2016）の研究でも、2010年頃から「教育の公平性」をテーマとする研究が増え、教育政策研究の主流になっていることを指摘している[4]。以上のことからも、今日の教育政策で「教育の公平性」が重点課題として位置づいているといえよう。

以下本稿では、義務教育段階及び義務教育後の教育段階における「教育の公平性」に関する政策に焦点を当て、それに関する研究を踏まえつつ、その動向を概観する。

2．義務教育段階における改革
（1）学校間・地域間の教育格差の是正
　教育の公平性の実現にとって、義務教育段階（小学校及び初級中学の計9年間）では、学校間・地域間の格差の是正が喫緊の課題として認識されている。
　学校間の格差是正に向けた措置として、都市部における越境入学抑制策が挙げられる。中国では「義務教育法」第12条で無試験による戸籍所在地[5]において指定された学校に入学すること（原語：就近入学）を原則として定めている。しかし都市部では過熱した受験競争を背景に、進学率の高い、教育条件の整った初級中学へ子どもを越境入学させる保護者が後を絶たない。このことが子どもの過重な学習負担の原因となっているだけでなく、義務教育段階の学校間の格差を引き起こす要因として問題視されていた。そこで教育部は2014年に義務教育法で規定した通学区域内での進学を原則とする方針を改めて確認するとともに、学区を再編して一小学校の進学先として一初級中学を割り当て、試験による入学者選抜を禁止するとした[6]。これに対して、初級中学に無試験で進学させることで学習負担の軽減につながる可能性はあるものの、通学区域内の教育条件の整っていない学校に通わせるより条件の良い学校に通わせることが子どもの将来に有益とみる保護者もおり、越境入学の自由を認めるべきとの意見も根強く存在している[7]。また、通学区域内での就学を実施した結果、教育条件のよい学校周辺の住宅価格が高騰するなどの社会現象もみられるなど、越境入学抑制による教育の公平性の実現には多くの困難を伴っているといえる[8]。
　越境入学問題は主として都市部の問題だが、都市と農村の間の格差の是正には、農村の子どもの就学機会を保障し、その教育の質を向上させることが不可欠である。仲田（2014）も、教育財政の不足から、校舎や教員の質において、都市と農村の教育条件の差が大きく、教育格差が依然として縮まっていないと指摘している[9]。農村の学校の多くは施設設備が十分に整備されておらず、それが農村の子どもの学習意欲の低下や中途退学に繋がっていることから、教育部は2013年に財務部等と共同で通知を出し、農村の学校の運営条件の最低ラ

インを定め、3〜5年の間に施設設備の改善を指導している[10]。

（2）出稼ぎ農民の子どもに対する就学保障
①都市に流入した子どもへの対応

先に述べたとおり、義務教育法では学齢にある子どもは戸籍のある地域での就学を義務づけている。この措置は本来子どもの教育を受ける権利を保障するためのものである。しかし、戸籍の移動が制限されている中国では、戸籍を移さずに移住した農村出身の子どもが都市部の学校で就学できないケースが2000年以降急増した。この問題は、市場経済の進展に伴って1990年代後半より出稼ぎのために都市に流入する農村出身の労働者（「農民工」）が増え[11]、さらに、彼らとともに都市に流入した学齢期にある子どもが都市部に増加したことが背景にある。農民工の学齢期の子どもの移住先での就学機会の保障が教育の公平性を実現する上で重要な鍵と認識されており、近年多くの研究がなされている。

都市に流入した農民工の子どもの就学保障については、2003年に国務院が流入先の政府が公立校を主として受け入れる責任を負う方針[12]を示したことを皮切りに進展し、2006年に改正された義務教育法でも移住先での子どもの就学保障に関する規定が追加された。さらに、経済的理由で就学が困難となっていた状況を改善すべく、就学に当たっての費用（授業料、諸経費、越境入学費）を徴収しないこと等も定められることとなった。

こうした施策の結果、都市に流入した義務教育段階にある子どもが流入先の公立学校に就学している割合は2011年の79.2％から2013年には80.4％に達している[13]。しかし、裏を返せば2割の子どもが公立校に就学できておらず、こうした子どもの多くが設備の十分に整っていない無認可校に通っているのが現状である。農民工の子どもの就学保障制度及びその実態について詳細な研究を行った植村（2009）も、農民工の子どもの就学保障の問題は社会システムと強く結びついていることから解決困難な問題であるにもかかわらず、政府の措置が功を奏したとの報告が数多く出され、農民工の子どもの教育機会の保障の問題が解決済みの問題として位置づけられる傾向を批判している[14]。さらに、2014年に国よる大都市に対する人口抑制策が実施されたことを受け、北京・上海などの大都市では農民工及びその子どもの受け入れを制限する傾向がみられる[15]。農民工の子どもの就学保障を政府の基本的な責任として実行できるかが今後の教育公平の実現の重要なポイントと指摘する研究もある[16]。

②農村に残された子どもへの対応

　農民工の子どもの中には、保護者と一緒に都市に移住せず、農村に残留して暮らす子ども（「留守児童」）がいる。義務教育段階の学校に在学している留守児童数は約2,075万人おり、全国の児童生徒の14.5％を占める[17]。NGO団体の調査報告（2015）によれば、調査対象者の満18歳以下の留守児童（推計約6,100万人）のうち、1年のうち保護者に一度も会えなかった者が15％（推計約921万人）、一度も連絡がない者が4.3％（推計約262万人）いるとのデータもある[18]。こうした状況に置かれている子どもの就学保障や教育の質の保障が問題となっている。中華全国婦女連合会の調査報告書（2013）では、農村部など経済発展が後れている地域では留守児童の義務教育が十分保障されていないとの結論を示している[19]。農村の学校は運営条件や教員の水準等において都市部に比べ一定程度の格差があり、それが親元を離れて農村に暮らす留守児童の心身の発達に少なからず影響を与えているとの指摘もある[20]。

　これらの指摘は留守児童の問題が認識されるようになった2005年前後から言われているが、現在に至っても解決されていない。こうした状況を踏まえ、国務院は2014年に「国家貧困地域児童発展計画（2014-2020）」を発表し、2020年までに農村部など経済的に貧しい地域の子どもの栄養面、衛生面、教育面の支援を行うセーフティネットを構築するとし、国を挙げて経済的に恵まれない家庭の子どもの支援に取り組む姿勢を示している[21]。

3．義務教育修了後の段階における改革

　義務教育修了後の上級学校（高級中学及び大学）への進学試験は戸籍所在地での受験が基本である。しかし、都市流入農民の子どもが移入先の公立校で義務教育を修了するケースが増えた結果、その後の進学機会の保障も解決すべき課題として認識されるようになった。移住先の学校での進学機会の保障が教育の公平性の実現に繋がることから、国務院は2012年に都市流入農民の子どもが義務教育後に移住先の学校に進学する措置を講じるよう国務院各部、各省に向けて指示を出している[22]。これを踏まえ、各地で当該地域の状況に応じた都市流入農民の子どもに対する入学試験に関する施策が打ち出され、2013年より都市流入農民の子どもが戸籍所在地以外の現居住地で高等教育機関の入学者選抜試験である全国統一試験を受験できるようになった。しかし、各省ごとに都市流入農民の子どもの受験資格にばらつきがみられる。人口流入の多い省で

は制限が厳しく、人口流出が多い省では制限が緩いなど、地域ごとの政策に差があり、教育の公平性の実現に繋がっていないとの批判もある[23]。

4．おわりに――近年の政策動向の特徴と今後のゆくえ

　以上確認してきたとおり、経済発展に伴って生じた都市と農村の経済格差を背景として地域間・学校間の教育格差の問題が浮上し、格差を是正して教育の公平性を実現することが近年の中国の教育政策の重点課題となっているといえる。教育の公平性を実現するには、教育の運営管理体制の整備や財政面での保障が不可欠であり、また本稿で触れた都市流入農民の子どもの就学機会の保障問題を根本的に解決するには戸籍制度との関連で検討する必要がある。なお、戸籍制度については2014年に政府は制度改革に着手し、都市戸籍と農村戸籍の区別を廃止するとした。しかし一方で政府は都市部への人口流入を抑制する政策も合わせて打ち出しており、今回の改革による格差是正の効果については疑問視する声もある。教育の公平性の実現の可否は社会システムとの関連で検討されるべき問題であり、今後そうした研究がいっそう展開されることが予想される。

注
（1）中国共産党中央・国務院「国家中長期教育改革和発展規劃綱要（2010-2020）」2010年、中国政府網（http://www.gov.cn/jrzg/2010-07/29/content_1667143.htm）、2016年2月3日閲覧。
（2）教育部「2014年全国教育事業発展統計公報」2015年、教育部ウェブサイト（http://www.moe.gov.cn/jyb_xxgk/xxgk_tjxx/tjxx_fztj/）（2016年2月3日閲覧）。
（3）張・劉（2014）の研究は、平均修業年限から教育ジニ係数を算出し、教育の公平性の実現程度を分析している。同研究では、教育の発展に伴い国内で教育の公平性は実現されつつあるものの、経済発展の後れた地域は平均修業年限も低く、教育資源が充分に分配されていないために不平等が存在していると指摘している。張百才・劉雲鵬「中国的教育発展与教育公平変動趨勢分析：2002～2012年」楊東平編『中国藍皮書・中国教育発展報告（2014）』、社会科学文献出版社、2014年、28～47頁。
（4）王小許・蔡文伯「我国教育政策研究現状及其発展趨勢的計量分析」『高教探索』2013年第6期、2013年、28～33頁。張敏娜「中国近十年来教育政策研究現状知識図譜分析－基於CNKI（2004～2014年）数据」『高教研究』西南科技大学、2016年、7～10頁。

（5）中国の戸籍は農村戸籍と都市戸籍（非農村戸籍）に分かれ、農村住民には農村戸籍が、都市住民には都市戸籍が与えられている。両者の間には雇用や社会保障などに差が存在する。中国では農村から都市への戸籍移動を政策的に制限しており、この二元的な戸籍制度が農村の発展を妨げている根本的要因との批判がある。現在、全人口14億人のうち、5億人が都市戸籍、9億人が農村戸籍であり、人民の多くが農村戸籍である。

（6）教育部「関於進一歩做好小学昇入初中免試就近入学工作的実施意見」2014年、(http://www.moe.gov.cn/publicfiles/business/htmlfiles/moe/s3321/201401/xxgk_163246.html)（2016年2月25日閲覧）。

（7）「浅談小昇初就近入学問題」『探学網』2014年3月16日、(http://news.51sxue.com/detail/id_40554.html)（2016年2月23日閲覧）。
「校際平衡不実現　選校現象難降温」『新華日報』2014年2月20日
(http://news.sina.com.cn/c/2014-02-20/065029514390.shtml)（2016年2月23日閲覧）。

（8）陳秀鳳「従教育政策学的角度分析義務教育『就近入学』策略」『考試週刊』2016年第7期、152及び157頁。

（9）仲田陽一『知らされる中国の教育改革―超格差社会の子ども・学校の実像―』かもがわ出版、2014年、180〜190頁。

（10）教育部・国家発展改革委員会・財政部「関於全面改善貧困地区義務教育薄弱学校基本辦学条件的意見」2013年、教育部ウェブサイト（http://www.moe.gov.cn/srcsite/A06/s3321/201312/t20131231_161635.html)（2016年2月28日閲覧）。

（11）国家統計局のデータ（2015）によれば、移住先に戸籍を持たずに都市に住む人口数（原語：流動人口）は2億4,700万人、「農民工」（年度内に戸籍所在地以外で6か月以上働いた者及び戸籍所在地で6か月以上農業以外の職業に従事した者）は2億7,700万人であり、人口の約1割を占める。国家統計局「2015年国民経済和社会発展統計公報」2015年（http://www.stats.gov.cn/tjsj/zxfb/201602/t20160229_1323991.html)（2016年2月28日閲覧）。また、教育部の公表数値では、2014年時点で義務教育段階の学校に在学している農村から都市に流入した労働者の子どもの数は約1,295万人、全国の児童生徒の9％を占めている。

（12）「国務院弁公庁転発教育部等部門関於進一歩做好進城務工就業農民子女義務教育工作意見的通知」2003年、
(http://www.gov.cn/zhengce/content/2008-03/28/content_5756.htm)（2016年2月28日閲覧）。

（13）楊東平「深化教育総合改革，大力促進教育公平」楊東平主編『中国藍皮書・中国教育発展報告（2015）』、社会科学文献出版社、2015年、7頁。

（14）植村広美『中国における「農民工子女」の教育機会に関する制度と実態』

風間書房、2009年、3〜4頁。
(15) 北京市の都市流入農民の子どもに対する政策動向を分析した胡（2014）の研究は、同市で都市に戸籍をもたない子どもの就学保障策を実施するにあたり、人口規模のコントロール、教育経費負担の圧力、限られた教育資源の分配といった問題に直面していると分析している。胡玉萍「北京市流動人口子女義務教育政策執行困境与出路」繆青主編『北京藍皮書・北京社会発展報告（2013-2014）』社会科学文献出版社、2014年、74〜83頁。
(16) 楊、前掲論文、7頁。
(17) 教育部「2014年全国教育事業発展統計公報」、2015年。
(18) 上学路上児童心霊関愛中心・李亦菲主編「2015年中国留守児童心霊状況白皮書」（http://www.chinadevelopmentbrief.org.cn/news-17658.html）、2015年、11〜12頁（2016年2月16日閲覧）。
(19) 中華全国婦女連合会課題組「我国農村留守児童、城郷流動児童状況研究報告」2013年（http://acwf.people.com.cn/n/2013/0510/c99013-21437965.html）、(2016年2月15日閲覧)。
(20) 呉霓「流動人口子女の教育」独立行政法人科学技術振興機構・中国総合研究交流センター編『中国の初等中等教育の発展と変革』2013年、187〜189頁。
(21) 教育部「国務院辦公庁関於国家貧困地域児童発展規画（2014-2020年）的通知」、2014年、教育部ウェブサイト
（http://www.moe.gov.cn/jyb_xxgk/moe_1777/moe_1778/201501/t20150116_183064.html）（2016年2月28日閲覧）。
(22) 国務院「関於做好進城務工人員随遷子女接受義務教育後在当地参加昇学考試工作的意見」2012年。（http://www.gov.cn/zwgk/2012-08/31/content_2214566.htm)
(23) 「関注2014高考招生：全国5.6万考生異地高考」『中国教育報』2014年6月4日。

(有明教育芸術短期大学)

[内外の教育政策動向 2015]
政府・文部科学省・中央諸団体の教育政策動向

木村　康彦

はじめに

本稿は、2015年における政府・文部科学省・中央諸団体の教育政策動向を概観するものである。

2015年は、学校教育法や国家戦略特別区域法などの改正により、「義務教育学校」や「公立国際教育学校」といった新しい学校制度の枠組みが誕生した。さらに、フリースクールの法制化や、学校内部のガバナンスを見直す「チーム学校」編成の動きも活発化している。また、2015年度が各国立大学法人の第2期中期計画最終年度で、第3期中期計画に向けて様々な検討がなされていることから、国立大学法人運営費交付金を中心に、政府内部でも教育財政問題について議論が繰り広げられた。公職選挙法改正も実現し、高校生も選挙権を持つこととなり、実施に向けた準備も進められている。そこで、「学制改革の動向」、「教育財政政策の動向」、「18歳選挙権導入にかかる教育政策動向」の3つの視座から、教育政策動向を振り返りたい。

1．学制改革の動向

学校制度改革は、教育段階ごとに多岐に分かれるため、各項ごとに整理を行った。本節では、「チーム学校」「義務教育学校」「公立国際教育学校」「フリースクール法制化」の4つの動向を取り上げたい。「チーム学校」は学校内部のガバナンスに大きな影響を与えるものであり、後の3つは新しい「学校」の在り方を制度化しようとする取り組みである。

（1）チーム学校

12月21日、中央教育審議会（以下、中教審）は「チームとしての学校の在り方と今後の改善方策について（答申）（中教審第185号）」を答申した。「チーム

学校」の取り組みとは、現代の学校教育に生じている複雑化・多様化した課題を解決し、児童生徒等に必要な資質・能力を育んでいくことを目的として、学校や教員が心理や福祉等の専門スタッフや地域住民等と連携・分担・協働する体制を整備するとともに、学校のマネジメントを強化し、必要な指導体制を整備しようとする一連の施策のことを指す。

　答申では、具体的な対応策として、「専門性に基づくチーム体制の構築」「学校のマネジメント機能の強化」「教員一人一人が力を発揮できる環境の整備」の3点が掲げられ、学校という組織にスクールカウンセラーやスクールソーシャルワーカー、学校司書、ICT支援員といった専門家の参画を拡充することに加えて、主幹教諭制度の充実や事務職員体制の見直し、業務環境の改善や教育委員会等による学校への支援の充実を図ることなどが挙げられている。さらに、「チーム学校」の取り組みは、公立学校のみに限定されるものではなく、国・私立学校の位置付けや校種の違いなどに配慮しながら各学校に対する必要な支援を行うことが重要であるとされている。昨今の教育委員会改革により、2015年から総合教育会議が設置され始めるなど、地方教育行政のガバナンスが大幅に変更されたが、今後は学校内部のガバナンスにも目を向けていく必要がある。

(2) 義務教育学校

　学校教育制度の多様化及び弾力化を推進することを目的とした、学校教育法等の一部を改正する法律が6月24日に公布され、小中一貫教育を行う「義務教育学校」が制度化された。義務教育学校は国公私立学校を問わず設置が可能で、原則として教員は小・中学校の教員免許状を併有することとされている。

　義務教育学校の教育課程は前期6年と後期3年に分かれるが、従来よりも柔軟に児童生徒の学習環境を移行させることが可能となり、「中1ギャップ」の解消が期待される。一方で、小中一貫教育の実現を理由として学校統廃合が促進されることや、学校間の序列化を進めてしまうことが危惧されている。この問題は国会審議でも取り上げられ、参議院文教科学委員会が「小学校及び中学校との間の序列化・エリート校化・複線化等により児童生徒の学びに格差が生じることのないよう、万全を期すること」、および衆議院文部科学委員会・参議院文教科学委員会がそれぞれ「義務教育学校の設置に伴い、安易に学校統廃合を行わない」ように留意することを附帯決議した。今後、多くの義務教育学校の設置が見込まれるが、適正な運営が図られるかを注視していく必要がある

だろう。

(3) 公立国際教育学校

7月15日に国家戦略特別区域法の一部改正法が公布された。改正法では、学校教育法等の特例として、公立国際教育学校等管理事業の指定を受けた地方公共団体は、都道府県等が設置する中学校、高等学校又は中等教育学校のうち、国際バカロレアなどを実施する公立学校の運営を学校法人や一般社団法人等の民間に委託することができるようになった。

本施策により、学校教育への民間参入が拡大することになる。これまでにも構造改革特別区域で株式会社立学校が設置された事例もあるが、少なからず問題点が指摘されている。今後は公設民営学校の設置を要望していた大阪市を含め、特区認定を希望する関係地方公共団体との調整が重要となろう。

(4) フリースクール法制化

フリースクールへの支援については、2014年7月に発表された教育再生実行会議第5次提言を契機として、学校外の教育機会の現状を踏まえ、その位置付けについて、就学義務や公費負担の在り方を含め検討が進められている。文部科学省では、1月30日に「フリースクール等に関する検討会議」、2月10日に「不登校に関する調査研究協力者会議」の第1回会議を開催した。このうち、不登校に関する調査研究協力者会議は9月7日に「不登校児童生徒への支援に関する中間報告」を発表しており、「学校以外の学習機会（教育支援センター、フリースクールや家庭など）を通じた支援」の必要性や教員養成を行う大学等で「教育支援センターやフリースクールなどの教育支援機関や児童養護施設等において一定期間実習を行うことを奨励するなどの取組も有効」としている。

さらに、「多様な教育機会確保法（仮称）」の法案提出を企図していた超党派グループの一員である馳浩が10月に文部科学大臣に就任したため、フリースクール法制化も迅速化している。もし実現すれば、学校への登校を前提とする就学義務の制度を根本から覆すことになり、児童生徒等に対する教育の質をいかにして保証するかが鍵となるだろう。

2．教育財政政策の動向

教育財政を巡る大きな動きとしては、教育再生実行会議で、7月8日に「教

育立国実現のための教育投資・教育財源の在り方について」(第8次提言) が発表されている。この提言では、「教育再生」の実現には財政的裏付けが必要だとして、「チーム学校」の推進にかかる教育体制構築や国公私立学校への施設整備への教育投資を求めているほか、とりわけ「幼児教育の段階的無償化及び質の向上」と「高等教育段階における教育費負担軽減」については、優先して取り組む必要性があると述べている。一連の教育投資にかかる財源は、6月30日に経済財政諮問会議での答申を経て閣議決定された「経済財政運営と改革の基本方針2015」を踏まえ、既存の施策・制度の見直しなどにより、確保するよう努めつつも、不足部分は民間資金の活用による財源確保や個人所得課税・資産課税の在り方を見直すことを提言している。

　一方で、財務大臣の諮問機関である財政制度等審議会 (以下、財政審) は、6月1日に「財政健全化計画等に関する建議」を公表し、教職員定数と国立大学法人運営費交付金の削減や一定の経済的配慮をした上で国立大学の授業料引き上げをすべきとの考え方を示している。これと対抗するかのように、文部科学省は6月5日に「財政制度等審議会の『財政健全化計画等に関する建議』に対する文部科学省としての考え方」を発表して、反論を繰り広げた。

　さらに、財政審の財政制度分科会は10月26日に、教職員定数3万7千人の削減や国立大学法人運営費交付金を15年間にわたって毎年1％ずつ減少させることを提案している。特に、前者については教育に対するエビデンスを追及するとともに、「チーム学校」の構築で多様な専門家や地域住民が参画することで教員が授業に専念できる環境を整えるべきであって、多様化する教育問題を「教職員の数」と「教員研修」で解決するのは非効率的だと断じている。これに対して、10月27日に馳文相は「財政審の取組については敬意を表するものでありますが、本音を言えば、売られたけんかは買いたい」ほどであると記者会見でコメントをしたほか、続く10月28日には中教審が「教職員定数に係る緊急提言」および「高等教育予算の充実・確保に係る緊急提言」を発表して、異例の応酬を見せた。緊急提言の中では、財政審の主張は教職員定数と国立大学法人運営費交付金を機械的に削減するものであり、将来に対し禍根を残しかねないとした。こうした文部科学省VS財務省の対立構図は長らく続いているが、2015年も垣間見ることができた。

　冒頭で述べたように、現在、国立大学法人の第3期中期計画策定に向けて様々な検討が進められており、「国立大学法人運営費交付金」をめぐる論争も

その一環である。中期計画は大学のガバナンス改革にも大きな影響を与えており、6月8日には下村博文文相が国立大学法人に対して「国立大学法人等の組織及び業務全般の見直しについて」を通知して、教員養成系・人文社会科学系の学部・大学院について、組織の廃止や社会的要請の高い分野へ転換することを求めたため、広く議論を呼んだとされる。改正学校教育法が4月1日に施行となり、大学における教授会組織の法的位置づけの明確化と学長のリーダーシップの強化が図られたことも踏まえて、改めて高等教育政策を注視する必要があろう。

3．18歳選挙権導入にかかる教育政策動向

最後に、6月19日に公布された改正公職選挙法により、選挙権を有し、選挙活動をすることができる年齢が「満20年以上」から「満18年以上」に引き下げられた点について取り上げたい。

2015年現在、高等学校進学率が約97％に達するなかで、満18年にあたる国民の多くは高校3年に在学していることになる。そのため、高校段階を中心とした学校での主権者教育の方法や学校教育における政治的中立性の確保などはもちろんのこと、高校生自身の政治的活動の在り方が議論の的となりうる。とりわけ本年は、「国家・社会としては未成年者が政治的活動を行なうことを期待していない」として、生徒の政治的活動を厳しく制限・禁止していた1969年10月31日付け文部省初等中等教育局長通知第483号「高等学校における政治的教養と政治的活動について」の見直しが注目された。

報道によれば、同通知の見直しについて、当初は与野党9党派からなる「選挙権年齢に関するプロジェクトチーム」(以下、PT)にて提言をまとめて、文部科学省に申し入れる動きがあったとされる。しかしながら、PTでは意見調整が難航し、7月8日に自由民主党政務調査会文教科学部会が独自に「選挙権年齢の引下げに伴う学校教育の混乱を防ぐための提言」を公表した。ここでは、「高校生の政治的活動は学校内外において生徒の本分を踏まえ基本的に抑制的であるべきとの指導を高校が行えるよう、政府として責任をもって見解を現場に示すべき」との立場を示したほか、教育政策に関連するところでは、教育公務員の政治的行為の制限違反に罰則を科すための「教育公務員特例法」の改正、教職員組合の収支報告を義務付ける「地方公務員法」の改正、法の適用対象を義務教育諸学校から高等学校等に拡大する「義務教育諸学校における教育の政

治的中立の確保に関する臨時措置法」の改正を提言している。加えて、次期学習指導要領で高校の新科目「公共」を盛り込むことの重要性を改めて説いていた。一方、民主党が追って公表した提言では、「教職員の中立性確保の基準については、現状の法令基準で十分」として、法改正には慎重な姿勢を見せている。

　最終的に、高校生の政治的活動等への参加に対する方針については、文部科学省が関係団体へのヒアリングをしたのち、10月29日付け初等中等教育局長通知第933号「高等学校等における政治的教養の教育と高等学校等の生徒による政治的活動等について」を出して、旧通知を廃止した。新通知では、一定の条件下で放課後や休日等に学校外で行われる選挙運動や政治的活動を容認したものの、教育活動の場を利用して選挙運動や政治的活動を行うことについては高校が禁止する必要があるとするなど、全体として抑制的なものとなっている。教育再生実行会議は18歳選挙権導入を見据えて、「政治的中立性の確保に留意しながら、模擬投票や、政策や社会の課題についてのディベートなど体験型・課題解決型の学習活動等を推進する」ことの必要性を5月14日の第7次提言で言及しているほか、中教審教育課程部会でも高校新科目「公共」の設置について、検討を進めているとされる。3月27日には学習指導要領の一部改正により、小・中学校で実施されている道徳の時間を「特別の教科である道徳」へと教科化させることが告示されたが、これらも合わせて今後の動向に注目したい。

まとめにかえて

　学制改革の動向をみると、公立国際教育学校やフリースクールのように、学校教育の担い手を民間に開放する動きが加速化するとともに、学校内部においても専門スタッフや地域住民等のアクターを取り込む「チーム学校」の編成が急務となっている。一方で、公設民営学校やチーム学校といった取り組みが、単に財政効率的な理由から推進されることが懸念される。むしろ学校教育に多様なアクターとの関わりが増えるからこそ、教育を財政面から支援し、環境整備をいっそう進めて行く必要がある。これから18歳も有権者となることに伴って、より若い世代の意見が政治に反映されることになるが、こうした時代に相応しい教育政策が実現されていくかを見守っていかねばならないだろう。

引用・参考資料
・教育再生実行会議「提言」

https://www.kantei.go.jp/jp/singi/kyouikusaisei/teigen.html
- 小林美津江「学校教育法改正に係る国会論議: 小中一貫教育を行う義務教育学校の創設」『立法と調査』367号、3-12頁、2015年.
- 財務省「財政健全化計画等に関する建議」
 http://www.mof.go.jp/about_mof/councils/fiscal_system_council/sub-of_fiscal_system/report/zaiseia270601/
- 財務省「財政制度等審議会 財政制度分科会 議事要旨等」
 https://www.mof.go.jp/about_mof/councils/fiscal_system_council/sub-of_fiscal_system/proceedings/index.html
- 自由民主党「選挙権年齢の引下げに伴う 学校教育の混乱を防ぐための提言」
 https://www.jimin.jp/news/policy/128241.html
- 高山晶一、安藤美由紀「18歳選挙権 規制ありき 文科省月内に通知 濃い自民色 政治的中立を強調」『中日新聞』2015年10月25日朝刊2面
- 中村高昭「更なる改革を迫られる国立大学: 国立大学法人運営費交付金をめぐる議論を中心に」『立法と調査』369号、46-59頁、2015年
- 民主党「学校教育を中心とした『主権者教育』確立のための政策提言」
 https://www.dpj.or.jp/article/107377
- 文部科学省「一部改正学習指導要領等（平成27年3月）」
 http://www.mext.go.jp/a_menu/shotou/new-cs/youryou/1356248.htm
- 文部科学省「教職員定数に係る緊急提言」
 http://www.mext.go.jp/b_menu/shingi/chukyo/chukyo0/toushin/1363512.htm
- 文部科学省「高等学校等における政治的教養の教育と高等学校等の生徒による政治的活動等について（通知）」
 http://www.mext.go.jp/b_menu/hakusho/nc/1363082.htm
- 文部科学省「高等教育予算の充実・確保に係る緊急提言」
 http://www.mext.go.jp/b_menu/shingi/chukyo/chukyo0/toushin/1363570.htm
- 文部科学省「財政制度等審議会の『財政健全化計画等に関する建議』に対する文部科学省としての考え方」
 http://www.mext.go.jp/a_menu/kaikei/sonota/1358553.htm
- 文部科学省「小中一貫教育制度の導入に係る学校教育法等の一部を改正する法律について（通知）」
 http://www.mext.go.jp/b_menu/hakusho/nc/1360758.htm

・文部科学省「チームとしての学校の在り方と今後の改善方策について（答申）」
http://www.mext.go.jp/b_menu/shingi/chukyo/chukyo0/toushin/1365657.htm
・文部科学省「馳浩文部科学大臣記者会見録（平成27年10月27日）」
http://www.mext.go.jp/b_menu/daijin/detail/1363064.htm
・文部科学省「不登校児童生徒への支援に関する中間報告」
http://www.mext.go.jp/b_menu/shingi/chousa/shotou/108/houkoku/1361484.htm
※ホームページの閲覧日は、いずれも2016年2月29日である。

(早稲田大学・大学院生／日本学術振興会特別研究員)

[内外の教育政策動向 2015]
地方自治体の教育政策動向

武井　哲郎

はじめに

　本稿では、2015年の地方自治体における教育政策動向を概観する。具体的には、「子どもの貧困」問題への対応、「チームとしての学校」を目指す取り組み、「学力」をめぐる諸問題、主権者教育の展開といったトピックを取り上げる。なお、本稿の執筆にあたっては、『内外教育』（時事通信社）の記事および朝日新聞記事データベース「聞蔵Ⅱビジュアル」を主に利用した。

1.「子どもの貧困」問題への対応

　2014年1月に「子どもの貧困対策の推進に関する法律」（平成25年法律第64号）が施行された影響もあり、貧困の状態にある子どもを支援するための取り組みが全国で進められている。貧困対策は、文部科学省のみならず内閣府や厚生労働省もかかわる問題であるため、地方自治体の取り組みを見ても、教育委員会（以下、教委と表記することがある）が所管する事業ばかりではない。それゆえ、いわゆる「教育政策」に含まれるものと考えてよいかどうか、判断が分かれるところかもしれない。しかし、子どもの学びや育ちにかかわる現代的な課題として無視できないものだと考え、本稿において取り上げることとした。以下、自治体レベルで行われている取り組みを大きく3つに整理したい。

　まず挙げられるのは、貧困対策にかかわる推進計画の策定である。「子どもの貧困対策の推進に関する法律」第四条に「地方公共団体は、基本理念にのっとり、子どもの貧困対策に関し、国と協力しつつ、当該地域の状況に応じた施策を策定し、及び実施する責務を有する」と規定されているため、2015年には全国で計画の策定が進んだ。例えば神奈川県では、①教育の支援－就学、学資の援助、学習の支援、②生活の支援－生活に関する相談、社会との交流の機会の提供、③保護者に対する就労の支援－保護者の職業訓練の実施および就職の

あっせん、④経済的支援―各種の手当等の支給、貸付金の貸し付けといった施策を、「子どもの貧困対策推進計画」のなかで掲げた(『内外教育』2015年4月10日)⁽¹⁾。また、東京都足立区では、貧困の実態把握を目的に小学校全69校の1年生計約5300人を対象とする無記名の調査を実施し、保護者の所得や勤務形態、子どもの虫歯の有無、起床・就寝時間、朝食をとる習慣などを尋ねた。調査結果をもとに、貧困の連鎖を断てるような施策の検討を行うという(『朝日新聞』6月18日朝刊)。

　第二に、貧困の状態にある子どもやひとり親家庭の子どもに対する学習支援である。2015年4月に施行された「生活困窮者自立支援法」(平成25年法律第105号)において、各自治体の任意事業として「生活困窮者である子どもに対し学習の援助を行う事業」が位置づけられたため(第六条)、高校進学を控えた中学生を対象に学習支援の場を準備する事例が増えている。例えば愛知県名古屋市では、児童扶養手当を受給するひとり親家庭の中学1・2年生を対象に、児童館で学習サポートを実施している(『内外教育』1月27日)。また栃木県では、県内25市町全てで、経済的理由で塾などに通えない子どもの学習支援を始めることになった。25市町のうち11町は県が行い、生活保護世帯を含む生活困窮世帯の小学4年生から中学3年生までが対象になるという(『内外教育』5月26日)。これらは、貧困の連鎖を断ち切るという目的のもと国の補助を受けながら行われる傾向にあるが、「生活困窮者自立支援法」に基づく事業となるため、学習支援でありながらも福祉の部局が実施主体となることが多い。

　第三に、食事の提供を伴った居場所づくりである。貧困の状態にある子どもやひとり親家庭の子どもが満足に食事をとることができるよう、いわゆる「子ども食堂」を開く取り組みが全国で見られる。特に多いのが夕飯を提供するもので、保護者が遅くまで働かねばならない家庭の子どもにとって、そこは温かい食事をとることができる場であるのと同時に、夜の居場所であるとも言われている。もともと「子ども食堂」は民間のNPO法人などが各地でスタートさせた取り組みであったが、その意義が理解されるにつれて、財政面の支援に乗り出す行政の動きが出始めている。具体的には、沖縄県浦添市や福岡県、大分県などで、2016年度から「子ども食堂」の運営を補助する予算が組まれる見込みとなっている⁽²⁾。

2．「チームとしての学校」を目指す取り組み

　「子どもの貧困」への対応のみならず、不登校やいじめの問題など、学校教員が向き合わねばならない生徒指導上の課題は多岐に渡っている。2014年に公表されたTALIS（教員勤務環境実態調査）の結果においても、日本の教員の一週間あたりの勤務時間は、OECDに加盟する34の国・地域の中で最長であることが明らかとなった。多様化・複雑化する生徒指導上の課題への対応と教員の多忙な勤務状況の改善が求められる状況のなか、中央教育審議会は2015年12月に「チームとしての学校の在り方と今後の改善方策について」という答申をとりまとめた。

　国の動きと時を同じくして、自治体レベルでも「チームとしての学校」を目指す取り組みが進められている。例えば大阪府堺市では、学校教育を取り巻く課題について区役所と教委が連携して調査・審議を行う「区教育・健全育成会議」と相談窓口を4月に設置した。不登校の背景に児童虐待の問題がある場合は教育相談員・区役所家庭児童相談員・保健師が、子育て相談の背景に生活困窮の課題がある場合は教育相談員と区役所生活保護ケースワーカーが、それぞれチームを組んで対応するという（『内外教育』1月16日）。他の自治体に目を向けても、不登校およびその傾向にある児童生徒に早期に対応するため、あるいは、家庭生活に困難を抱える児童生徒への対応を充実させるため、スクールソーシャルワーカーを配置する事例が増加の一途を辿っている[3]。国が「チームとしての学校」の構築に本腰を入れ始める2016年度以降、このような試みが更に広がることが予想される。

　他方で、多忙な勤務状況の改善を目的として、教員以外のスタッフを新たに配置する動きも見られる。岡山県岡山市や東京都府中市では、教職員の代わりに事務作業を担う職員の配置を2015年度から始めた。これまでは教職員が行ってきた文書の管理やデータ入力、集金作業などの事務処理を代行し、教員が子どもたちの指導や教材の準備に専念できる環境を整えようとしている。併せて岡山市では、部活動の顧問教員をサポートする外部指導者の派遣事業についても、市立の全中学校と高校でスタートさせた（『内外教育』3月6日、4月17日）。部活動に外部指導者を派遣する試みは、これまでにも各地で行われてきたが[4]、今後は同種の取り組みがさらに広がることが予想される。

　なお、生徒指導上の課題への対応という点にかかわって、大阪市教委は2015年11月、暴力や授業妨害など市立学校に通う子どもの問題行動を5段階のレベ

ルに分け、レベルごとに学校の対応をルール化するという方針を示した。最も軽いレベル1には「授業をさぼる」「自分の机等に落書きする」といった行為が該当し、学校は「別室での個別指導と家庭連絡」「奉仕活動または学習課題」といった措置をとる。「他の子のものを壊す、捨てる」「押す、突き飛ばす、ぶつかる、プロレス技をかけるなどの暴力をふるう」といった行為（レベル3）になると、「一定期間の別室での個別指導と学習指導」あるいは「警察へ相談」の対象となる。さらに、「極めて重い暴力・傷害行為・脅迫・強要・恐喝行為」（レベル5）になると、「警察、こども相談センター、児童自立支援施設等における対応」となる。大阪市教委では、これらのルールを児童生徒や保護者らに対して2016年4月に提示し、試行期間を経た後、本格運用に繋げていくとした。この背景には、小中高生1,000人あたりの暴力行為の発生件数（2014年度）が、大阪府は47都道府県で最多の10.6件に上る状況があったとされているが（『朝日新聞』11月16日夕刊）、ゼロ・トレランスとも呼べるような生徒指導のルールが適切なのか、そして、子どもたちへの指導に際してこのルールがどこまで有効に機能するのか、慎重な検討を要すると言えよう。

3.「学力」をめぐる諸問題

　このように、子どもたちが抱える生活面の課題を解決していこうとする試みが広がる一方で、前年までと同じく、学力向上を意識した施策が2015年も全国の自治体で展開された。

　まず挙げられるのは、土曜授業の実施である。これは、教育委員会が必要と認める場合には土曜授業の実施が可能であることが明確化されて以降[5]、全国に広がっているものである。例えば鹿児島県では、県内全市町村の公立の小中学校で2015年4月以降、第2土曜日の授業を順次開始することを決定した（『内外教育』3月3日）。熊本県では、土曜授業の際に国語や算数といった通常教科が実施できるよう、熊本市を除く全市町村教委に対して新たな通知を出すことで、学力向上に向けた取り組みを一層充実させることとした（『内外教育』3月20日）。また、土曜ではなく放課後の学習を充実させようとする動きもある。例えば新潟市では、市立の全中学校を対象に、放課後の時間を活用して授業の復習や先取りを行う事業を開始し、「学習支援員」と呼ばれる講師を配置した（『内外教育』7月10日）。宮崎県えびの市では、外部講師が希望者に数学と英語を指導する公営塾を県立高校内に開設し、通常の時間割に加えて放

課後にも授業を行うことで、大学進学の後押しを図ることにした（『内外教育』6月26日）。土曜授業は正課内の授業として、放課後の学習は正課外の活動として展開される傾向にあるが、いずれも児童生徒の学習時間を増やそうとする試みであることは確かだろう。

　学力向上に向けた取り組みとしてもう一つ挙げられるのは、学習塾等を経営する民間企業との連携である。大阪市では、学習塾の講師が数学・国語・英語の基礎的な内容を中心に指導する課外授業を、淀川区内の中学校で開始した。区内に住む中学生を対象とし、受講料として月額1万円を設定、但し受講料に関しては、市が発行している中学生の学習塾授業料を補助するバウチャー券を利用することができるとした（『内外教育』7月7日）。大阪府高槻市でも、民間企業との連携による土曜学習を中学校において開始し、学習計画の立案に関する助言や基礎学力・応用力を養う指導が無料で受けられる場を設けた（『内外教育』7月10日）。さらに奈良市では、民間の学習塾と連携して、学童保育施設で希望児童にアクティブ・ラーニング型の授業を実施する有料モデル事業を開講した。小学1～4年生の希望者に週1回60分の授業を行い、参加料として月額4000円を徴収、立体積み木などの教材を使った学習、算数・国語の教科学習、簡単な英会話学習などから成るプログラムを実施するという（『内外教育』8月21日）。民間企業との連携をどのように評価すべきなのかという点については慎重な議論が必要とされる問題であり、今後の動向を注視しなければならない。

　最後に、全国学力・学習状況調査にかかわる問題を一つ取り上げておきたい。2015年4月、大阪府教委は全国学力・学習状況調査を内申点の付け方の統一基準として活用することを決定した。これは、2016年の府立高入試から受験生の内申点を相対評価から絶対評価に改めることに伴い、中学ごとに評価にばらつきが出ることが懸念されたため、同調査の結果を活用し、平均正答率の高い学校は最高の「5」を付ける生徒を増やすなどの調整を行おうとするものであった。しかし、同調査の趣旨を逸脱するものだとして、この決定を問題視したのが文部科学省である（『内外教育』4月17日）。文部科学省は11月、2016年度の全国学力・学習状況調査の実施要領において入試利用禁止を明記するという方針を固め、それを府教委に伝えた。府教委は、2017年以降の入試で同調査の結果を利用することを断念し、その後、府独自の統一テストの導入を決めた（『内外教育』12月1日、12月4日）。全国学力・学習状況調査の利用策につい

ては、これまでにも頻繁に論議を呼んできたが、今後も同種の事案が発生する可能性は否定できないだろう。

4．主権者教育の展開

　2016年6月から選挙権年齢が18歳以上に引き下げられるのに伴い、主権者教育に対する関心が高まっている。

　長野県では、県教委と同県選挙管理委員会が、高校生を対象にした主権者教育について協力・連携するための協定を結んだ。連携事項としては、①学校教育での模擬投票、②高校などでの選挙出前授業、③義務教育段階で選挙の意味や政治参加について考える学習などが掲げられており、県教委としても、①模擬投票、②NIE（教育に新聞を）、③生徒会投票により主権者教育を進めるモデル高校の指定を進めていくという（『朝日新聞』6月25日朝刊、長野東北信版）。模擬投票を中心とした主権者教育については、他の自治体でも積極的に行われており、鳥取県などでも2015年度中に全県立高校で実施される見込みとなっている（『内外教育』7月3日）。その他にも、若年層の政治への関心や投票意識を高めることを狙いとして、市議選の投票所（期日前投票）のアルバイト（投票用紙の交付や宣誓書の記入方法の案内など）に高校生を採用した茨城県ひたちなか市の事例や、2011年から開かれている若者と議員の座談会に、2015年から高校生を加えた高知県の事例など、全国の自治体で模擬投票にとどまらない多様な取り組みが始められている。

　主権者教育が実施されるのは、高校ばかりではない。選挙の意義や大切さを理解してもらうための啓発活動は小学校段階でも行われており、児童による模擬投票や計数機を使った開票作業などの体験を主とした授業が展開されている（『内外教育』7月3日）。また、主権者教育を直接の目的に据える取り組みではないものの、中学生が10年後のまちづくりについて提案をまとめる大阪府阪南市の「中学生生徒会サミット」という実践は、模擬投票とは異なる形で中学生の市政に対する関心を高めようとするものだと言える。中学生からは、「子どもと高齢者が趣味を共有できる施設の整備」や「四季を通じて既存の集客施設を活用するためのイベントの開催」といった提案が出されたという（『内外教育』3月6日）。

　今後、主権者教育と称される授業がこれまで以上に行われることは、ほぼ間違いないだろう。ただ、模擬投票を実施するだけの授業が本当に主権者教育と

なりうるのか、政治的中立性を確保することが強く求められる状況のなかでどのような主権者教育が展開可能なのか、高校生の政治活動に一定の制限を設けようとする文部科学省の方針とどのように向き合っていけばよいのか、といった多くの課題が残されている。地方自治体が展開する施策を注視する必要があろう。

おわりに

　本稿で取り上げたトピックだけでなく、2015年の地方自治体における教育政策動向を見ると、情報モラルに関する教育・研修や就学前教育の充実が積極的に進められた一年であった。情報モラルに関しては、ネットトラブルに巻き込まれるのを防ぐための啓発DVDを県内の高校などに配布した福岡県の事例（『内外教育』1月16日）、スマートフォンやゲーム機利用の適正化に向けた共通ルールを設定した香川県の事例（『内外教育』3月6日）などがある。また、就学前教育の充実に関しては、幼稚園・保育所の給食費無償化（高知県田野町）、4・5歳児の保育料無償化（岡山県備前市）、「保小中」の一貫教育の実施（島根県知夫村）、自然保育に力を入れる通称「森のようちえん」の普及に向けた支援（長野県）といった事例がある（『内外教育』2月20日、3月17日、3月31日、8月21日）。とりわけ、就学前教育にかかわる費用の無償化を決めた自治体は、子育て支援策を充実させることで若い世代の定住を促進させたいというねらいを掲げている。「子どもの貧困」問題への対応と同じく、教育委員会が福祉やまちづくりにかかわる部局とも連携を図りながら解決していかねばならない行政課題が増加の一途を辿る状況にあると言えるだろう。

注
（1）以下、本稿で取り上げるのは全て2015年に発刊された記事のため、引用に際して年号の表記を省略する。
（2）http://ryukyushimpo.jp/news/entry-186010.html、http://www.nishinippon.co.jp/feature/tomorrow_to_children/article/224297より（最終アクセス日：2016年2月19日）。
（3）一例として、京都府では2015年度からスクールソーシャルワーカーを9名増員した（『朝日新聞』3月4日朝刊、京都市内版）。
（4）『朝日新聞』12月22日朝刊では、外部指導者の派遣を2004年から行ってきた名古屋市の事例が紹介されている。名古屋市では2015年度、全110校の市立中学校のうち64校に、学生や実業団経験者ら96人を派遣しているという。

（5）2013年11月29日に公布・施行された学校教育法施行規則の一部改正による。

（立命館大学）

[内外の教育政策動向 2015]
デンマークの教育政策動向

佐藤　裕紀

はじめに：2014年の国民学校改革

　デンマークは、2015年6月の選挙後、中道右派である左翼・デンマーク自由党（Venstre, Danmarks Liberale Parti）の単独政権となっている。しかし、目下、2011年から直前まで政権であった社会民主党（Socialdemokraterne）・急進自由党（Det Radikale Venstre）・社会主義人民党（Socialistisk Folkeparti）の中道左派連立政権時代に実施された国民学校（Folkeskole：初等・前期中等教育段階の公立学校）の教育改革が進行中である。本稿ではこの国民学校の教育改革の内容とその背景を中心に考察を行う。

　まず、2014年に発行された教育改革の概要である『公立学校の改善：デンマーク公立学校の水準の改革の概要（Improving the Public School:overview of reform of standards in the Danish public school)』の内容を示す。次いで、改革に影響を与えている国際学力調査PISA（Programme for International Student Assessment）とデンマークの教育政策の関係を分析する。最後に、今回の改革に関連して2013年春に起きた自治体連合（Kommunernes Landsforening）とデンマーク教員組合（Danmarks Lærerforening）の紛争に関しても言及する。以上の作業を通して、近年のデンマークの教育政策動向とPISAの関係を明らかにする。

1．『公立学校の改善』に示された教育改革の内容

　まず、今回の国民学校の改革の目的として、次の3点が示されている。

・国民学校は全ての生徒が潜在能力を発揮できるよう挑戦しなければならない
・国民学校は学業成績における社会的背景の影響を少なくしなければならない
・国民学校における専門知識と実践への敬意を通して、学校への信頼と生徒の幸福が促進されなければならない

改革の背景にある問題意識として、デンマークの国民学校は、「良い社会的資質を身に付けた活動的な市民へと生徒を育むという面」では優れているが、「国民学校修了時のデンマーク語と数学、自然科学の成績がOECDの平均である」ことや、学業成績が低い生徒及び高い生徒双方の潜在能力を改善できていない点が、課題として具体的な数字を挙げて示されている[1]。また、教室が騒がしく集中に欠ける状態が、子ども達の学校での幸福（well-being in school）に影響を与える点も指摘されており、根底には「子どもたちは十分に学校で学習していない」という認識がある（The Danish Government, 2012：7）。

　改革の具体的な目標として、①最低でも80%の生徒がナショナルテストの読解と数学で良い成績をとること、②デンマーク語と数学で高い成績を取る生徒の数が年々増加すること、③ナショナルテストでデンマーク語と数学の成績が低い生徒の数が年々減少すること、④生徒の「幸福」が増加すること、の4点が挙げられている。そして生徒の学業成績をナショナルテスト（デンマーク語は2, 4, 6, 8 学年で、数学は3, 6 学年）で追跡調査をすることが可能であり、国、自治体、学校、クラス、生徒の目標達成度を測定していくとしている（The Danish Ministry of education, 2014：18）。

　具体的な改革の内容については、16項目が記載されている。但し、谷（2014）が改革案については詳しく考察しているので、本稿では、一部を紹介するに留める。まず、一週間あたりの授業時間数が増加したことが挙げられる。改革前と比べ、就学前クラスから3学年までは週あたりの授業時間数が30時間に増加した。そして4学年から6学年は33時間に、7学年から9学年は35時間となった。授業時間数の増加と共に、各科目の時間数や教授を開始する学年も変更となった。具体的には、週あたり、デンマーク語と数学が4学年から9学年で1時間増え、英語が1学年と2学年で週に1時間新たに導入された。次いで体育が1学年で1時間増え、音楽が1学年と5学年で1時間増えた。また技術・デザインが4学年で1時間増え、第2外国語（ドイツ語、フランス語）が新たに5学年で1時間、6学年で2時間導入された。他にも自然科学（技術）の時間数が2学年と4学年で各1時間増え、選択科目が新たに第7学年で2時間導入され必修となった。そして「家政科」が時代に合わせて「栄養知識」へと名称変更された。

　今回の改革では、生徒の学力を向上させるために教科指導と並んで、「支援学習（Assisted learning）」も導入されている。この「支援学習」とは、教科指

導とは異なり、学校側にどのような計画でどういった活動をするのか多くの自由裁量があり、例えば宿題カフェや身体活動、その他学校の状況に合わせて実施していくことが可能である。

　教員、校長や事務職員等の人材開発にも力を入れ、2020年までに、国民学校の全ての生徒が、各主担当科目の資格を取得している教員か、同等の資格を有する教員に教えられることを目標とした支援を行う。また教員が学級経営を円滑に行い生徒の幸福を高めるためのツールの開発、学校と教員に助言を行う40名の学習コンサルタントの配置、そして学校と自治体の裁量を増加させるために、後述する「共通目標（Fælles Mål）」やその他の規則・規制の明確化・簡素化等が挙げられている。

　以上から、国民学校の改革に関して、まず、問題意識としてPISA及びナショナルテストを中心とした学業成績の向上の必要性が挙げられている点、そして達成すべき目標として、可視化・計量化できる評価を重んじている点が明らかになった。また「共通目標」の明確化・簡素化や、支援学習において学校や自治体の裁量を増やしている点も、最終的な目標は、学業成績の向上にあることを確認することができた。

　ところで、デンマークは、歴史的に生徒たちを自律的で見識のある市民や社会化する教育に重きを置いてきた。各自治体、そして各学校の教員に多くの裁量が委ねられ、ナショナルカリキュラムがなく、生徒への評価も8学年までなく、また国家による統一した試験も義務教育修了段階まで無く、評価の文化には馴染みがない教育文化であった。そして国民の満足度も高いものであったとされる（Egelund, 2005：211）。しかし、今回の改革の内容を見る限り、その教育文化とはいささか異なるように思われる。では、デンマークの教育政策において、上述した教育文化はどのように変質したのだろうか。この点について、近年のデンマークの教育政策へのPISAの影響が指摘されている（Egelund, 2008：250）。次節ではデンマークの教育政策とPISAの関係を具体的に見ていく[2]。

2．デンマークにおけるPISAと教育政策の変遷

　デンマークは2000年にPISAに初参加し、数学的リテラシー（514）は平均以上であったが、読解力（497）と科学的リテラシー（481）でOECD平均以下の結果であった。この結果は、デンマークに大きな衝撃を与えた。2003年にデ

ンマーク教育省は、「共通目標（Fælles Mål）」という、各科目に関して2学年ごとの到達目標や推奨される指導のガイドラインを導入した。しかし実質的に国民学校はこれに従う形になるため、非デンマーク的と批判された。

また、6項目（記述、目的、中間・最終到達目標、詳述、シラバス）を含む指導計画の作成も導入された。さらに2002年に、国民学校の9学年での修了試験と後期中等教育での修了試験の結果が各学校及び教育省のウェブサイトに掲載されるようになり、「インプット重視」から「アウトプット重視」へと移行していく（Egelund, 2005：210）。加えて、PISAにおける生徒の点数と国民学校の修了試験の結果に相関関係があるとの調査報告がなされた点や（Mejding, 2006：226）、OECDによって、デンマークの教育制度の改善点が提案されたことも、PISAがデンマークの教育政策に影響を与えていく要因となった（Egelund, 2008：250）。

デンマークでは、独自にPISAを活用、分析する施策も行ってきた。例えば2004年には「PISAコペンハーゲン」を実施し、PISAテストにおいて、エスニックマイノリティの生徒が、そうではない生徒より約100点低い傾向や、エスニックマイノリティの生徒が特定の学校へ過度に集中している点、そしてそれが低い成績につながることが指摘された（Mejding, 2006：230）。

この結果を受け、2005年に各自治体に、デンマーク語を母語としない生徒が特定の学校に過度に集中しないよう調整する

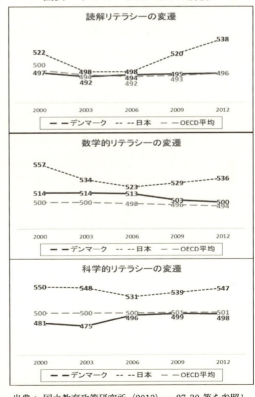

図表：デンマークのPISAの成績

出典：国立教育政策研究所（2013）pp.27-30 等を参照し筆者作成。

権限が与えられた。また、3歳から6歳のデンマーク語を母語としない生徒に対するデンマーク語教育の必修化や、「PISAエスニック」の実施につながっていった[3]。

その後も、2006年には1学年から3学年でのデンマーク語の授業時間数の増加、ナショナルテストの導入、国民学校の修了試験の義務化、2007年には修了試験にデンマーク語「読解」の追加、2008年の就学前クラス（0年生）の義務化、合わせて就学前クラスでの言語能力検査の義務化と続く。2009年に「共通目標」の再検討が行われ、読解、数学、自然科学、英語の強化、また「共通目標」の位置づけが「推奨」から「遵守」する位置づけへと変更された。そして2010年には1学年から3学年の一日あたり最大時限数が、6時限から7時限へと増加した。

以上のように、デンマークでは2000年のPISA初参加以降、その影響を受けながら、多くの教育改革や施策が行われてきた。しかし、PISAの結果の変遷を見ていくと、成績は大きく変化をしていない（Egelund, 2012：196）。

なお、PISAの成績が向上しなかった要因として、教科指導等において単語の解読や語彙といった基礎的な読解力に重点が置かれていなかった点、移民の背景を持つ生徒の増加、社会的背景に課題のある生徒の割合が多い学校が増加している点が可能性として挙げられている（Egelund, 2012：207）。

以上、デンマークの教育政策とPISAの関係を見てくる中で、元々は評価の文化に馴染みが薄く、また自治体や教員の自由裁量に委ねられていたデンマークの教育が、PISAの結果やOECDからの提案、関連調査結果の影響を受け変容してきたことが明らかになった。具体的には、授業時間の増加、試験結果の公表、ナショナルテストの導入、インプットからアウトプット重視へと転換している点、「共通目標」の導入や独自のPISA試験の実施と分析により、学力の標準化と質の向上を図っている点である。今回の改革も、PISAやナショナルテストといったアウトプットに重点を置いている点や、授業時間の増加等、大筋これまでの変遷の傾向に位置付けられると考えられよう。

最後に、2013年4月に起きた国民学校の4週間に及ぶロックアウトの概要と背景に触れたい。なぜなら、その背景にもPISAの影響があるためである。

3．国民学校のロックアウトとPISA

ロックアウトの直接的な原因は、教員の労働時間の規制に関する自治体連合

と教員組合の意見の相違である。そもそも、デンマークの教員の労働時間は、2008年からの労働時間協定に基づき、週あたりの上限は25時間（1時間45分換算）であった[4]。

　しかし、PISAの結果が向上しない原因として、デンマークの教員の労働時間の少なさが指摘されるようになる。例えば、教員の労働時間が他国に比べて短いことや、教員の仕事の40％が指導、残りの60％がそれ以外の作業に割かれている等のネガティブな調査結果が示された。そして、デンマーク政府が、今回の国民学校の教育改革に関して2012年12月に最初の案を示した際、改革の前提に「教員の労働時間のより柔軟な活用」があることを明らかにした。同年12月の自治体連合（Kommunernes Landsforening）とデンマーク教員組合（Danmarks Lærerforening）の団体交渉では、自治体連合は全ての労働時間の規制を撤廃することを要求し、教員組合との僅かな交渉の後、一方的に団体交渉の決裂を宣言した。そして4月1日からロックアウトとするとし、財務省は、教員組合に加盟している全ての教員等、約4万4千人という広範囲の人々がロックアウトとなることを通知した。4週間に及ぶロックアウトは、60万人以上の児童・生徒に影響を与え、連日デモが行われた。

　2013年4月に筆者が遭遇したコペンハーゲンの議会前で実施されたデモでは、デンマーク全土から4万人以上の参加者がいた。「最初は教員だ。次は誰だ？」というフレーズの書かれたプラカードや、デンマーク労使関係の「憲法」と呼ばれる（菅沼、2011：5）1899年の「9月合意（Septemberforliget）」以来の、労使双方の交渉と合意に基づく労使協約と、政府不干渉の労使関係の伝統的枠組み「デンマーク・モデル」の死を表現した棺桶のオブジェが掲げられていた。反響は教員組合と自治体連合間の労働時間に関する議論では収まらず、労使文化や民主主義といった価値を巡る争いをも意味していた。

おわりに

　本稿では、デンマークの教育政策動向として、2014年に発行された『公立学校の改善』の内容とその背景を考察し、次いでデンマークの教育政策とPISAの関係を追い、最後に2013年春に起きたロックアウトの事例について言及してきた。まず国民学校の改革に関して、PISA及びナショナルテストを中心とした学業成績の向上の必要性を背景とし、達成すべき目標として、可視化・計量化できる評価が重んじられている点が確認された。デンマークの教育政策と

PISAの関係に関しては、元々は評価の文化に馴染みが薄く、また自治体や教員の自由裁量に委ねられていたデンマークの教育文化が、PISAの結果及び、OECDからの提案も受け変容していることが明らかになった。そして、ロックアウトの事例から、PISAは教育文化だけでなく労使文化のようなデンマーク社会の価値へも間接的に揺らぎを与えている点が浮かび上がった。

注
（1）Agreement between the Danish Government （the Social democrats,the Social-Liberal Party and the Socialist people's Party),the Liberal Party of Denmark and the Danish People's Party on an improvement of standards in the Danish public school （primary and lower secondary education) (eng.uvm.dk/~/media/UVM/Filer/English/PDF/131007folkeskolereformaftale_ENG_RED（2).pdf) より。閲覧日2016年2月28日。
（2）以下の内容は、主にNiels Egelund（2012）pp.125-130の内容を中心にまとめたものである。それ以外の箇所は適時出典を示す。
（3）PISAエスニックは、学校教育におけるエスニックマイノリティグループの状況理解のため実施され120校の9年生が参加した。内訳は40校はエスニックマイノリティが多数の学校、40校はデンマーク語を母語とする生徒が多数の学校、40校が両者混合であった。2009年にも実施されている。
（4）デンマーク教員組合による説明リーフレットの内容を参照。閲覧日2016年2月28日。(http://www.dlf.org/media/1199003/lockout-web.pdf) より。

参考文献
・国立教育政策研究所（2013）「OECD生徒の学習到達度調査：2012年調査国際結果の要約」pp.27-30 (http://www.nier.go.jp/kokusai/pisa/) より。閲覧日2016年2月27日。
・菅沼 隆（2011）「デンマークの労使関係と労働市場：フレクシキュリティ考察の前提」『社会政策』第3巻、第2号、pp.5-21。
・谷 雅泰（2014）「中道左派政権によるデンマークの教育改革：よりよい国民学校をめざす方策の提案」『福島大学人間発達文化学類論集』第19巻、pp.27-40。
・Egelund, N (2005) *Educational assessment in Danish schools*, Asseeement in Education:Principles, Policy & Practice, Vol12, No.2, pp.203-212．
・Egelund, N (2008) *The value of international comparative studies of achievement-a Danish perspective*, Asseeement in Education: Principles, Policy&Practice,Vol15,No,3,pp.245-251.
・Egelund, N. [edi]（2012）*Northern Lights on PISA 2009:focus on reading,*

Copenhagen:Nordic Council of Ministers.
- Matti,T. [Edi.] (2009) *Northern Lights on PISA 2006:Differences and similarities in the Nordic countries,Copenhagen*, Nordic Council of Ministers.
- Mejding, J&Roe, A. [Edi.] (2006) *Northern Lights on PISA 2003:a reflection from the Nordic countries*, Copenhagen:Nordic Council of Ministers.
- The Danish Government (2012) *How to make a good school even better-an improvement of the standards in the Danish public school* (http://eng.uvm.dk/-/media/UVM/Filer/English/PDF/130325-How-to-make-a-good-school-even-better.ashx)より。閲覧日2016年2月27日。
- The Danish Ministry of Education (2014) *Improving the Public School- overview of reform of standards in the Danish public school (primary and lower secondary education)* (http://eng.uvm.dk/-/media/UVM/Filer/English/PDF/140708-Improving-the-Public-School.ashx) より。閲覧日2016年2月27日。

（新潟医療福祉大学）

VI
書評・図書紹介

書評

仲田 康一著
『コミュニティ・スクールのポリティクス 学校運営協議会における保護者の位置』

前原 健二

　本書は学校運営協議会を設置する学校という意味でのコミュニティ・スクールの現実態を「やや異色の問題設定」（iiiページ）の上に捉えようとする意欲的な著作であり、教育政策の中で継続的に大きな主題となっているコミュニティ・スクールについて理解を深めるためにきわめて有用、示唆的である。論理的な構成を保ちながら文章表現もこなれており、教育研究者のみならず政策担当者や行政関係者、父母・住民など、学校に関わるすべての人にとって一読の価値のある好著である。多くのひとに読んでもらいたい。

　著者自身が述べる「やや異色」とは何か。それは公立学校が法に基づく学校運営協議会を置いてコミュニティ・スクールとなることによってもたらされる成果や改善に焦点を絞るのではなく、学校と地域住民・保護者との連携から生じる葛藤と統制を含みこんだ社会関係の態様を意味するマイクロ・ポリティクスを主題に据えたことからくる本書の研究視角を指している。学校教育活動がどのように変わるのかという問いは当然に重要であるが、評者のみるところ、そうした問いは時として学校運営協議会をよきにつけ悪しきにつけ一貫した意思を体現した自律的な有機体のようなものとして想定しかねない。もちろん学校運営協議会はそうしたものではあり得ない。本書の著者は、たとえば「成果」「課題」といった語の中で暗黙のうちに解消されるべき要素となっている学校運営協議会の中の葛藤それ自体に注目し、そこから今日のコミュニティ・スクールの内実を明らかにしようとしているのである。こうした視点を反映して、本書で分析の対象とされているデータの主要な部分は著者自身が長いところでは七年間にわたって四つの対象校について行ったフィールドワーク（参与観察、インタビュー、質問紙調査等）によって得られたものである。

　第1章では学校運営協議会に関する現状や法的規定、先行研究のまとめに続けて本書の課題と研究方法が提示されている。本章では日本におけるコミュニティ・スクール研究がレビューされるだけでなく、相当の比重をおいて英米の「保護者・学校」関係を扱った諸研究が検討されている点が特徴的である。そ

こでは英米の学校ガバナンス論ないしパートナーシップ論において特に保護者の無権力状態や社会属性格差が大きな論点となっていること、葛藤論的な分析が活用されていることが抽出され、その上で英米の一般的状況と異なる日本の現実（地域住民という属性の重要性、学校ガバナンスと支援・協働の並存など）を踏まえて、それを分析するための論点が大きく二つ提示されている。この二つの論点はそれぞれ本書の第1部（第2、第3章）と第2部（第4章から第6章）に対応している。以下この部構成に即して内容を紹介する。

第1部の二つの章では学校運営協議会の委員の社会属性が活動の中にどのように具体的に現出しているか、そこに見られる差異がどのような論理で生じてきているかという論点が取り上げられている。第2章「コミュニティ・スクールの全国的状況と委員の意識・活動」では著者らが実施した全国質問紙調査に即して学校運営協議会の活動概要と委員の属性的傾向が分析されている。活動概要についてはこれまでの国内先行研究と同様の知見、つまり学校運営協議会のいわゆる法的三権限はあまり行使されておらず空洞化しつつあること、学校外部への渉外機能としての「対外経営」（これ自体は佐藤晴雄らの用語法による）に重点が置かれていることが、また委員の社会属性については男性優位、相対的高学歴高所得などの一般的特徴の他、特に「男性・地域住民」委員と「女性・保護者」委員を両極とする議事に関する態度の差異の存在が指摘されている。この知見は第3章のケース・スタディで四つの対象校の事例において掘り下げられる。そこでは主にインタビュー調査で得られたデータに基づいて、特に女性・保護者委員が従来からのPTA活動と学校運営協議会の活動の狭間で固有の困難を抱える状況が描き出されている。著者はそれを「女性保護者の位置を周縁化しうる『システム内在的差別』」（117ページ）の存在としてまとめている。

第2部では第1部で明らかにされた組織特性を有する学校運営協議会が家庭や地域社会に対して発動する「対外経営」がどのような意味を持つかという論点が取り上げられている。第4章「萎縮する保護者——学校運営協議会における『無言委員』の所在」では、第2部を通して詳細な分析の対象となる対象校の学校運営協議会に改めて焦点を絞り、管理職、教員委員、地域住民委員に対する保護者委員の劣位性、議事運営への消極性が維持・再生産されるプロセスが考察されている。第5章「『対外経営』の展開と保護者委員の位置」では同じ対象校の2003年度からおよそ7年間の学校運営協議会の活動と学校運営への影響が分析の対象とされている。特に、保護者に対する学校運営協議会から

の啓発的活動とみられる「確認書」が対外経営の典型例として取り上げられている。これは対象校の学校運営協議会において学力向上と学校行事の成功のための保護者の一層の協力の必要性が繰り返し話題に上ったという経緯があって登場したものである。著者はこの「確認書」の発想そのものには疑義を呈しながら、それが導入されていく過程について学校側と地域住民委員の合意の形成と保護者一般への「問責」の中で保護者委員の劣位性が発生、強化されていくというメカニズムを描き出している。第6章「『対外経営』がもたらすもの」では全保護者に向けられた「確認書」の内容の具体的取り組みである「1家庭1ボランティア」「宿題丸付けへの協力」について、そうした実践からは階層低位の保護者への不利の集中と、それにもかかわらず不満の非顕在化が帰結していったことが明らかにされている。学校運営協議会の活動の結果としてのこうした現象を著者は保護者委員の劣位性こそが異議申立てを押さえ込む機能を果たしていたと説明している。

終章では叙述の全体の概括のほか、政策や理論の中で本書の知見が持ち得る意義（インプリケーション）が著者自身の観点から提示、議論されている。専門的指導性対民衆統制という論点に関わっては「専門家の優位」「レイマンの自発的従属」という観点が、成果主義的な教育政策の傾向との関わりでは学校運営協議会の本来的な可能性との齟齬の存在が、学校参加と学校選択の関係に関わっては学校運営協議会の活動は保護者・家庭の「アトム化」を抑止しつつ昂進させる（ある種両義的な）機能を果たしていることが提議されている。加えて「学校支援型」においても生じる葛藤関係としてのポリティクスの重要性、法的規定の再検討、「保護者を支援する」形の地域連携の必要性（ただし評者にはこの論点だけは唐突で平仄を欠くもののように思われた）が指摘されている。

著者自身が「異色」と述べている通り、コミュニティ・スクールの現状と今後のあり方について関心をもって本書を手に取った場合、違和感を感じることがあるかもしれない。端的に言って、本書を精読した後に学校運営協議会の今後の拡大に楽天的な展望を描くのは難しい。しかし教育政策研究としての本書の価値はそうした効用の有無に求められるべきではない。たいていの制度改革は一義的な論理に基づく手段・目的連関において導入されるわけではなく、多種多様な文脈を含んで現前する。学校運営協議会の今後についての評価は区々であろうが、それはひとつの制度の文脈的な機能を丁寧に検証した本書の優れた学的貢献を些かも左右するものではない。本書の刊行後、中央教育審議会等

において学校運営協議会制度の見直しを含む学校と地域社会の関係の検討が進められているが、本書のようなクリティカルな視点をもった研究の成果が教育政策論議にも十分に反映されるべきである。

　評者が抱いたいくつかの要望も記しておきたい。一つ目として、いわば伝統的な学校支援組織であるPTAの組織や活動の実際との比較を明示的に記述して欲しいと感じる部分があった。たとえば第3章にはPTA活動との対比において学校運営協議会を位置づける語りが多く出てくるが、対象校のPTA活動自体の充実や困難などの語り手においては自明の情報は読み手である私たちには共有されていないから、そこで示される所感がどの程度の真実性を持つものか図りかねる。評者の印象としては、女性保護者委員の語りにおいてはPTAが価値化され描かれる傾向があるように思われ、これは学校運営協議会における女性保護者委員の劣位性を実際以上に強調してみせる効果があるかもしれない。

　二つ目の要望は属人的、一回的な要因を評価する方法についてである。第2部では比較的長い期間を通じての変容の過程が取り上げられているが、そこでは対象校の副校長と学校運営協議会の会長の交替がかなり大きな影響を与えていたように見える。その限りでいえば、それは属人的で一回性の出来事を扱う歴史叙述に近い面がある。著者自身の関心は一貫してシステム的、制度論理的な観点からある程度普遍化可能な論点を析出することに向けられているから、そこには若干の飛躍もあるのではないか。このことは、著者によっても「校長等の個人特性に還元できないある種の必然性」として意識されている（259ページ）。ケース・スタディを含む社会学的研究につきもののこの方法論的主題について、もう少し著者の考えを聞いてみたいと思う。

　三つ目として、終章において著者が挙げているいずれも興味深い論点のうち、特に学校運営協議会の意図せざる機能または逆機能として指摘されている点については大いに今後の議論を期待したい。「学校を取り囲む人間関係を利用して、学校選択制や成果主義的な教育システム改革を強めうる」（263ページ）、「現場レベルの運営主体への分権が進むほど、その主体の自己責任も高まる」（265ページ）といった言及は、マイクロ・ポリティクスという本書の研究視角がより大きなポリティクスへと通底していることを示唆している。

　あとがきによれば、著者は本書のもととなった学位論文「学校運営協議会における保護者の位置」によって2014年3月に東京大学から博士（教育学）の学位を授与された。教育政策研究の今後を担う著者の活躍を期待したい。

〔勁草書房、2015年5月発行、本体価格4600円〕　　　　　（東京学芸大学）

書評

編集：坪井由実・渡部昭男
企画：日本教育行政学会研究推進委員会
『地方教育行政法の改定と教育ガバナンス
　——教育委員会制度のあり方と「共同統治」』

三上　昭彦

はじめに

　本書は、日本教育行政学会の研究推進委員会が企画し、坪井由実（第17期会長）および渡部昭男（研究推進委員会委員長）の両氏の編集によってまとめられた共同労作である。周知のとおり同学会は、近年、研究推進委員会の主導の下に積極的に研究活動を組織し、学会年報とは別に、その成果をほぼ毎年単行本として公刊してきていることは注目される。本学会年報でもすでに最近の2冊について書評欄でとり上げている（2014第21号、2015第22号）。

　その最新刊である本書は、2013〜2014年度において同学会・研究推進委員会が企画した「公開研究集会」（2014年3月と5月の2回）と「課題研究」（同年10月の第49回大会）の成果を収録したものである。一つの専門学会が一貫したテーマで年2回の公開研究集会と大会を開催し、その成果を公刊することは容易なことではなく、関係者の労を多としたい。その背景には、以下のような同学会としても看過できない重大かつ複雑な状況があったと思われる。

　2013年〜2014年にかけては、教育委員会制度の「抜本的改革」問題が安倍政権の重要な政策課題とされ、矢継ぎ早の政策動向が見られた。すなわち、教育委員会制度の事実上の廃止を企図した教育再生実行会議第2次提言（2013年4月）、それを受けた下村文科相の中教審への諮問（同年5月）、中教審答申（同年12月）、自公与党協議による同答申とは「異質」な改革骨子の合意（2014年3月）、与党合意に基づく地方教育行政の組織及び運営に関する法律（地方教育行政法）の大幅な改正案（閣法）の第186回通常国会への上程（同年4月）、政府法案の可決、成立（同年6月）である。改正地方教育行政法は、文科省初中局長名の「施行通知」（同年7月）を経て、翌2015年4月に施行され今日に至っている。

　2013年秋にスタートした新研究推進委員会は、進行中であった地方教育行政法改正の動向と論議とに焦点を定め、その背景と理由、教育委員会制度の改変

の内容、改正法による新しい仕組みの問題点、さらにその可能性や課題について明らかにしようと企図した。同学会ならではの重要かつ積極的な研究の営為であろう。また、編集に際しては、教育行政の研究者や教育委員会の関係者はもとより、学校や地域・社会で関心を持っている人々や大学生などの若い世代にも幅広く手に取ってもらうよう配慮したということである（同書「まえがき」）。

本書の構成と概要

　本書は、3部10章と「総括」・「コラム」および関係資料から成っているが、すでにふれたようなその成り立ちにほぼ忠実な構成をとっている。すなわち、第1部「地方教育行政法の改定—教育委員会制度をどう改めるか」（1章〜5章）には、「『教育委員会』制度をどう改めるのか」を共通テーマとして開催された2回の公開研究集会における各報告にもとづいた論稿が収録され、第2部「地方教育行政法の改定と教育ガバナンス（1）—学校教育における共同統治を中心として」（6章〜8章）には、大会での「課題研究Ⅰ」での報告論稿が、第3部「地方教育行政法の改定と教育ガバナンス（2）—社会教育における共同統治を中心に」（9章〜10章）には、同「課題研究Ⅱ」での報告論稿（1本は未収録）がそれぞれ収録されている。

　こうした本書の構成は、第17期研究推進委員会の企画による学会内外に開かれた研究集会の内容を丁寧に記録して蓄積する「報告集」としての性格を併せ持っている。それ故に他面では、一般読者にとっては、扱われているテーマや論点が拡散している“読み難さ”があるように思われる。もっともそれを十分に配慮して、編者（渡部）による周到な「総括：教育委員会制度のあり方と『共同統治』」が本書の末尾に配されていることは、本書自体にとってきわめて重要であり、読者にとっても大いに有益である。この「総括」論稿は、非常に充実した「書評」の役割も果たしており、本評者の筆を鈍らせる。

　以下、与えられた紙幅の関係で、各章のタイトルと筆者を列挙する域に止まらざるを得ないが、本書の概要について紹介しておこう。

　第1部第1章「教育委員会改革の制度設計をめぐる経緯と論点—中央教育審議会教育制度分科会での論議をふりかえって」（村上祐介）は、中教審臨時委員として直接論議に参画し、教委制度擁護の論陣を張った当事者による興味深い論稿である。第2章「教育委員会制度の意義と必要性」（高橋寛人）は、教委制度の意義と必要性を、同じく行政委員会の一つである公安委員会と関わ

らせて論じたユニークなものである。第3章「統治機構再編成としての地方教育行政制度改革」(中嶋哲彦)は、国家権力内部における地方教育行政をめぐる対抗関係に焦点を合わせて今次改革の特質を鋭く指摘している。第4章「教員のインフォーマルな人的ネットワークと教育行政制度」(佐々木幸寿)は、ネットワーク機能を熟知した論者ならではの興味深い論稿である。第5章「学校と教育委員会が双方向で学び合う―学校のリーダーシップと教育委員会のリーダーシップ」(坪井由実)は、国内外の経験を踏まえて、「教育人権(学習権・発達権)を護る」開かれた教育の「共同統治」の理念と制度のあり方を論じており、第1回の公開研究集会の基調報告でもある。

　第2部第6章「京都番組小学校にみる町衆の自治と教育参加」(和崎光太郎)は、わが国近代公教育制度の草創期の京都中心部におけるユニークな歴史的経験を掘り越したものとして示唆に富んでいる。第7章「2014年地教行法改正と『新』教育委員会をめぐる課題―『新』教育長と教育委員会の関係を中心に」(小川正人)は、中教審教育制度分科会を主宰した当事者でもある論者が、今次の制度改革を促した政治・行政環境の変容を概観し、改正地教行法の特徴と問題を整理し、今後の教育委員会の活動・運営の在り方と課題について積極的に論じている。第8章「教員人事行政と学校・自治体の教育行政ガバナンス―ガバナンスの『単位』をどう考えるか」(川上泰彦)は、論者がこれまで蓄積してきた実証研究を踏まえて、地方教育行政の重要な柱の一つである教員人事行政の諸問題を、その地域的な「単位」を中心にして論じている。

　第3部第9章「教育委員会制度改革と社会教育―地方教育行政法改正と社会教育の再編を踏まえて」(姉崎洋一)は、今次改正論議においても等閑視(ほとんど無視)された社会教育分野から見た今次改正の意味と改正内容に対する鋭い批判と重要な問題提起である。第10章「『公共主体の多元化』時代における住民主体形成システム」(石井山竜平)は、山形県川西町の1地区に着目して、従来のスタイルを越えた地域の担い手づくりの新たな多様なネットワークづくりとその活動の意義と課題について論じている新鮮で示唆に富んだ論稿である。

本書の意義といくつかの論点および課題

　本書は、すでにふれたように、そのタイトルと内容構成からみて、二つの大きな研究課題を掲げて追究したものと言える。一つは、この間急ピッチで強行

された政治主導による今次の地方教育行政法の改正問題の多角的な検討および新教育委員会システムの批判的検討と積極的な運営の可能性の追究である。二つは、それを踏まえつつ、「教育ガバナンス」、「教育の共同統治」をキーワードにして、学習・教育の権利と教育の自主性を十全に保障する住民自治的・教育自治的な新たな公教育管理システムの検討、追究であると思われる。いずれもアクチュアルな時宜に適したものであり、重要な研究課題である。それらに学会として積極的に取り組み、その研究成果を公刊したことにまず大きな意義があると考える。

　学会の共同研究の成果としての本書は本格的な研究への貴重な一里塚であろう。従ってこの二つの研究課題に関して一定の結論ないしは共通見解を明確に提示しているものではない。例えば、今次の地方教育行政法改正に対する評価や「教育ガバナンス」、「教育の共同統治」の概念や意義についても、異論や異なるニュアンスを含む多様な評価、見解や論点が提示されている。そのことがむしろ読者に多くの知見や示唆を与える作品となっているとも言える。

　ところで今次の地方教育行政法改正論議においては、戦後日本に導入された教育委員会制度の意義・特性・仕組みに関して不正確で矮小化されたとらえ方や理解が流布され、中教審や国会審議にも影響を与えたように思われる。直接的には文科省が作成した資料「教育委員会制度について」(本書145-147p) などに因るものと思われる。例えば、「教育委員会制度の意義」として、①政治的中立性の確保、②継続性、安定性の確保、③地域住民の意向の反映の3点が掲げられている。これらは地方教育行政法制定時に強調された点であり、教育委員会制度の創設時のものではない。

　これらの3点はそれ自体として誤りとは言えないだろうが、この制度の創設時にもっとも強調された意義である「教育の自主性の確立」と「教育の直接責任性の保障」、それらを担保する制度原則としての教育行政の「民主化」、「地方分権化」、「一般行政からの独立」とは大いに異なっている。また、制度運用の原則としてはレイマンコントロールとプロフェッショナルリーダーシップとの調和が期待されていたのである。本書においても、教育委員会制度の本来の意義と制度原則が何であったのか、今日それらをどう考えるのかについて、改めてより明確な指摘と考察が必要であったと思われる。

　最後になったが、本書が多くの読者に紐解かれることを期待したい。

〔三学出版、2015年5月発行、本体価格2300円〕　　　（本学会常任理事）

図書紹介

ダイアン・ラヴィッチ著、末藤美津子　訳
『アメリカ　間違いがまかり通っている時代
　——公立学校の企業型改革への批判と解決法』

山本　由美

　現在アメリカで進行し、日本が後追いする新自由主義教育改革の最新の全体像を把握することができる。特に、企業型教育改革（Corporate reform）が本格化した実態と、それに対する対抗軸が示される。テスト体制による競争的環境を作り出すことで、公教育を序列的に再編するだけでなく、企業に大きな利益をもたらす「新しい市場の創設」がめざされていることが浮き彫りになる。
　前半の各章では、新自由主義が用いるロジックである15の「主張」とそれに対する筆者の回答が冒頭に提示される。例えば、「テスト得点は低下しつつあり、教育制度は破綻していて時代遅れである」に対しては、「テスト得点はこれまで記録された中で最高である」と、「学校は、校長を解雇したり、教員の半数あるいは全員を解雇したり、閉校して新たに開校したりすることによって、劇的に改善される」に対しては「この主張には証拠がない」というように。そして、具体例を挙げた反証が各章で展開される。
　「主張」のような俗説を多用して、親の「学力」不安を煽りながら学力テスト体制を推し進めることによって、連邦政府はアメリカの公立学校の統制権を握るにいたった。特に、2002年のNCLB法と、2009年以降のオバマ政権、アーン・ダンカン教育長官のもとでの「頂点への競争（競争的資金によって州をテストで競わせる）」とが組み合わされたことが、アメリカの教育における連邦政府の役割を変えた。連邦教育長官は全米の教育長となり、すべての学区と学校に連邦資金を受け取るために何をしなければならないか告げている、と筆者は述べる。テスト結果と金銭による支配が貫徹したのだ。さらに、ニューヨーク、シカゴなど大都市では、教育委員会の市長統制が進められ、任命された教育委員らが代表する大企業の意向をダイレクトに反映した教育改革が強行され、簡単に学校がつぶされる。経済的、社会的背景を無視したテスト結果重視政策によって、貧困なマイノリティの教育環境は悪化し人種隔離が進み、差別は増大している。

中でも、チャータースクールと統廃合の分析は圧巻である。この制度は民間企業の参入で公教育を掘り崩す手段として発展してきた。改革主義者たちは、民間部門こそが、学校を成功に導くことのできる「秘伝のソース」であるという考えに固執する。
　企業に後押しされた連邦政府は、チャータースクールへの投資家に租税優遇措置をつける。企業は、不動産を取得してから、運営する学校にその土地の校舎をレンタルさせることによって高額な賃貸料（公費）を得られる。全チャータースクールの約半数が、マクドナルドのようなチャーター・チエーンに属するようになった。しかし最も「金のなる木」は、サイバー・チャーター・チエーンだ。校舎がなく、在宅の生徒にコンピュータを通して授業を提供する。州を越えて生徒を集め、教員免許もいらず、数百人を1クラスにすることも可能になる。全米最大のサイバー・チエーン企業は、PISAテストを委託されたピアソンが所有している。
　現在、日本で検討中の不登校生徒を対象とした「義務教育の段階における普通教育に相当する教育の機会の確保等に関する法律案」は、在宅の不登校生徒への民間企業による学習支援を制度化することによって、公費を用いたサイバー・チエーンに道を開くものと思われる。大阪で最初の公設民営学校導入が検討され、TPPの項目にも同制度が挙げられている現状は、アメリカと同じ危機の入り口にあるのだろう。
　他方、アメリカの学校統廃合は、テスト結果に対するペナルティという口実を用いて行われる点が日本と異なっている。しかし、全米最大規模の50校統廃合（2012年）が行われたシカゴで、計画決定の前に出された2つの報告書の比較は興味深い。そこでは、一旦閉校して教員入れ替えをして追加資金をつけた学校よりも、「民主的に運営されてきた学校」でこそ教育の成果が上がっていたことを筆者は評価する。そこには「教員の素晴らしい残留率、強力な指導体制、協力関係、保護者と教員の良好な関係」があった。そしてその「公立学校の民主的運営」、日本的に言えば「学校自治」といえるものが、後半の対抗軸、11の「解決法」の基軸にもなっている。「解決法」は、出産時、幼児教育から始まり、背景にある貧困問題、医療や福祉の課題にまで及ぶ。
　そして、その学校統廃合との戦い、25年ぶりの7日間のストライキを経て、シカゴ教員組合は保護者や市民との共同関係を強めていった。ただし、「保護者が学校の統制権を握れば」、無条件で学校がよくなるというものではない、

と筆者は指摘する。政策的に煽られた保護者たちからなる「ペアレント・トリガー」は、教員を解雇し「民営化を促進し、保護者の利益ではなくチャーター組織の利益を増進させる１つの道具」として利用されている。教職員と保護者の共同は決定的に重要なのだ。

　筆者があげる理想の学校像はオーソドックスでさえある。「優れた教育は、教科書や練習帳の世界から外へと踏み出し、生徒を今まで見たこともないような世界へ、そして彼らの考え方を変えてくれるような構想へと案内する。」それは評者にも子ども時代に覚えがある。未来を夢見ることができる、希望を抱ける学校は、テスト漬けの学校ではないし、企業の金儲けの対象にされる学校でもない。

〔東信堂、2015年6月発行、本体価格3800円〕　　　　　　　　　　（和光大学）

村上祐介編著
『教育委員会改革5つのポイント
――「地方教育行政法」のどこが変わったのか』

高橋寛人

　教育委員や教育長に就任する人に、教育委員会の意義や役割を簡潔にわかりやすく説明する図書が必要である。にもかかわらず、昔からそのような本はほとんどなかった。しかし、本書はその期待に十分に答えている。

　書物を書く場合、対象とする読者をだれに設定するかが問題となる。出版社は通常、赤字になる図書は刊行しない。教育行政に関する図書の最大の購入者層は大学生とくに教職課程を履修する学生で、次は教員や教育委員会関係者であろう。これらのいずれの読者にも推薦できる図書である。

　近年、教育委員会の不要論が横行し、教育委員会制度は廃止の危機に直面した。2014年の地教行法改正で総合教育会議というややこしい組織が作られて、かろうじて教育委員会制度は残った。もともと教育委員会制度はわかりにくいものであるが、改正後の教育委員会制度は、ますます複雑でいっそう難解なものになった。これをわかりやすく説明したのが本書である。本文108ページ、PART 1で教育委員会制度の意義や歴史を説明し、PART 2が2014年の地教行法改正の重要点の解説となっている。付録として、地教行法の新旧対照表のほ

かに、とくに同法改正に関する初中局長通知を収録しているのが役に立つ。この通知を読むと、改正地教行法が非常にあいまいで、運用に幅があることが確認できる。

　本書の執筆者は10名、執筆当時全員30代だそうである（3ページ）。随所で、長文の文章による説明のかわりに、複雑な行政組織や改革前後の変化などが図表で示されている。また、コラムを入れたり、各章のはじめに要点を箇条書きで列記するなど、構成やレイアウトも工夫されている。

　内容については、基本的に通説的見解に基づいて教育委員会制度を説明し、今回の改正についても、教育行政学者の間で共有されている、あるいは共有されうる説明が行われている。なお、編著者の村上祐介会員が、今回の法改正に際して、専門性と民主性をいかにとらえるかについての検討が不十分であったと指摘している（63～64ページ）。評者もそれに賛成であるが、「専門性と民主性のバランス」という記述には不満を覚えた。教育行政における専門性と民主性は本質的課題であるから、「バランス」で片付けずに構造的な説明を展開することを要望したい。

　ところで、多くの教育行政学者は、大学の授業で教育委員会制度が必要だと説明している。大学の教科書用に作られた『教育行政学』『教育制度論』などの本を読んでも、教育委員会制度の目的と意義が肯定的に叙述されている。

　今回かろうじて教育委員会制度は存続したものの、総合教育会議の新設によって教育委員会の存在意義が希薄になり、再び教育委員会不要論が再燃する危険がある。以前から不要論を主張しているのは、一部の政治家や行政学者である。そして政治家や行政学者の発言や主張は、マスコミでとりあげられて一般の人々に伝えられる。教育委員会制度を維持するか否かは、究極的には住民・国民の意思によって決められる。したがって、教育行政学者は、教育委員会制度の意義と必要性を、教育界以外の一般の人々にも説明しなければならない。本書はそのような役割をも充分に果たしうるものとなっている。

　教育界以外の人々に教育委員会の必要性を理解してもらうためには、教育の特殊性を主張するだけでなく、例えば公安委員会、労働委員会、日本放送協会、日本銀行、原子力委員会、人事院など、行政委員会や（国会）同意人事といった教育委員会と類似性を持つ諸制度と比較検討して、それを根拠に加えるべきであろう。

　教育委員会制度だけではない。学校設置主体の多様化が議論されている。株

式会社などの営利法人と非営利法人の違い、非営利法人の中でも宗教法人・社会福祉法人・医療法人などとNPOとの異同、学校法人と宗教法人・社会福祉法人・医療法人などとの異同を説明できなければならない。そして、これらとの比較をふまえて、学校設置主体のあり方について、一般の人々の納得と支持が得られるようなプランを提示することが求められている。

　1990年代までの教育行政は、文部省―都道府県教委―市町村教委の縦割りシステムの中で行われてきた。対立点は様々あったが、教育行政の特殊性については関係者の間で一定の共通認識が存在していた。しかし、地方分権一括法と中央省庁等改革以降、状況はかわった。とくに中央省庁等改革では、内閣総理大臣の権限強化、行政各部をこえた統一的施策の企画立案・総合調整を担う内閣府の設置、そして政治主導システムの構築により、それまでの縦割り行政が改編された。また、21世紀に入って教育の規制緩和・改革がすすめられているが、それは教育分野のみをターゲットとしたのではなく、社会全体の規制緩和・改革の一部分なのである。

　いまや教育行政の特殊性を否定する人々に対して、単に教育行政を分析してそれを説明しても説得的ではない。教育政策の検討だけを行っても、教育政策を把握することはできない。教育行政の特殊性をきちんと主張するためにも、教育政策を正しく説明するためにも、教育以外の領域を視野に入れた研究が不可欠である。

〔学事出版、2014年12月発行、本体価格1800円〕　　　　　　（横浜市立大学）

VII

英文摘要

Annual Bulletin of JASEP NO. 23 On the Diversity of Educational Opportunity

CONTENTS

Foreword by ARAI Fumiaki

I Special Papers 1: On the Diversity of Educational Opportunity

Considering the Congressional Bills of National Educational Opportunities Law in Recent Japan
　By TAKANO Ryoichi

The Compulsory Education System and the Schoolization Movement of Japan in a Welfare State: Critical Perspectives Neo-liberalism and the Politics of Education Reform
　By ISHII Takuji

II Special Papers 2: Educational Policy for Fukushima Revitalization

OECD Tohoku School's Project and Students from Junior and High Schools in Three Heavily-damaged Prefecture
　By MIURA Kouki

From "Furusato Namieka" to "Furusato Souzou Gaku"
　By ISHII Kenichi

"Future-creating education" at Futaba Future High School
　By TANNO Junichi

Issues on Revitalization of Education in Fukushima
　By SATO Syuuji

III Special Papers 3: Structural Reform and Realization of Educational Value in Local Government Policies

Educational Value under Structural Reform and Local Government
　By NAKAJIMA Tetsuhiko

The Impacts of Local Education Boards' Policies on Teaching and Learning: Case of Classroom Standards
　By KATSUNO Masaaki

IV Research Papers

Study of the Expand Ability of Joint Implementation for Educational Administration under a Partial-affairs Association System : A Case Study of Haga District Integrated Administration of a Large Region Office Work Association
　By MAKISE Shoma

Appointment of Superintendents on the Board of Education System in Institutional Transition : Focused on Reform of the Board of Education System in 2014
　By HONDA Tetsuya

Drafting Process of High School Establishment Standard
　By FUKUSHIMA Shoko

The Contemporary Germ of "Community Educational Plan" and its Significances in Chicago, U.S.: Reexamination of the Principle of the Resident Autonomy in Educational Administration
 By ENOKI Keiko
Governance Reform of Education in New Orleans from the 1990s—The Structure and the Feature of Market-based School Governance
 By HATTORI Soichiro

V Education Policy Trends and Research Trends within and outside Japan
<Trends in Education Policy Research in 2015>
Trends in Education Policy Research in Japan
 By KUBOTA Mitsugu
Trends in Education Policy Research in Foreign Countries
 By HIGURASHI Tomoko
<Trends in Education Policies in 2015>
Trends in Education Policies at the Level of Japanese Government (Ministry of Education, Science, Sports, Culture and Technology), and Selected Central Organizations
 By KIMURA Yasuhiko
Trends in Education Policy at the Local Government Level
 By TAKEI Tetsuro
Trends in Education Policies in Foreign Countries
 By SATOU Yuuki

VI Book Reviews
NAKATA Kouichi, Politics of School Community
 Reviewed by MAEHARA Kenji
TSUBOI Yoshimi, WATABE Akio (ed.), Revision of Law on Local Education Administration and Educational Governance: Considering Education Board System and "Shared Governance"
 Reviewed by MIKAMI Akihiko
Diane Ravitch, Reign of Error: The Hoax of the Privatization Movement and the Danger to America's Public Schools
 Reviewed by YAMAMOTO Yumi
MURAKAMI Yusuke (ed.), Five Point of Education Board Reform in Japan
 Reviewed by TAKAHASHI Hiroto

VII English Abstracts

VIII Information on JASEP

Afterword by ARAI Hideaki

Annual Bulletin of JASEP NO. 23 On the Diversity of Educational Opportunity

I Special Papers 1: On the Diversity of Educational Opportunity

Considering the Congressional Bills of National Educational Opportunities Law in Recent Japan

By TAKANO Ryoichi

We have tried to make public policies and laws as tools to innovate public education. The purpose of this paper is to analyze the citizen proposals and the lawmaker-initiated bills of 2015 and 2016 in Japan, which would promote the educational opportunities for at-risk kids excluded from public schooling. First of all, according to John Kingdom's 'policy window' model, I especially focused on 'problems stream' and policy stream' to clarify the process of setting up the bills. Secondly, I also pay attention to the new public management in Japanese education as a key policy stream.

As a result of analyzing, I found out to incubate two innovative tools in those proposals and bills. One is an alternative form of the public education providers which is recognized as a kind of 'corporate voluntarism' conceptualized by Michael B.Katz. The other is a personalized/individualized learning plan that will be similar to IEP (Individualized Education Program). Finally, the bill of 2016 is still under discussion of Diet members in May, 2016, and therefore nobody knows whether it would be enacted or not.

Keywords: congressional bill, educational opportunities, 'corporate voluntarism', personalized/ individualized learning

The Compulsory Education System and the Schoolization Movement of Japan in a Welfare State: Critical Perspectives Neo-liberalism and the Politics of Education Reform

By ISHII Takuji

This paper considers, in a fundamental way, the compulsory education system and discusses the neo-liberal education reforms from a critical perspective. The purpose of this study is to find the general principles of schools and education systems in a welfare state as responding to neo-liberal policies. This paper is organized as follows;

Firstly, through a study of the work of Teruhisa HORIO about the concepts of compulsory education and parents' responsibility for their children to attend the school, I show that the participation of parents and students in school management is the most acceptable system as a matter of logic. Secondly, I outline the characteristics of the 'schoolizaion movement (Gakko Zukuri)' in Japan after World War II. Its character is the practical pursuit of the participation of parents and students in a school against the state-control policy in Japanese educational administration. Thirdly, I find the integrated relationship between today's educational policies and the neo-liberal reform policies of current government.

Keywords: Welfare State, Compulsory Education System, parents' responsibility for their children to attend the school, Schoolization Movement (Gakko Zukuri), Neo-liberal Social Reform

II Special Papers 2: Educational Policy for Fukushima Revitalization

OECD Tohoku School's Project and Students from Junior and High Schools in Three Heavily-damaged Prefecture

By MIURA Kouki

OECD Tohoku School is an educational project to foster a workforce that can lead the local recovery from the East Japan Disaster. It is hosted by Fukushima University in cooperation with MEXT (the Ministry of Education), and OECD. This two-and-a-half year project involves about 100 students from junior and senior high schools in three heavily-damaged prefectures.

This project is not only for recovery, but also for opening a new way for the future. Through this project, students are expected to develop a capability for innovation, including skills for leadership, creativity, planning, critical and constructive thinking, getting things done, negotiation, cooperation, and thinking globally. In addition, through the cooperation of industry, government, and academia, an unprecedented inter-regional network has been established, creating a bridge to education reform.

Based on the self-reported data from students, we analyzed the educational elements (growth factors) of OECD Tohoku School which created the growth of students. The common top 3 growth factors of all students are interactions with students from different regions, interactions with students of different ages, and discussions and activities for regional future. They are considered as the frameworks of this project.

Keywords: Great East Japan Earthquake, project based learning, competency, education reform

From "Furusato Namieka" to "Furusato Souzou Gaku"

By ISHII Kenichi

Normally there is a school in a local community. Local people support schools and children learn traditional culture and history in/from the community.

However, communities in Fukushima's Futaba-gun were shattered by the Great East Japan Earthquake and the accident at the Fukushima Dai-ichi Nuclear Power Station in 2011. In this situation, the role of the school is to make a local community in it. Every place where schoolchildren learn can be considered as a school. In other words, there is a community in a school.

Children visit temporary housing to interact with senior citizens and invite people to the schoolhouse to learn local culture and tradition. It can help to rebuild relationships in the community.

In the meantime, it was considered that a new educational program was crucial not only for the revitalization of communities but also for creating the future of communities. So education superintendents of 8 towns/villages worked out the policy vision for innovation in education at Futaba-gun.

According to this vision, new "Futaba Future School" was established in 2015. Also we pursue the program to master the skills of problem solving etc. called "Furusato Souzou Gaku" at all schools of Futaba-gun from elementary school through high school. In this program students can learn their local culture and tradition, work with their local communities and try to plan the future of the communities.

Keywords: community in a school, the future of communities, vision for innovation in education at Futaba-gun

"Future-creating education" at Futaba Future High School
By TANNO Junichi

Hit by a destructive earthquake and a nuclear power plant disaster to an extent unprecedented in human history, we are required to consider our widely accepted values and society from their very foundations and then create new ways of life and our new society. That is why we have decided to strongly introduce "future-creating education" into our school. Our educational goal is to develop "innovators" who can innovate their society as well as themselves. Our school motto is "independence," "collaboration" and "creativity," which are ideals for innovation. We are doing our best to work on our unprecedented educational practice toward reconstruction from the nuclear power plant disaster.

Though a lot of our students were forced to flee their homes, they have taken their first steps toward overcoming their difficulties. On the other hand, we still have a lot of problems that are yet to be solved. We believe the students who "are trying to challenge themselves" are not only our hope but also the future of our country. We also would like to continue to challenge ourselves without being afraid of making mistakes.

Keywords: innovator, future-creating education, hometown-creating studies, nuclear power plant disaster, education for reconstruction

Issues on Revitalization of Education in Fukushima
By SATO Syuuji

After the nuclear power plant disaster in Fukushima, a large-scale evacuation of residents had occurred and influenced the children, their parents and the schools. In this paper, I considered ①the situation of the evacuation life after the disaster, ②the resumption of schooling, ③education for reconstruction. Education for reconstruction should not be a precedent of the neo-liberal education reform, but a tool for true realization of children's rights and equal opportunity in education. For that purpose, children, parents and residents must be encouraged to express their points of view. In addition, the autonomous efforts of the schools must be inspired, assisted and promoted.

Keywords: Fukushima, nuclear power plant disaster, education for reconstruction,

Futaba Future School

III Special Papers 3: Structural Reform and Realization of Educational Value in Local Government Policies

Educational Value under Structural Reform and Local Government
By NAKAJIMA Tetsuhiko

For the purpose of promoting the capital accumulation of monopoly capitals, the national government promotes the neoliberal structural reforms as the national project to reduce the welfare benefits to the public, such as public education, social welfare and public health. Since the public education is governed by local government, the national government is forcing local governments to carry out the neoliberal reform of education. However, local governments assume the responsibility to guarantee the right to education, and have a mission to underpin the realization of educational value by the schools and teachers. For this reason, the local government, as the facilitator of the neoliberal education policy, is faced with a serious dilemma.

In carrying forward the research of local government education policy under the structural reform, I think the following points are important.

①In order to overcome the inhibition of human growth and development caused by the neoliberal structural reforms, the locality must be reborn as a place of reproduction of materials as well as humanity itself, ②to promote the rebirth of local governments as the political and administrative form of residents' autonomy.

Keywords: Neoliberal Structural Reform, Local Goverment Educational Policy, Inhibition of Human Growyth and Development

The Impacts of Local Education Boards' Policies on Teaching and Learning: Case of Classroom Standards
By KATSUNO Masaaki

In recent years, some local education boards across Japan have formulated standards for classroom teaching. These standards provide models of enacting innovative pedagogies that the national Course of Study promotes, such as application as well as attainment of knowledge, language activities, collaborative problem solving, and the use of information and communication technology (ICT). In some cases, they also provide models of classroom discipline to be applied to students. The boards are promulgating these standards through in-service training sessions with the aim of ensuring that teachers teach accordingly. It is assumed that local education boards can meet local educational needs by virtue of these standards. However, in reality, the classroom standards often only provide the means for implementing national educational initiatives in classrooms. Furthermore, while teaching professionalism will improve if teachers are given the freedom to study these standards, the standards themselves are likely to preset prescribed pedagogy and classroom interactions that may impede the professional development of teachers. Lastly but not least importantly, some of the models of classroom discipline fail to take into consideration students' different needs, which is something that is worthy of criticism.

Keywords: classroom standards, local education boards, teaching professionalism, classroom disciplines

IV Research Papers

Study of the Expand Ability of Joint Implementation for Educational Administration under a Partial-affairs Association System: A Case Study of Haga District Integrated Administration of a Large Region Office Work Association

By MAKISE Shoma

The purpose is to clarify the conditions that function effectively for the joint implementation of educational administration under a partial-affairs association system. The paper focusses on the case of Haga district integrated administration of a large region office work association.

Findings of this paper are the following two points;

First, the presence of any preexisting factors and previous strong unity consciousness under local residents is effectively acting for the joint implementation of educational administration. From the viewpoint of the horizontal completion, it could be one of the compromises of a mental separation between a board of education and residents.

Second, the problems among component local governments are recognized and the municipal affairs contents to be jointly implemented are clarified. In this case, it's applicable to a supervision administration under the original vertical complementation.

On the other hand, in many cases of joint implementation for educational administration, the gap between the philosophy of the board of education system and the present conditions against the elected education committee are pointed out. If it's encouraged a joint implementation of educational administration, a theoretical explanation for the indication is required.

Keywords: Board of educational system, educational administration, joint implementation, small local government, supervision administration

Appointment of Superintendents on the Board of Education System in Institutional Transition: Focused on Reform of the Board of Education System in 2014

By HONDA Tetsuya

The purpose of this paper is to clarify the effect of the appointment of superintendents by local chief executives in institutional transition, using analysis of aggregate data and case studies. I focus on prefectures and designated cities as the sample.

The following is the finding of this research. Firstly, in most cases, the local chief executive decides to transit to the new board of education system depending on the following factors; their low share of the vote at the latest election, and also superintendents' prior career being administrative officers.

Secondly, if the local chief executive wants to transit from the old board of education system to the new one, superintendents' prior career will determine whether the mayor appoints the same person. In particular, in the case of the superintendents' career as an administrative officer, the local chief executive will tend to appoint another person as superintendent. These appointments affect continuity of educational administration.

Keywords: local chief executive, superintendents, reform of the board of education system, career of superintendents

Drafting Process of High School Establishment Standard
By FUKUSHIMA Shoko

The purposes of this paper are to examine drafts of High School Establishment Standard enacted in January 1948 and to make clear how the high-label class size standard in the Standard had been established and how the measures for meeting the standard had been designed. This paper clarifies two points. First, the class size standard was designed by the Secondary School Standards Committee against Monta L. Osborne (Civil Information and Education Section, CIE) at the early stage of the process for making the Standard. The Ministry of Education carried on drafting it and steadfastly maintained the class size standard while conceding on establishment, correction, or deletion of the other provisions.

Second, the Committee had suggested a two-level standard system (the permanent standard and tentative standard). This two-level standard system underscored the tentative standard as the minimum standard and requested schools meeting the tentative standard that they aim to meet the permanent standard. However, the Ministry deleted all provisions about the system. This drafting process seems to have brought about the emasculation of the permanent standard.

Keywords: High School Establishment Standard, maintenance of the school standard, the postwar educational reform, the Ministry of Education, Civil Information and Education Section (CIE)

The Contemporary Germ of "Community Educational Plan" and its Significances in Chicago, U.S.: Reexamination of the Principle of the Resident Autonomy in Educational Administration
By ENOKI Keiko

Chicago's mayoral control has been criticized for taking away democracy from educational administration. The mayor has promoted school closures and privatization rapidly with objectives that are far away from children's development, such as urban renewal. Under this situation, residents in Bronzeville began developing "Community Educational Plan" which draws a picture of what the school education should be through discussing the future of children and their community. This movement seems to pursue the resident autonomy in educational administration autonomously. It's important to examine this movement for the purpose of rethinking the way that the democracy or resident autonomy in educational administration should be. This article analyzes the process of making and contents of this plan and reveals its features and significances. Through this analysis, this article reexamines the principle of the local residents' autonomy in educational administration. This article concludes with implications that 1) this case seems to prove the necessity of establishing schools rooted in the community by the local residents' autonomy, 2) residents were able to consider a long-term outlook of children's development as responsible individuals by community-level resident autonomy, and 3) it's essential to propose what the appropriate urban renewal should be from the perspective of children's development.

Keywords: Community Educational Plan, the Resident Autonomy in Educational Administration, School Establishment, School Transformation, Educational Reform in U.S.

Governance Reform of Education in New Orleans from the 1990s: The Structure and the Feature of Market-based School Governance
By HATTORI Soichiro

This article clarifies the governance reform of public education in New Orleans from the 1990s and the idea of what educational administration ought to be in market-based school governance. First, this article shows that the purpose of governance reform of education in New Orleans is to secure the quality and the achievement of education, and that the new governance of education is composed of the following three systems: the state educational accountability system, charter schools, and the board of education. Second, this article examines New Orleans' educational network model and the present structure of charter school governance. It is suggested that the role of school districts is diminished just to assure educational accountability and to monitor the performance of charter schools, while promoting decentralization of educational administration and diversification of education providers. Third, this article examines the present educational administration and suggests the portfolio management model as a theoretical basis of the new governance of education, which seeks to solve educational problems through market theory. In conclusion, it is suggested that the governance reform of education in New Orleans weakened local control of education while justifying performance management of education, which promotes competition among schools and privatization of public education.

Keywords: governance of education, educational network model, charter schools, market theory, portfolio management

VIII

学会記事

第22回学会大会記事
大会テーマ：「災害復興と教育政策」
日時　2015年7月4日・5日
場所　福島大学

課題研究　テーマ「自治体教育政策における構造改革と教育的価値の実現」
司会　武者一弘（中部大学）
報告1　中嶋哲彦（名古屋大学）
　構造改革下の教育的価値と自治体教育政策の展開
報告2　勝野正章（東京大学）
　自治体教育政策が教育実践に及ぼす影響　―授業スタンダードを事例として

公開シンポジウム　「福島の復興のための教育政策」
司会・コーディネーター　谷雅泰（福島大学）
報告1　三浦浩喜（福島大学・副学長、OECD東北スクール統括責任者）
　OECD東北スクールの実践と若者たち
報告2　石井賢一（富岡町教育委員会・教育長）
　「新しい双葉の芽」が育っています
報告3　丹野純一（ふたば未来学園高校・校長）
　未来創造型教育　―「変革者」を育てる
報告4　佐藤修司（秋田大学・教授）
　福島の復興のための教育政策　研究者の立場から

自由研究発表分科会A
司会　荒井文昭（首都大学東京）　　村上純一（文教大学）
植田啓嗣（早稲田大学）　　木村康彦（早稲田大学大学院・院生/日本学術振興会特別研究員）　小野まどか（国立教育政策研究所）
　学校規模適正化に関する政策過程　―政令指定都市A市を事例として
濱元伸彦（京都造形芸術大学）
　大阪市における教育改革実施の動向　―小中一貫校・学校選択制を中心に
牧瀬翔麻（筑波大学大学院・院生）
　小規模自治体における教育事務処理体制の広域化の検討
安部芳絵（工学院大学）
　災害後における子どもの心のケアの課題　―教育復興担当教員の再評価を通して

横関理恵（北海道大学大学院・院生）
　夜間中学校における就学保障に関する研究　－1940-1960年代を中心に
永井栄俊（立正大学・非常勤講師）
　教育に浸透する自衛隊と教育行政の状況

自由研究発表分科会B
司会　角谷昌則（広島国際大学）　　島田桂吾（静岡大学）
青木茂雄（東京高法研/立正大学・非常勤講師）
　道徳の教科化の問題点
澤田俊也（東京大学大学院・院生）
　特設「道徳」の成立過程　－1957年度教育課程審議会における議論に着目して
服部壮一郎（名古屋大学大学院・院生）
　1990年代以降のニューオーリンズ市における教育ガバナンス改革　－市場原理に基づく学校管理の理論と実態
前原健二（東京学芸大学）
　ドイツにおける教育政策の「新自由主義」的理解の諸相
黒木貴人（広島文化学園短期大学）
　ロシア教育アカデミーによる連邦レベル教科書検定への関与の在り様
広瀬裕子（専修大学）
　失敗した教育への政治介入　－イギリスにおける「学校教育の水準と枠組に関する1998年法」導入を題材に

日本教育政策学会会則

（名称）
第1条　本学会は、日本教育政策学会（The Japan Academic Society for Educational Policy）という。

（目的）
第2条　本学会は、学問の自由を尊重し、教育に関する政策（以下、「教育政策」という。）の研究の発展に寄与することを目的とする。

（事業）
第3条　本学会は、前条の目的を達成するため、次の各号の事業を行う。
　一　教育政策に関する研究活動の推進
　二　研究集会等の開催
　三　研究委員会の設置
　四　国際研究交流
　五　他の学会等との研究交流
　六　学会誌、学会ニュース、その他の出版物の編集・刊行
　七　その他、本学会の目的を達成するために必要な事業

（会員）
第4条　本学会の会員は、本学会の目的に賛同し、教育政策又はこれに関係のある学問の研究に従事する者及び教育政策の研究に関心を有する者で、会員の推薦を受けた者とする。
　2　会員は、会費を納めなければならない。

（役員および職務）
第5条　本学会の事業を運営するために次の各号の役員をおく。
　一　会長
　二　理事　30名以内
　三　常任理事若干名
　四　監査2名
　2　会長は、本会を代表し、理事会を主宰する。会長に事故ある時は、理事会の推薦により常任理事の一人がその職務を代行する。

（役員の選挙及び任期）
第6条　会長及び理事は、会員の投票により会員から選出される。
　2　常任理事は、理事の互選により選出し、総会の承認を受ける。
　3　監査は、会長が会員より推薦し、総会の承認を受けて委嘱する。監査は、会計監査を行い、総会にその結果を報告するものとする。
　4　役員の任期は3年とする。
　5　役員の再任は妨げない。ただし会長は連続して3期を務めることはできない。
　6　理事に欠員が生じた場合、対応する選出区分における次点者をもって繰り上げる。この場合の任期は前任者の残任期間とし、1期と数える。

（事務局）

第7条　本学会に事務局をおく。
　　2　本学会の事務を遂行するため、事務局長1名、幹事及び書記各若干名をおく。
　　3　事務局長は、理事のなかから理事会が選任する。
　　4　幹事及び書記は、理事会が選任する。
（総会）
第8条　総会は会員をもって構成し、本学会の事業及び運営に関する重要事項を審議決定する。
　　2　定例総会は毎年1回開催し、会長が招集する。
（会計）
第9条　本学会の経費は会費、入会金、寄附金、その他の収入をもって充てる。
　　2　会費（学会誌購読費を含む）は年間8,000円（学生・院生は5,000円）とする。
　　3　入会金は2,000円とする。
　　4　本学会の会計年度は4月1日から翌年3月31日までとする。
（会則の改正）
第10条　本会則の改正には総会において出席会員の3分の2以上の賛成を必要とする。
（規程の制定）
第11条　本会則の実施に必要な規程は理事会が定める。
附則
　　1　本会則は1993年6月26日より施行する。
　　2　第6条の規定にかかわらず、本学会創立時の役員は総会で選出する。
附則
　　本会則は2000年7月1日から施行する。
附則
　　本会則は2002年4月1日から施行する。
附則
　　本会則は2014年4月1日から施行する。

日本教育政策学会会長及び理事選出規程
（目的）
第1条　本規程は、日本教育政策学会会則第6条に基づき、本学会の会長及び理事の選出方法について定める。
（会長及び理事の定数）
第2条　会長及び理事の定数は次の通りとする。
　　　会長　　　　　　1名
　　　理事・全国区　　4名
　　　理事・地方区　　16名
　　　　北海道・東北2名、関東8名、甲信・東海・北陸2名、
　　　　近畿2名、中国・四国・九州・沖縄2名

（会長及び理事の選出方法）
第3条　会長及び理事の選出は、会員の無記名郵便投票により行う。会長については1名を記入する。全国区理事については4名、所属地方区理事については定数名を連記する。ただし、定数以下の連記も有効とする。
　2　会長及び理事当選者は票数順とし、同順位の場合は選挙管理委員会の行う抽選により決定する。
　3　全国区と地方区の両方の当選者は、全国区の当選者とし、その場合、当該地方区の次点者を繰り上げ当選とする。
（理事の任期）
第4条　会長及び理事の任期は、会長及び理事選出直後の大会終了の翌日より3年後の大会終了日までとする。
（選挙管理委員会）
第5条　第3条に規定する会長及び理事選出事務を執行するため、会長は会員中より選挙管理委員会の委員3名を指名する。
　2　選挙管理委員会は互選により委員長1名を決定する。
（選挙権者及び被選挙権者の確定等）
第6条　事務局長は、常任理事会の承認を受けて、会長及び理事選出の選挙権者及び被選挙権者（ともに投票前年度までの会費を選挙管理委員会設置前日までに納めている者）の名簿を調製しなければならない。
　2　事務局長は、選挙管理委員会の承認を受けて、選挙説明書その他必要な文書を配布することができる。
（細則の委任）
第7条　本学会の会長及び理事選出に関する細則は、常任理事会の定めるところによる。
附則1
　この規程は、制定の日から施行する。
附則2
　この規程は、2001年7月2日より施行する。（2001年6月30日　第9回理事会決定）
附則3
　この規程は、2002年4月1日より施行する。（2002年3月26日　第44回常任理事会決定）
附則4
　この規程は、2005年4月1日より施行する。（2005年2月3日　第59回常任理事会決定）
附則5
　この規程は、2011年4月1日より施行する。ただし、第2条は、2011年4月に執行される会長及び理事選挙より適用する。（2010年7月10日　第18回理事会決定）

日本教育政策学会年報編集委員会規程

第1条　日本教育政策学会年報編集委員会（以下、「委員会」という。）は、学会誌『日本教育政策学会年報』の編集及び発行に関する事務を行う。

第2条　委員は、理事会が会員の中から選出する。
　2　委員の定数は10名以上12名以下とし、うち4名は理事から選出する。
　3　委員長は、理事会の理事の中から選出する。
　4　委員会の互選により委員長1名、副委員長1名及び常任委員若干名を選出する。
　5　委員長、副委員長及び常任委員は、常任編集委員会を構成し、常時、編集実務に当たる。

第3条　委員の任期は3年とし、交替時期は毎年度の総会時とする。

第4条　委員会は、毎年1回以上全員が出席する会議を開き、編集方針その他について協議するものとする。

第5条　編集に関する規定及び投稿に関する要領は別に定める。

第6条　編集及び頒布に関わる会計は、本学会事務局において処理し、理事会及び総会の承認を求めるものとする。

第7条　委員会は、その事務を担当する幹事若干名を置くことができる。幹事は、委員会の議を経て委員長が委嘱する。

第8条　委員会に事務局を置く。

附則
　1　この規程は1993年6月26日より施行する。（1993年6月26日、第1回理事会決定）
　2　1999年6月26日改正。
　3　第3条第1項の規定にかかわらず、改正規程施行最初の委員については、その半数の委員の任期は2年とする。

日本教育政策学会年報編集規程

　1　日本教育政策学会年報（以下「年報」という）は、日本教育政策学会の機関誌であり、原則として年1回発行する。
　2　年報は、本学会会員の研究論文、評論、書評、資料、学会記事、その他会員の研究活動に関する記事を編集・掲載する。
　3　年報に論文等を投稿しようとする会員は、投稿・執筆要領に従い、その年度の編集委員会事務局に送付するものとする。
　4　投稿原稿の採否は編集委員会の会議で決定する。その場合、編集委員会以外の会員に論文の審査を依頼することができる。
　5　掲載予定原稿について、編集委員会は若干の変更を行うことができる。ただし内容の変更の場合は執筆者との協議による。
　6　編集委員会は、特定の個人又は団体に原稿を依頼することができる。
　7　原稿は原則として返還しない。
　8　写真・図版等で特定の費用を要する場合、執筆者の負担とすることがある。

9　その他執筆及び構成については執筆要領を確認する。
10　抜き刷りについては入稿時に50部を単位として編集委員会に申し出る。費用は個人負担とする。　　　　　　　　　　　　　　　　　　　　　　　　　　以上

日本教育政策学会年報投稿・執筆要領（2015年6月7日編集委員会決定）
1　投稿論文及び教育政策フォーラムの投稿資格
本学会会員であること。
2　論稿の種類
論稿は投稿論文及び教育政策フォーラムとする。論稿は、未発表のオリジナルのものに限る。二重投稿は認めない。ただし口頭発表及びその配付資料はこの限りではない。教育政策フォーラムは、教育政策などの新動向の紹介、データや資料の共有、あるいは論争課題や提案の提起を目的とした小論とし、学術論文とは異なる趣旨、構成のものとする。
3　投稿論文及び教育政策フォーラムの投稿手続き
（1）投稿論文及び教育政策フォーラムの投稿申し込み期限は9月30日必着とする。投稿申し込みの方法についてはその年度毎にWebおよび会報（News Letter）に掲載する。
（2）投稿論文及び教育政策フォーラムの原稿締め切りは11月30日とする。期限までにその年度の編集委員会事務局宛郵送する。遅延した場合は理由の如何を問わず掲載しない。
（3）論稿の送付にあたっては、次のものを全て同封する。サイズはA4版とする。投稿者は同封物のコピーを必ず保存する。
　a）　投稿者情報1枚
次の事項を記載する。①投稿者所属　②投稿者氏名　③投稿論文・教育政策フォーラムの別、④論稿題目　⑤連絡先住所　⑥電話番号　⑦FAX番号　⑧e-mailアドレス
　b）　論稿原稿
原稿4部。原稿には投稿者氏名その他投稿者が特定される情報は記さない。
　c）　和文アブストラクト1枚
論稿題目、アブストラクト（400字以内）、キーワード（5語以内）を記載する。投稿者氏名は記載しない。
　d）　英文アブストラクト1枚
投稿者氏名、論稿題目、アブストラクト（200語以内）、キーワード（5語以内）を記載する。
（4）投稿する論稿が既発表または投稿中の論文等のタイトルや内容と多く重複する場合は、そのコピーを1部添付する。
（5）第2次査読の対象になった投稿者は、指定された期日までに修正原稿を電子ファイルで送付する。
（6）掲載決定した投稿者は、速やかに最終原稿（A4版サイズ）及びテキスト形

式の電子ファイルを提出する。
 4　執筆の要領
 （1）論稿の形式
　a) 投稿論文は、図表などを含めて35字×32行のフォーマットで14枚以内とする。
　b) 教育政策フォーラムは、横書き35字×32行のフォーマットで8枚以内とする。
 （2）執筆上の注意
　※注・引用文献の記載方法については、J-STAGEに対応するためWebに掲載する。
 5　CiNii登載の承認
　年報の内容はすべてをCiNii及びJ-STAGEに登載することを、執筆者は認めたものとする。
 6　その他
 （1）著者校正は初稿のみとする。校正は最小限の字句の添削にとどめる。
 （2）抜刷を希望する場合は、校正時に直接出版社に申し出る。
 （3）執筆に関わる事項で不明の点はその年度の編集委員会事務局に問い合わせる。

日本教育政策学会申し合わせ事項
 I　日本教育政策学会の会費納入に関する申し合わせ
　　　　　　　　　　　　　　　　　2000年7月1日　第8回理事会
　　　　　　　　　　　　　　　2008年6月21日　第16回理事会　一部改正
　1　会員は、当該年度の大会開催時までに当該年度の会費を納入するものとする。
　2　大会における自由研究発表及び課題研究発表等の発表者は、発表申し込み時までに、当該年度までの会費を完納していなければならない。
　3　会長及び理事選挙における有権者または被選挙権者は、選挙前年度までの会費を前年度末までに完納している会員でなければならない。
　4　会員が4月末日までに退会を届出た場合には、理事会の承認により、前年度末をもって退会を認めるものとする。

 II　長期会費未納会員に関する申し合わせ
　　　　　　　　　　　　　　　　　　2000年7月1日 第8回理事会
　1　会費未納者に対しては、その未納会費の年度に対応する年報が送られない。
　2　会費が3年以上未納となっている会員は、次の手続により退会したものとみなす。
　i) 未納3年目の会計年度終了に先立つ相当な時期と学会事務局が認める時期において、当該会費未納会員に対し、相当の期間を定めて、会費未納状況を解消することを催告し、かつ期限内に納入されない場合には退会したものとして取り扱う。
　ii) 学会事務局は、前項督促期間内に会費を納入しなかった会員の名簿を調製し、理事会の議を経て退会を決定する
　　　　　　　　　　　　　　　　　　　　　　　　　　　　　　以　上

Ⅲ　（削除　2013年7月20日　第21回理事会）
Ⅳ　会長及び理事選挙における被選挙権辞退に関する申し合わせ
　　　　　　　　　　　　　　　　2006年7月1日　第14回理事会
　1　会長及び理事選挙の行われる年度内に、満70歳を迎える会員、または70歳以上の会員は、被選挙権を辞退することができる。
　2　連続2期以上理事をつとめた会員は、被選挙権を辞退することができる。
Ⅴ　常任理事が任期を残して退任した場合の取り扱いに関する申し合わせ
　　　　　　　　　　　　　　　　2013年7月20日　第21回理事会
常任理事会は、常任理事が任期を残して退任し、その補充が必要と認められる場合には、理事会にその旨を提案することができる。この申し合わせは第8期常任理事から適用する。

日本教育政策学会第8期役員一覧（2014年大会〜2017年大会）
会長　広瀬裕子
理事◎荻原克男（全国区）
　　◎勝野正章（全国区）
　　◎中嶋哲彦（全国区）
　　◎坪井由実（全国区）
　　　姉崎洋一（北海道東北）
　　　佐藤修司（北海道東北）
　　◎荒井文昭（関東・年報編集委員長）
　　◎大桃敏行（関東）
　　◎蔵原清人（関東）
　　◎貞広斎子（関東）
　　◎佐貫浩（関東）
　　◎広井多鶴子（関東）
　　◎前原健二（関東・事務局長）
　　◎三上昭彦（関東）
　　　荒井英治郎（甲信・東海・北陸）
　　　武者一弘（甲信・東海・北陸）
　　　尾﨑公子（近畿）
　　　住友剛（近畿）
　　　押田貴久（中国・四国・九州・沖縄）
　　　高瀬淳（中国・四国・九州・沖縄）
　　（◎常任理事）
監査　青木純一
　　　近藤正春

事務局幹事　町支大祐

年報編集委員会
委員長　　荒井文昭（担当理事）
副委員長　広井多鶴子（担当理事）
　　　　　◎新井秀明
　　　　　◎澤野由起子
　　　　　◎長島啓記
　　　　　◎村上祐介
　　　　　　荻原克男（担当理事）
　　　　　　佐藤修司
　　　　　　谷川至孝
　　　　　　坪井由実（担当理事）
　　　　　（◎常任委員）

英文校閲　Robert Aspinall
編集幹事　松下丈宏

編集後記

　日本教育政策学会年報第23号をお届けします。編集委員会の企画による特集1のテーマは「多様な教育機会の確保」です。近年、フリースクールなど学校外での学びを公教育のなかでどのように位置づけるかという課題が問われるようになり、夜間中学の設置促進を含めた「多様な教育機会確保法案」（通称）として法案化の動きが急進展しました。2016年5月現在、超党派の議員連盟により、「義務教育の段階における普通教育に相当する教育の機会の確保に関する法律案」が国会に上程されている状況ですが、不登校支援団体はじめ、関係者や研究者などの間で、さまざまな議論が行われています。本特集では、日本国憲法が保障する教育を受ける権利にかかわる政策動向として注目し、2名の先生方に、多様な教育機会の確保をめぐる論点を幅広い視野から提起していただきました。

　さて、今回の投稿論文は17本の申し込みがあり、そのうち実際の投稿数の13本が査読の手続きに回されました。査読の結果、掲載数は5本となりました。前号の編集後記において過去4年間の申し込み数、投稿数、掲載数が示されておりますが、今回を含めて過去5年間でみますと、前号では申し込み数が10本に低下していましたが今回は以前の水準に回復することができました。投稿数では前回の8本から大幅な増加となり、以前の水準を上回っています。掲載数でも、この5年間では最も多くなりました。この結果、編集委員会では、査読者の分担数が多くなり、また、短い期間でご無理をお願いする事態になりました。今後、査読者の数、分担数、スケジュール日程を余裕のあるように改善したいと考えています。来年度に向けても、引きつづき会員の皆様からの投稿を心よりお待ちしております。

　最後になりますが、第23号の執筆、編集を担当してくださいましたすべての皆様に、心よりお礼を申し上げます。

編集委員　新井秀明

日本教育政策学会年報　第23号
多様な教育機会の確保

発行日	2016年7月15日
編　集	日本教育政策学会年報編集委員会
発行者	日本教育政策学会

　　　　　会長　広瀬　裕子

　　　　学会事務局
　　　　　〒184-8501 東京都小金井市貫井北町4-1-1
　　　　　東京学芸大学 教員養成カリキュラム開発研究センター
　　　　　前原　健二研究室気付
　　　　　TEL&FAX　042-329-7781
　　　　　MAIL：jasep2009@gmail.com

発売所　株式会社八月書館
　　　　　〒113-0033　東京都文京区本郷2-16-12 ストーク森山302
　　　　　TEL 03-3815-0672　FAX 03-3815-0642
　　　　　振替 00170-2-34062

装　幀　柊　光紘
印刷所　創栄図書印刷株式会社

ISBN978-4-938140-97-7　　　　　定価はカバーに表示してあります